미래엔이 만든 초등 전과목 온라인 학습 플랫폼

 **무약정**
기간 약정, 기기 약정 없이 학습 기간을 내 마음대로

 **모든 기기 학습 가능**
내가 가지고 있는 스마트 기기로 언제 어디서나

 **부담 없는 교육비**
교육비 부담 줄이고 초등 전 과목 학습 가능

원하는 학습을 마음대로 골라서!
초등 전과목 & 프리미엄 학습을
자유롭게 선택하세요

학교 진도에 맞춰
초등 전과목을
자기주도학습 하고 싶다면?

아이 공부 스타일에 맞춘
AI 추천 지문으로
문해력을 강화하고 싶다면?

하루 30분씩
수준별 맞춤 학습으로
수학 실력을 키우고 싶다면?

국어 수학 사회 과학 영어
전 과목 교과 학습

AI 독해력
강화솔루션

AI 수학실력
강화솔루션

Mirae N

하루 한 장 공부하는 습관을 기르는

학습계획표 9권

* 매일매일 공부할 수 있도록 부모님이 아이와 함께 계획을 세우고, 학습 여부를 확인해 주세요.

읽기 목표	주요 학습 내용	학습 계획일		확인	목표 달성도
1. 주장과 근거의 타당성 평가하기	• 글을 읽고 글쓴이의 주장 파악하기 • 주장을 뒷받침하는 근거 찾기 • 주장의 타당성과 근거의 적절성 평가하기	월 월 월 월	일 일 일 일		♡♡♡♡♡
2. 낱말의 뜻 짐작하며 읽기	• 낱말의 짜임을 고려하여 낱말의 뜻 짐작하기 • 앞뒤 문맥을 고려하여 낱말의 뜻 짐작하기 • 낱말의 뜻을 짐작하는 여러 가지 방법 알기	월 월 월 월	일 일 일 일		♡♡♡♡♡
3. 인물과 배경을 바탕으로 이어질 내용 추론하기	• 이야기에서 인물의 성격과 특성 파악하기 • 이야기의 시대적·공간적 배경 알기 • 인물과 배경을 고려하여 이어질 내용 추론하기	월 월 월 월	일 일 일 일		♡♡♡♡♡
4. 여러 가지 설명 방법 알기	• 글을 읽고 설명하는 대상 찾기 • 설명하는 대상의 특징 파악하기 • 분류, 분석, 비교, 대조의 설명 방법 알기	월 월 월 월 월	일 일 일 일 일		♡♡♡♡♡
5. 문장의 호응 관계를 고려하며 읽기	• 글을 읽고 어색한 문장 찾기 • 문장 성분을 고려하여 호응 관계 파악하기 • 호응 관계가 올바른 문장으로 바꾸기	월 월 월 월	일 일 일 일		♡♡♡♡♡
6. 작품 속 인물의 갈등 파악하기	• 작품 속 인물의 관계 파악하기 • 인물 간 갈등의 원인 파악하기 • 사건의 진행과 갈등의 해결 과정 이해하기	월 월 월 월 월	일 일 일 일 일		♡♡♡♡♡
7. 질문 만들며 글 읽기	• 질문 만들며 글 읽기의 필요성과 효과 알기 • 질문 만드는 방법을 알고 적용하며 글 읽기 • 글을 읽으며 떠올린 질문의 적절성 판단하기	월 월 월 월 월	일 일 일 일 일		♡♡♡♡♡
8. 글쓴이의 관점 파악하기	• 글에 나타난 글쓴이의 관점 파악하기 • 같은 제재에 대한 서로 다른 관점 파악하기 • 글쓴이의 관점에 대한 나의 관점 정리하기	월 월 월 월 월	일 일 일 일 일		♡♡♡♡♡
9. 한글 맞춤법, 띄어쓰기에 유의하며 글 읽기	• 한글 맞춤법, 띄어쓰기에 유의하며 글 읽기 • 혼동되는 낱말의 뜻을 구분하고 정확히 익히기 • 띄어쓰기와 관련한 주요 규정 알기	월 월 월 월	일 일 일 일		♡♡♡♡♡
10. 제목 정하기	• 글을 읽고 중심 내용 파악하기 • 글의 중심 내용을 담아 제목 정하기 • 글의 제목을 정하는 다양한 방법 알기	월 월 월 월 월	일 일 일 일 일		♡♡♡♡♡

하루 한장 독해 1권 ~ 12권 읽기 목표 한눈에 보기

독해 실력으로 키우는 _____의 은행나무

손이름을 쓰세요.

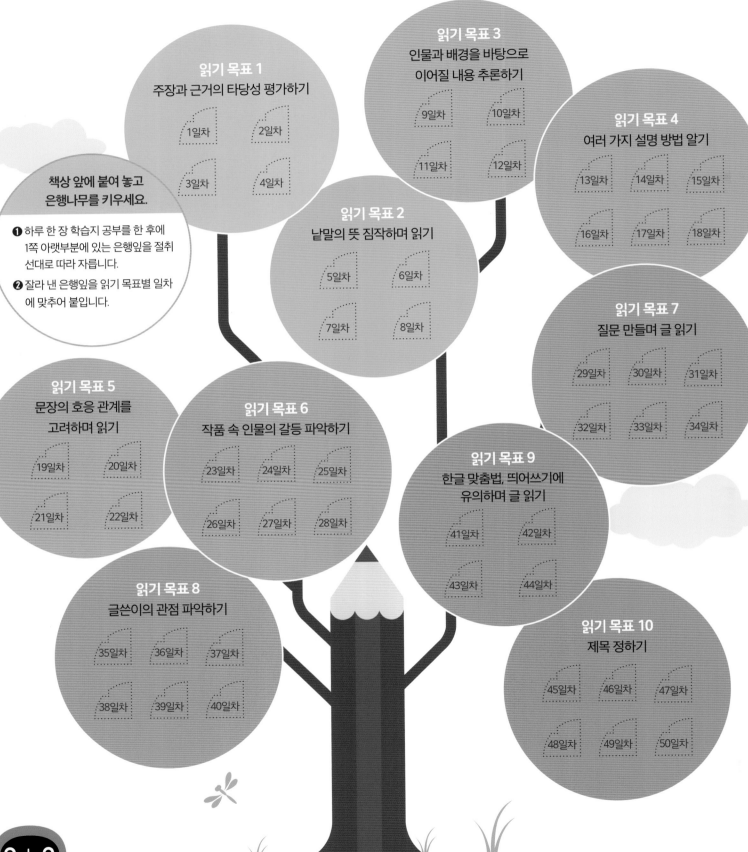

책상 앞에 붙여 놓고
은행나무를 키우세요.

❶ 하루 한 장 학습지 공부를 한 후에
1쪽 아랫부분에 있는 은행잎을 절취
선대로 따라 자릅니다.

❷ 잘라 낸 은행잎을 읽기 목표별 일차
에 맞추어 붙입니다.

읽기 목표 1
주장과 근거의 타당성 평가하기
1일차 2일차
3일차 4일차

읽기 목표 2
낱말의 뜻 짐작하며 읽기
5일차 6일차
7일차 8일차

읽기 목표 3
인물과 배경을 바탕으로
이어질 내용 추론하기
9일차 10일차
11일차 12일차

읽기 목표 4
여러 가지 설명 방법 알기
13일차 14일차 15일차
16일차 17일차 18일차

읽기 목표 5
문장의 호응 관계를
고려하며 읽기
19일차 20일차
21일차 22일차

읽기 목표 6
작품 속 인물의 갈등 파악하기
23일차 24일차 25일차
26일차 27일차 28일차

읽기 목표 7
질문 만들며 글 읽기
29일차 30일차 31일차
32일차 33일차 34일차

읽기 목표 8
글쓴이의 관점 파악하기
35일차 36일차 37일차
38일차 39일차 40일차

읽기 목표 9
한글 맞춤법, 띄어쓰기에
유의하며 글 읽기
41일차 42일차
43일차 44일차

읽기 목표 10
제목 정하기
45일차 46일차 47일차
48일차 49일차 50일차

독행나무를 완성했을 때의
엄마와의 약속

주장하는 글은 읽는 이의 생각이나 행동을 변화시키도록 설득하는 것을 목적으로 하는 글입니다. 주장하는 글의 대표적인 유형으로는 논설문, 연설문, 참여를 요구하는 글, 제안하는 글 등이 있습니다.

주장을 할 때에는 주장에 알맞은 근거를 제공해야만 설득력을 얻습니다. 주장하는 글을 읽을 때에는 주장이 타당한지를 따져 보아야만 바르게 읽을 수 있습니다. 타당성을 따지는 방법은 주장하는 내용이 가치 있는지, 실천 가능성이 있는지, 그리고 근거가 적절한지 판단하며 읽는 것입니다.

이제 주장하는 글을 읽으며 주장이 타당한지, 내세우는 근거가 적절한지 파악해 볼까요?

다음 글을 읽고, 물음에 답해 봅시다.

우리 교실에서는 나팔꽃과 강낭콩, 산세비에리아 등 여러 가지 식물을 가꾸고 있습니다. 이 식물들이 잘 자라게 하려면 우리가 관심을 가지고 돌보아 주어야 합니다. 식물이 잘 자랄 수 있게 날마다 물을 줍시다.

날마다 물을 주면 식물이 더 잘 자랄 수 있습니다. 식물이 잘 자라게 하려면 햇볕을 잘 받게 하고 물을 충분히 주어야 합니다. 우리 교실에서는 화분을 창가에 두기 때문에 햇볕은 잘 받고 있지만, 가끔 물을 주지 않아 식물이 말라 죽는 경우가 있습니다. 따라서, 당번을 정하여 쉬는 시간이나 점심시간에 식물에 물을 주면 식물이 더 잘 자랄 수 있을 것입니다. 특히 강낭콩이나 나팔꽃은 자라는 데 물이 많이 필요하기 때문에 물을 충분히 주어야 잎이 마르지 않습니다.

㉠햇볕을 받은 식물은 잎에서 양분을 만들어 냅니다. 이 양분으로 식물은 자랄 수 있게 됩니다. 그러므로 햇볕을 잘 받도록 꾸준하게 관심을 쏟아야 합니다.

식물은 뿌리를 내리면 움직일 수 없습니다. 그리고 어떤 소리를 낼 수도 없습니다. 그러므로 우리가 조금만 신경을 쓰고 꾸준히 관심을 가지면 식물은 더 건강하고 멋지게 자랄 수 있을 것입니다.

1 이 글에 나타난 문제 상황은 무엇인가요?

① 학급 친구들이 식물을 함부로 다룬다. ② 교실에서 가꾸는 식물의 수가 부족하다.
③ 식물이 자라는 데 필요한 공간이 부족하다. ④ 식물을 그늘에 두어 식물이 햇볕을 받지 못한다.
⑤ 가끔 식물에 물을 주지 않아 식물이 말라 죽는다.

2 보기 에 제시된 ㉮와 ㉯는 각각 이 글의 주장과 근거 중 어디에 해당하는지 알맞은 곳에 써 보세요.

> **보기**
>
> ㉮ 충분한 물을 주면 식물이 더 잘 자랄 수 있습니다.
> ㉯ 식물이 잘 자랄 수 있게 날마다 물을 줍시다.

주장	( )
근거	• ( ) • 식물은 움직일 수 없고, 소리를 낼 수도 없으므로 우리가 조금만 신경을 쓰고 관심을 가지면 식물은 더 건강하고 멋지게 자랄 수 있을 것입니다.

3 근거로 제시된 ㉠이 적절한지 판단하여 보고, 그렇게 생각한 까닭을 써 보세요.

• 근거로 (적절하다. / 적절하지 않다.)

• 그렇게 생각한 까닭: _____

다음 글을 읽고, 물음에 답해 봅시다.

가 "요즈음 즐겁지 않아요. 뭐 신나는 일이 있어야 말이죠." 이런 말을 선뜻 내뱉는 사람이 많아졌다. 꿈이 없는 사람이 이렇게 말하는 경우가 많다. 자신이 정말 하고 싶은 일이나 도달하고 싶은 목적지가 없으니 당연히 재미가 없다. 무엇을 해야 신나고, 어떻게 해야 즐거운지 모른다. 지금 자신이 어디에 서 있는지도 모를 것이다. 이렇게 꿈이 없다면 삶은 활력을 잃게 된다.

목적지가 뚜렷하면 현실이 비록 힘들고 고되어도 힘이 난다. 해야 할 일이 있고, 하고 싶은 것이 있기 때문에 힘들고 지칠 때마다 빛나는 꿈을 향하여 한 걸음 한 걸음 다가가는 자신의 모습을 떠올리며 힘을 낼 수 있다.

나 시장에서 40년 동안 순대를 팔아 모은 돈으로 가난한 학생들에게 장학금을 준 한 할머니께서 계시다. 그 할머니께서는 엄동설한에 갈라 터진 손으로 힘든 일을 하면서도 사는 재미가 없다고 말씀하시지 않는다. 할머니의 삶은 겉으로 보면 풍요롭고 편한 것이 아니었다. 할머니께서는 자식도 손자도 없이 외롭게 사셨다. 새벽에 잠도 주무시지 못하고, 늙은 몸으로 모진 일을 하면서도 얼굴에는 웃음이 떠나지 않으셨다. 할머니께서는 분명한 목적을 가지고 일을 하셨기 때문이다.

다 ㉠목적지를 분명하게 정하면 시간을 낭비하지 않게 된다. 누구나 한번쯤은 제대로 놀지도 못하고 그렇다고 제대로 공부하는 것도 아닌 채 어영부영 시간을 보낸 적이 있을 것이다. 무엇을 하였는지 쉽게 떠올릴 수는 없지만, 분명한 것은 그 순간에도 시간은 흘렀다는 것이다. 이렇게 시간을 허비하는 일이 없도록 목적지를 뚜렷하게 정하여야 한다. 일 년 뒤에는 어떤 모습으로 있을지, 그러기 위하여 무엇을 해야 하는지 끊임없이 고민하고 자신을 돌아보아야 한다.

라 목적지가 있으면 삶이 훨씬 더 신나고 재미있다. 신나는 일이 없다는 사람에게 신나는 것이 무엇이냐고 물어보면 대부분 대답을 못하고 우물거린다. 신나는 일에 대하여 깊이 생각하여 본 적이 없기 때문이다. 막연하게 신나는 무언가를 찾아 두리번거릴 뿐이다.

마 이제는 진정으로 하고 싶은 일이 무엇인지 고민하자. 꿈을 이루기 위하여 어떤 목표를 가지고 어떻게 노력하여야 하는지 계획을 세워야 한다. 일 년 안에 어떤 모습으로 어떻게 성장하여 있을지, 그 안에서 얼마만큼 꿈과 가까워져 있을지 아는 사람과 모르는 사람은 엄청난 차이가 있다.

명확한 목적이 있는 사람은 험난한 길에서도 앞으로 나아간다. 하지만, 아무런 목적이 없는 사람은 순탄한 길에서조차 앞으로 나아가지 못한다. 목적지를 뚜렷하게 세우고, 미래를 위하여 지금 무엇을 해야 할지 정하자. 그에 따라 체계적으로 준비하고 노력하는 사람에게 행복한 삶을 살 자격이 주어진다.
　　　　　　　　　　　　　　　 - 전옥표, 『청소년을 위한 이기는 습관-목적지는 빨리 정할수록 좋다』 중에서

 이 글에 나타난 문제 상황은 무엇인가요?

① 가족과 단절되어 살아가는 상황
② 환경 오염이 심각하여 위험한 상황
③ 목적이나 꿈이 없이 살아가는 상황
④ 사람들이 나라에서 일어나는 일에 관심이 없는 상황
⑤ 에너지가 심각하게 부족하여 에너지 절약이 필요한 상황

5 글쓴이가 주장하는 내용은 무엇인가요?

① 편식을 하지 말자.　　　　　　　　② 인생의 목적지를 정하자.

③ 다른 사람을 도우며 살아가자.　　　④ 공공장소에서 휴대 전화 예절을 지키자.

⑤ 우리말과 글을 소중히 여기고 아끼며 보존하자.

6 글쓴이의 주장을 뒷받침하는 근거를 두 가지 더 찾아 정리해 보세요.

근거	• • 목적지를 분명하게 정하면 시간을 낭비하지 않게 된다. •

7 ㉠이 주장에 대한 근거로 적절한지 판단해 보고, 그렇게 생각한 까닭을 써 보세요.

• 근거로 (적절하다. / 적절하지 않다.)

• 그렇게 생각한 까닭: _____

재미있는 낱말 놀이터

관용 표현의 뜻 알아보기

🍎 그림의 상황을 잘 살펴보고, 인물의 말 속에 나온 관용 표현의 뜻을 찾아 선으로 바르게 이어 보세요.

뜀틀 넘기는 정말 식은 죽 먹기지.

영수는 정말 발이 넓어. 영수를 모르는 사람이 없을 정도야.

이번에도 또 미역국을 먹다니. 흑흑!

오랫동안 함께 해서인지 우리 부부는 손발이 잘 맞아.

• 　　　　　• 　　　　　• 　　　　　•

| 사귀어 아는 사람이 많아 활동하는 범위가 넓다. | 함께 일을 하는 데에 마음이나 의견, 행동 방식 등이 서로 맞다. | 거리낌없이 아주 쉽게 예사로 하는 모양. | 시험에서 떨어지다. |

왜 그럴까?

관용 표현을 사용하면 상황에 어울리게 자신의 생각을 효과적으로 나타낼 수 있습니다. 어려운 일을 쉽게 할 때는 '식은 죽 먹기'라는 표현을, 사귀는 사람이 많아 활동 범위가 넓은 것을 가리켜 '발이 넓다.'라는 표현을, 시험에서 떨어졌을 때는 '미역국을 먹다.'라는 표현을, 함께 일할 때 마음이나 의견, 행동 방식 등이 맞을 때는 '손발이 맞다.'라는 관용 표현을 씁니다.

다음 글을 읽고, 물음에 답해 봅시다.

> **가** 공기가 오염되면 사람의 힘으로 정화하기가 어렵다. 물처럼 한곳에 가두어 소독하거나 여과기를 통하여 오염 물질을 걸러 낼 수도 없다. 공장 문을 닫게 하기 어렵고, 자동차의 통행을 금지하기도 힘들다. 오염된 공기를 맑게 하려면 자연의 힘이 중요하다. 거대한 공기 정화기인 숲이 그 주인공이다. 숲을 살리자.
>
> **나** ㉠숲은 공기를 깨끗하게 해 준다. 길가에 심어 놓은 가로수만 보아도 알 수 있다. 가로수가 없는 도로에는 공기 1리터에 먼지 알갱이가 10만~40만 개나 있지만, 가로수가 있는 도로에는 1천~4천 개밖에 되지 않는다.
>
> **다** ㉡숲은 기후를 조절하여 준다. 여름에는 많은 물을 빨아들여 수증기로 내뿜기 때문에 공기 온도를 낮추어 준다. 우리나라에서 가장 더운 곳으로 알려진 대구는 거리에 나무를 많이 심어 여름철 기온을 낮출 수 있었다고 한다.
>
> **라** ㉢또한 숲에는 사람을 해치는 동물이 있어서 몹시 위험하다. 만약 숲이 사라지면 사람과 동물 모두 살아갈 수 없다. 우리 모두 힘을 합쳐 숲을 살리자.
>
> – 김맹수, 『어린이를 위한 환경 보고서』 중에서

1 이 글에서 주장하는 내용을 한 문장으로 찾아 쓰세요.

(   )

2 밑줄 친 ㉠~㉢ 중 주장에 대한 근거로 적절하지 <u>않은</u> 것의 기호를 쓰세요.

(   )

3 2번에서 고른 근거가 적절한지 <u>않은</u> 까닭을 바르게 말한 친구는 누구인가요?

① 영진: 근거가 사실이 아니기 때문이야.
② 민주: 근거를 재미있게 쓰지 않았기 때문이야.
③ 미진: 실천할 수 없는 내용을 근거로 내세웠기 때문이야.
④ 승연: 근거가 주장을 제대로 뒷받침하지 못했기 때문이야.
⑤ 호정: 근거를 구체적인 방법과 함께 제시하지 않았기 때문이야.

다음 회의 내용을 읽고, 물음에 답해 봅시다.

회장 : 이번 학급 회의의 안건은 '학급 동아리' 조직입니다. 이와 관련해서 이야기를 나누겠습니다. 여러분이 동아리를 만든다면 어떤 것이 좋을까요?

경진 : 연극 동아리를 만들면 좋겠습니다. 첫째, 옆 반에 질 수 없습니다. 옆 반은 지금 연극 동아리를 만들어 학교 축제에서 공연을 할 예정이라고 합니다. 둘째, 무대에서 연극을 공연하면 뿌듯하기 때문입니다. 연극은 자신의 역할을 하면서 다른 사람과 화합을 하기도 하고 개인의 노력이 모여서 공동의 작품을 완성하는 것이기 때문에 큰 기쁨이 될 것입니다.

지혜 : 운동 동아리를 만들면 어떨까요? 첫째, 운동 동아리를 만들면 그동안 하지 못했던 운동을 마음껏 할 수 있습니다. 둘째, 운동을 하면 두뇌가 좋아진다고 합니다. 공부할 때 몸을 움직이면서 활동적으로 공부를 하면 더 오래 기억되고 좋습니다. 날마다 운동을 하면 학습 능력이 향상되어 성적이 오른다는 연구 결과도 있습니다.

호열 : 지역 사랑 동아리는 어떨까요? 첫째, 다양한 활동을 할 수 있습니다. 지역 사랑 동아리를 통해 마을의 쓰레기를 줍거나 우리 지역의 사람을 도울 수 있습니다. 또 우리 지역의 역사를 알아보고 홍보 동영상을 만들 수도 있습니다. 둘째, 봉사 시간을 받을 수 있습니다. 봉사를 하면서 봉사 시간도 채우고 기쁨도 느끼니 일석이조의 효과가 있습니다. 또 형한테 들었는데 봉사 시간을 많이 채우는 것이 대학 입학 때 몹시 중요하다고 합니다.

회장 : 좋은 의견을 많이 내 주셔서 감사합니다. 이제 표결을 진행하도록 하겠습니다.

4 이 회의의 안건은 무엇인가요?

① 학급 동아리를 만든다면 어떤 것이 좋을까?
② 매일 아침마다 운동을 함께하는 것은 어떨까?
③ 지역 어른들께 봉사 활동을 하는 것은 어떨까?
④ 마을의 환경을 보호하는 방법에는 어떤 것이 있을까?
⑤ 우리 마을을 아끼고 사랑하기 위해 어떤 일을 해야 할까?

5 경진이의 주장과 주장을 뒷받침하기 위해 제시한 근거를 아래의 표에 정리해 보세요.

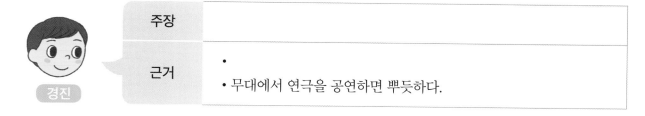

주장	
근거	• • 무대에서 연극을 공연하면 뿌듯하다.

6 경진이가 제시한 근거가 적절하지 <u>않은</u> 까닭을 바르게 말한 친구를 찾아 ○표 하세요.

채윤: 연극 동아리 활동을 통해 얻게 되는 기쁨을 제시하지 않았어.	지후: 경진이는 연극 동아리를 만들자는 주장과 대립되는 근거를 제시했어.	호준: 옆 반에 질 수 없다는 근거를 제시한 것은 주장과 관련성이 적어서 적절하지 않아.
( )	( )	( )

7 지혜가 자신의 주장을 뒷받침하기 위해 제시한 근거 두 가지를 글에서 찾아 써 보세요.

주장	운동 동아리를 만들자.
근거	• •

8 지혜가 근거를 제시할 때 사용한 방법으로 알맞은 것을 모두 고르세요. (정답 2개)

① 연구 결과를 인용하여 근거로 사용하였다.
② 통계 자료를 제시하여 근거로 사용하였다.
③ 전문가의 의견을 제시하여 근거로 사용하였다.
④ 주장의 내용을 요약하여 다시 근거로 사용하였다.
⑤ 몸을 움직이며 활동적으로 공부할 때를 예로 들어 근거로 사용하였다.

9 호열이가 제시한 다음 (근거) 가 적절한지 판단하여 보고, 그렇게 생각한 까닭을 써 보세요.

> (근거) 형한테 들었는데 봉사 시간을 많이 채우는 것이 대학 입학 때 몹시 중요하다고 합니다.

- 근거로 (적절하다. / 적절하지 않다.)
- 그렇게 생각한 까닭: _____

10 주장에 대한 근거가 적절한지 판단하는 방법으로 알맞지 <u>않은</u> 것은 무엇인가요?

① 근거에 거짓된 내용이 없는지 생각한다.
② 근거로 제시한 내용이 재미있는지 생각한다.
③ 근거가 주장을 뒷받침하고 있는지 생각한다.
④ 근거가 주장과 관련되어 있는 내용인지 생각한다.
⑤ 근거로 제시한 내용이 실천할 수 있는 것인지 생각한다.

재미있는 낱말 놀이터 '입'과 관련된 관용 표현

🌱 그림의 상황에 어울리는 관용 표현과 그 뜻을 선으로 바르게 이어 보세요.

 • | 입이 아프다. | • 시끄러운 소리나 자기에게 불리한 말을 하지 못하게 하다.

 • | 입을 모으다. | • 여러 사람이 같은 의견을 말하다.

 • | 입을 막다. | • 여러 번 말하여도 받아들이지 아니하여 말한 보람이 없다.

왜 그럴까?

둘 이상의 낱말이 합쳐져 원래의 뜻과는 전혀 다른 새로운 뜻으로 굳어져서 쓰이는 표현을 '관용어'라고 합니다. 위 표현에 쓰인 '아프다', '모으다', '막다'는 실제 그러한 행동이나 상태를 나타낸 것이 아니라 새로운 의미를 나타낸 것으로 보아야 합니다.

읽기 목표

주장과 근거의 타당성 평가하기 ❸

글을 읽고 글쓴이의 주장 파악하기 • 주장을 뒷받침하는 근거 찾기 • 주장의 타당성과 근거의 적절성 평가하기

공부한 날 | 월 | 일

 다음 연설문을 읽고, 물음에 답해 봅시다.

안녕하십니까? 학생회 회장 후보 기호 1번 우선욱입니다. 저는 학교의 주인인 여러분을 위하여 최선을 다하고 여러분의 심부름꾼이 되기 위하여 이 자리에 나왔습니다.

어린이 여러분, 제가 학생회 회장이 된다면 일주일에 한 번 정도는 흰 우유 대신에 초코 우유나 딸기 우유를 먹을 수 있도록 학교에 건의하겠습니다. 왜냐하면 몇몇 친구는 흰 우유를 먹는 것을 싫어하기 때문입니다. 그래서 저는 친구들이 좋아하는 초코 우유나 딸기 우유를 먹게 된다면 건강에도 더 좋을 것 같아 이런 공약을 내세웠습니다. 일주일에 한 번이 어렵다면 한 달에 한 번씩, 또는 한 학년씩 순서를 정하여 학생들이 좋아하는 우유를 먹을 수 있도록 노력하겠습니다.

어린이 여러분, 저와 함께라면 일주일에 한 번씩은 행복해질 수 있습니다. 자신이 좋아하는 우유를 먹는 날, 여러분의 심부름꾼 우선욱을 기억하여 주십시오. 감사합니다. 기호 1번 우선욱입니다.

1 이 연설을 듣는 사람은 누구인가요?

① 부모님　　　② 학생들　　　③ 소방관　　　④ 할아버지　　　⑤ 다른 학교 학생

2 '우선욱' 후보가 내세운 공약은 무엇인지 글에서 찾아 한 문장으로 쓰세요.

(　　　　　　　　　　　　　　　　　　　　　　　　　　　　　)

3 이 연설을 듣고 시윤이가 다음과 같이 판단했다면, 시윤이는 후보자가 내세운 공약을 어떤 기준으로 판단한 것인가요?

초코 우유나 딸기 우유를 먹는 일이 학생들에게 중요하고 가치있는 일 같지는 않아.

시윤

① 근거의 내용이 옳은가?
② 새로운 근거를 내세웠는가?
③ 중요하고 가치 있는 공약인가?
④ 주장과 근거가 관련이 있는가?
⑤ 바로 실천할 수 있는 공약인가?

다음 글을 읽고, 물음에 답해 봅시다.

독서 편식을 줄입시다.

여러분은 독서 편식이라는 말을 들어 본 적이 있습니까? 편식이란 좋아하는 음식을 주로 먹고 싫어하는 음식은 잘 먹지 않는 습관을 말합니다. 그렇다면 '독서 편식'이란 무엇일까요? '독서 편식'이란 자기가 좋아하는 책만 읽고 다른 책은 잘 읽지 않는 독서 습관을 일컫습니다.

한쪽 갈래의 책만 읽다 보면 다양한 책의 세계를 경험할 수 있는 기회가 좁아집니다. 책을 통해 우리는 다양한 사람과 다양한 세상, 다양한 사고를 경험할 수 있습니다. 과학책 속에는 여러 가지 과학적 사실과 자연 세계에 대한 탐구의 결과들이 담겨 있습니다. 동화를 통해서는 이야기 속의 인물들이 겪는 다양한 사건을 간접적으로 경험해 볼 수 있습니다. 우리 사회에 대해 이해하거나 우리 삶 속의 여러 문제를 살펴보는 사회책이나 역사적인 사건을 담은 역사책 속에서도 깊이 있는 지식과 즐거움을 찾을 수 있습니다.

또한 독서 편식이 심해지면 독서에 대한 흥미가 떨어지기 쉽습니다. 자기가 좋아하는 책에만 관심을 가지면 좋아하지 않는 분야의 책은 거의 읽지 않게 됩니다. 자기가 좋아하는 책만 읽으면 독서 흥미가 더욱 높아질 것 같지만 다른 분야에 대한 흥미와 관심도를 떨어뜨려 전반적인 독서에 대한 즐거움을 느끼기 어렵습니다.

독서 편식을 막기 위해서는 독서 동아리 활동을 통하여 여럿이 함께 책을 읽는 것이 좋습니다. 여럿이 책을 읽다 보면, 관심이 없는 분야의 책이라도 친구가 읽는 모습을 보고 관심을 가질 수 있습니다. 그리고 함께 읽은 책을 ⓒ공유하면서 이야기를 나누다 보면 다른 분야에 대해서도 깊이 있는 대화를 나눌 수 있게 됩니다. 이렇게 다른 갈래의 책을 경험할 수 있는 기회를 갖고 흥미를 느낄 수 있도록 하는 것은 독서 편식을 해결하는 데 몹시 효과적입니다.

음식을 골고루 먹지 않으면 어떤 일이 일어날까요? 편식을 하면 영양의 균형이 깨져 발육이나 건강에 문제가 되는 경우가 많습니다. 우리 몸에 영양분이 고루 섭취되어야만 건강해지는 것처럼 다양한 독서를 통하여 우리 마음을 건강하게 성장시키도록 합시다.

4 좋아하는 책만 읽고 관심이 없는 분야의 책은 잘 읽지 않는 독서 습관을 무엇이라고 하는지 이 글에서 찾아 쓰세요.

( )

5 이 글의 내용으로 바르지 <u>않은</u> 것은 무엇인가요?

① 다른 친구가 이미 읽은 책은 흥미와 관심도가 떨어진다.
② 음식을 골고루 먹는 것처럼 다양한 독서를 하는 것이 좋다.
③ 좋아하는 책만 읽으면 전반적인 독서에 대한 즐거움을 느끼기 어렵다.
④ 책을 통해 우리는 다양한 사람과 다양한 세상, 다양한 사고를 경험할 수 있다.
⑤ 다른 갈래의 책을 읽고 함께 의견을 나누는 활동은 독서 편식을 막기 위해 좋다.

6 보기 에 제시된 ㉮~㉰는 각각 이 글의 주장과 근거 중 어디에 해당하는지 알맞은 곳에 기호를 써 보세요.

> 보기
>
> ㉮ 독서 편식을 줄이자.
> ㉯ 독서에 대한 흥미가 떨어지기 쉽다.
> ㉰ 다양한 책의 세계를 경험할 수 있는 기회를 잃게 된다.

주장	·
근거	· ·

7 다음 친구들이 생각한 내용을 보고 주장의 타당성을 판단하는 기준을 바르게 연결하여 봅시다.

영주

독서 편식을 줄이는 일은 가치 있고 중요한 일일까?

·   · 실천 가능성

민우

책을 골고루 읽는 일을 실천할 수 있을까?

·   · 근거의 적절성

세훈

독서 편식을 막기 위해 독서 동아리 활동을 해야 한다는 근거가 적절할까?

·   · 가치성과 중요성

8 ㉠'공유'의 뜻으로 알맞은 것은 무엇인가요?

① 어떤 일이나 사물이 생겨남.
② 어떤 일을 한 뒤에 얻어지는 좋은 결과나 만족감.
③ 두 사람 이상이 한 물건을 공동으로 소유하거나 나눔.
④ 어떤 일의 바탕이 되는 돈이나 물자, 인력, 자원이 없어짐.
⑤ 다른 사람과 어울리어 사귀지 아니하거나 도움을 받지 못하여 외톨이가 됨.

9 이 글을 쓴 목적에 대해 바르게 말한 사람은 누구인가요?

① **지호:** 독서 편식 습관을 고치자고 설득을 하는 글이야.

② **지현:** 책에 들어 있는 내용에 대한 감상을 표현한 글이야.

③ **민수:** 우리 주변에서 일어나는 소식을 전달해 주는 글이야.

④ **성희:** 우리가 읽는 책의 가치와 소중함을 알리려고 쓴 글이야.

⑤ **영주:** 독서 편식의 유형을 구체적으로 나누어 설명하는 글이야.

재미있는 낱말 놀이터

우리말끼리 합할 때의 순서 알아보기

🌱 우리말은 결합할 때 일정한 순서가 있다고 합니다. 각각의 상황을 살펴보고 그 순서에 맞게 빈칸에 알맞은 말을 쓰세요.

가까운 곳이 먼저, ☐☐이 나중에 옵니다.

☐☐☐인 것이 먼저, 부정적인 것이 나중에 옵니다.

☐☐ 시간이 먼저, 뒤따르는 시간이 나중에 옵니다.

왜 그럴까?

위 사례들을 보면 우리말을 일정한 순서에 따라 결합한다는 사실을 알 수 있습니다. 가까운 곳에서 먼 곳으로, 긍정적인 것에서 부정적인 것으로, 앞선 시간에서 뒤따르는 시간으로의 순서에 따라 우리말이 결합됩니다.

글을 읽고 글쓴이의
주장 파악하기

주장을 뒷받침하는
근거 찾기

주장의 타당성과 근거의
적절성 평가하기

공부한 날 | 월 | 일

 정리 앞에서 배운 '주장과 근거의 타당성 평가하기' 내용을 마인드맵으로 정리한 것입니다. 빈칸에 알맞은 말을 보기 에서 찾아 쓰세요.

주장하는 글은 글을 읽는 사람의 생각이나 행동을 변화시키기 위한 ☐☐ 을 목적으로 한다.

주장하는 글은 주장과 그 주장을 뒷받침하는 ☐☐ 로 이루어져 있다.

목적

구성

주장하는 글

주장이 ☐☐ 있고 중요한 것인가?

주장과 관련이 있는 근거를 제시하였는가?

주장의 타당성 평가 방법

근거의 적절성 평가 방법

주장이 ☐☐ 가능한 것인가?

주장에 대한 근거가 적절한가?

근거가 ☐☐ 을 뒷받침하고 있는가?

보기 | 가치 | 근거 | 설득 | 실천 | 주장

다음 광고를 보고, 물음에 답해 봅시다.

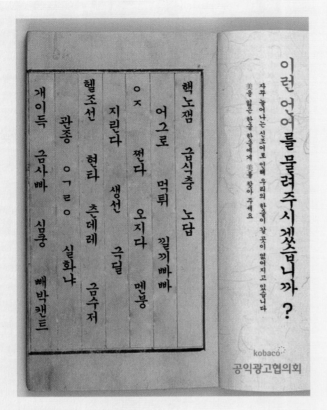

출처: 한국방송광고진흥공사(2017)

이런 언어를 물려주시겠습니까?

자꾸 늘어나는 신조어로 인해 우리의 한글이 갈 곳이 없어지고 있습니다.

아름다움을 잃은 한글에게 아름다움을 찾아 주세요.

1. 이 광고에서 알 수 있는 문제 상황은 무엇인가요?

① 신조어가 점점 사라지고 있다.
② 사람들이 책을 읽지 않고 있다.
③ 신조어가 아름다움을 잃고 있다.
④ 사람들이 외래어를 많이 사용하고 있다.
⑤ 신조어로 인해서 우리 한글이 자리를 잃고 있다.

2. 이 광고가 주장하고 있는 내용은 무엇인가요?

① 책을 많이 읽읍시다.
② 손 씻기를 철저히 합시다.
③ 일회용품의 사용을 줄입시다.
④ 신조어를 널리 알려 사용합시다.
⑤ 우리 한글의 아름다움을 지킵시다.

❷번에서 답한 이 광고의 주장을 뒷받침하는 근거를 정리해 보세요.

근거	• 신조어가 자꾸 늘어나고 있다. •

④ 이 광고의 표현 방법에 대해 바르게 말하지 <u>않은</u> 친구의 이름을 써 보세요.

민주: 새롭게 만들어진 신조어의 예를 자료로 제시하였어.

봄이: 신조어에 대해 자세하게 설명해서 사람들이 내용을 구체적으로 알 수 있도록 하였어.

승재: 강조하는 내용의 글자의 색과 크기를 다르게 하여 읽는 이가 기억하기 쉽게 하였어.

( )

⑤ 민준이가 이 광고를 보고 주장의 타당성을 평가하였습니다. 어떤 기준으로 평가했는지 보기 에서 찾아 기호를 쓰세요.

이상한 신조어가 마구 만들어지는 오늘날 우리 한글의 아름다움을 지키는 일은 가치 있고 중요한 일일까?

민준

보기

㉠ 실천 가능성
㉡ 근거의 적절성
㉢ 가치성과 중요성

( )

⑥ 이 광고와 반대되는 입장인 다음 주장 을 뒷받침할 적절한 근거를 한 가지 써 보세요.

주장 신조어는 우리 생활에 꼭 필요하다.

근거: _____

다음 대화에서 우주가 소현이의 주장을 믿을 수 <u>없는</u> 까닭은 무엇인가요?

물을 많이 마셔야 해. 우리 몸의 7퍼센트가 물이기 때문에 생명 유지에 중요하대.

7퍼센트라고? 책에서 보니 70퍼센트라고 하던데?

소현   우주

① 주장을 뒷받침하는 근거의 수가 적어서.
② 주장을 뒷받침하는 근거가 사실과 달라서.
③ 주장을 뒷받침하는 근거가 주장과 관련이 없어서.
④ 물을 많이 마시자는 주장은 실천 가능성이 낮아서.
⑤ 기존에 알려진 의학 상식을 뒤집는 새로운 근거여서.

재미있는
낱말
놀이터

'떡'과 관련된 속담

🍎 그림의 상황이 어떤 속담을 표현한 것인지 생각해 보고, 그 속담을 넣어 할 수 있는 말과 그 뜻을 찾아 선으로 바르게 이어 보세요.

저 떡 맛있겠다!

(1)

누워서 떡 먹기는 정말 쉽네~

(2)

난 이쪽 떡 케이크가 더 맛있어 보이는걸?

(3)

선물은 내 거라고 생각했는데……

(4)

㉠ 그림 그리기는 <u>누워서 떡 먹기</u>야.

하기가 매우 쉬운 것을 비유적으로 이르는 말.

㉠ 내일이 시험이니 오늘 노는 건 <u>그림의 떡</u>이야.

기대를 가지고 지켜보지만 아무 실속이 없다는 말.

㉠ 벌써 여행 가방을 싸는 것을 보니 <u>떡 줄 사람은 꿈도 안 꾸는데 김칫국부터 마시는구나.</u>

해 줄 사람은 생각지도 않는데 미리부터 다 된 일로 알고 행동한다는 말.

㉠ <u>보기 좋은 떡이 먹기도 좋다</u>고 음식을 더 예쁘게 만드는 것이 어때?

겉모양새를 잘 꾸미는 것도 필요함을 비유적으로 이르는 말.

🟡 왜 그럴까?

속담은 예로부터 전해지는 조상들의 지혜가 담긴 표현입니다. 대개 문장의 형태로 표현되고, 일상에 필요한 삶의 교훈을 전달하는 내용을 비유적으로 표현합니다.

읽기 목표

2 **낱말의 뜻 짐작하며 읽기 ❶**

낱말의 짜임을 고려하여
낱말의 뜻 짐작하기

앞뒤 문맥을 고려하여
낱말의 뜻 짐작하기

낱말의 뜻을 짐작하는
여러 가지 방법 알기

공부한 날   월   일

글을 읽다 보면 모르는 낱말이 나올 때가 있습니다. 그럴 때에는 글의 앞뒤 연결을 뜻하는 문맥을 보거나 낱말의 짜임에 따라 그 뜻을 짐작할 수 있습니다.

낱말은 짜임에 따라 '쪼갤 수 있는 낱말'과 더 이상 나눌 수 없는 '쪼갤 수 없는 낱말'로 나눌 수 있습니다. 예를 들어, '고기'와 '만두'로 쪼갤 수 있는 낱말인 '고기만두'는 만두 속에 고기를 넣어 만든 만두라는 것을 알 수 있습니다.

자, 그러면 이제 낱말의 짜임을 알고, 그 낱말의 뜻을 짐작하며 글을 읽는 방법에 대하여 알아볼까요?

다음 글을 읽고, 물음에 답해 봅시다.

나는 눈입니다. 우리나라에서는 겨울에 나를 만날 수 있지요. 어린이들은 나를 만나면 무척 좋아합니다. 나도 어린이들을 만나면 기분이 좋습니다.

나는 종류가 여러 가지입니다. 내가 굵고 탐스럽게 내리면 '함박눈'이라고 부릅니다. 옛날에는 '송이눈'이라고 부르기도 했습니다. 가루 모양으로 내리면 '가루눈'이라고 합니다. 또 빗방울이었다가 갑자기 찬 바람을 만나 언 채로 떨어지면 내 모양이 쌀알 같다고 해서 '싸라기눈'이라고 합니다. 싸라기는 [㉠]을/를 뜻하지요.

어린이들은 나를 가지고 재미있는 놀이를 많이 합니다. 나를 크고 둥글게 뭉쳐서 눈사람을 만듭니다. 만든 눈사람에 예쁘게 눈과 코, 입을 만들어 주고 따뜻한 모자까지 씌워 주는 친구를 만나면 참 기분이 좋습니다. 또 나를 주먹만 하게 만든 다음 눈싸움을 하기도 합니다. 친구들끼리 신나게 눈싸움을 할 때에는 나도 같이 신이 납니다.

얼른 겨울이 되어 어린이들과 함께 즐겁게 놀고 싶습니다. 어린이들도 나를 많이 기다리고 있겠지요?

1 다음 중 이 글에 나온 눈의 종류가 <u>아닌</u> 것은 어느 것인가요?

① 함박눈　　　　② 송이눈　　　　③ 가루눈
④ 이슬눈　　　　⑤ 싸라기눈

2 ㉠에 들어갈 말로 알맞은 것은 무엇인가요?

① 부스러진 쌀알
② 굵고 탐스러운 눈
③ 옛날에 눈을 부르던 말
④ 찬바람이 쌩쌩 부는 날씨
⑤ 비가 세차게 내리는 상태

3 빨간색으로 쓴 낱말 '눈사람'과 '눈싸움'을 공통된 부분과 아닌 부분으로 쪼개어 쓰세요.

〈공통된 부분〉

[　　　] + [　　　] ➡ 눈사람

[　　　] + [　　　] ➡ 눈싸움

다음 글을 읽고, 물음에 답해 봅시다.

날말은 짜임에 따라 '쪼갤 수 있는 날말'과 '쪼갤 수 없는 날말'로 구별할 수 있습니다. 보기 의 날말 중 쪼갤 수 있는 날말은 무엇이고 쪼갤 수 없는 날말은 무엇일지 생각해 봅시다.

먼저, '쪼갤 수 있는 날말'을 찾아봅시다. 보기 에는 '밥'이 공통적으로 들어간 날말이 있습니다. '밥'이 공통적으로 들어간 '볶음밥'과 '김밥'은 다음과 같이 쪼갤 수 있습니다.

| 볶음밥 | ➡ | 볶음 | + | 밥 |

| 김밥 | ➡ | 김 | + | 밥 |

쪼갤 수 있는 날말은 쪼갠 부분을 보면 뜻을 짐작할 수 있습니다. '볶음밥'의 '볶음'과 '밥'은 각각 뜻을 가지고 있습니다. '김밥'의 '김'과 '밥'도 마찬가지입니다.

하지만 모든 날말이 '쪼갤 수 있는 날말'은 아닙니다. '사과'나 '고래'와 같은 날말은 쪼갤 수 없는 날말입니다. 사과를 '사'와 '과'로 나누면 아무 뜻도 없기 때문입니다. '고래'도 마찬가지로 '고'와 '래'로 나눌 수 없습니다.

 이 글의 내용으로 알맞은 것은 무엇인가요?

① 모든 날말은 쪼갤 수 있는 날말이다.
② '고래'와 '볶음밥'은 짜임이 같은 날말이다.
③ '김밥'을 두 부분으로 쪼개면 날말의 뜻을 짐작할 수 있다.
④ '사과'를 두 부분으로 쪼개면 날말의 뜻을 짐작할 수 있다.
⑤ 쪼갤 수 있는 날말의 뜻은 반드시 국어사전을 보아야만 알 수 있다.

5 다음은 이 글의 내용을 요약한 것입니다. 빈칸에 들어갈 알맞은 말을 본문에서 찾아 쓰세요.

날말은 짜임에 따라 '쪼갤 수 있는 날말'과 '⬚⬚⬚⬚⬚⬚'로 나눌 수 있다. '쪼갤 수 있는 날말'은 쪼갠 부분을 보고 뜻을 짐작할 수 있다. 이런 날말의 예로는 '김밥', '⬚⬚⬚⬚⬚'이 있다. '⬚⬚⬚⬚⬚⬚⬚⬚'은 날말을 나눈 각 부분이 아무 뜻도 가지지 못한다. 이런 날말의 예로는 '사과', '고래'가 있다.

6 다음 중 쪼갤 수 있는 낱말을 바르게 쪼갠 것은 어느 것인가요?

① 포도 → 포 + 도
② 감나무 → 감나 + 무
③ 아버지 → 아 + 버지
④ 고무신 → 고무 + 신
⑤ 동그라미 → 동그 + 라미

7 다음 낱말을 두 부분으로 쪼개어 써 보고, 빈칸을 채워 낱말 뜻을 짐작해 보세요.

나팔꽃 ➡ ☐ + ☐ ▶ ☐☐ 모양의 보라색, 붉은색, 흰색 ☐.

쓰레기통 ➡ ☐ + ☐ ▶ ☐☐☐을/를 담거나 모아 두는 ☐.

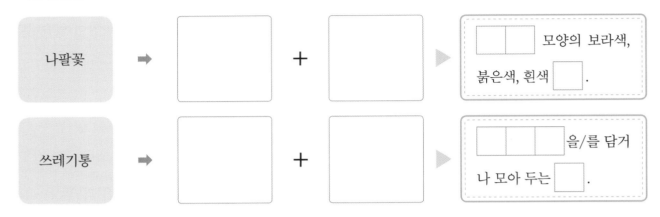

재미있는 낱말 놀이터 메뉴판? 차림표?

왜 그럴까?

식당에서 시윤이는 '메뉴판'을 달라고 하고, 시혁이는 '차림표'를 달라고 하네요. 둘 다 가게에서 파는 음식의 종류와 가격을 적은 것을 뜻하는 말입니다. '메뉴'는 영어 'menu'를 우리말로 표현한 것으로 평평하다는 뜻의 한자 '판(板)'을 더해 '메뉴판'이라고 쓰기도 합니다. '메뉴판'은 '차림표'로 바꾸어 쓸 수 있는데요, '차림표'는 '물건을 꾸려서 갖춘 상태'를 뜻하는 우리말 '차림'에 표나 도표를 가리키는 한자 '표(表)'가 합쳐진 말입니다. 가능하면 우리말이 들어간 '차림표'라고 하는 것이 더 좋겠지요?

2 낱말의 뜻 짐작하며 읽기 ❷

6일

낱말의 짜임을 고려하여 낱말의 뜻 짐작하기 / 앞뒤 문맥을 고려하여 낱말의 뜻 짐작하기 / 낱말의 뜻을 짐작하는 여러 가지 방법 알기

공부한 날   월   일

 다음 일기를 읽고, 물음에 답해 봅시다.

20〇〇년 9월 7일 금요일	날씨: 선선한 바람이 기분 좋은 날

　저녁때쯤 집으로 반가운 택배가 도착했다. 시골에 사시는 할머니께서 보내신 택배다. 나는 아버지와 함께 즐거운 마음으로 택배 상자를 뜯었다.

　상자에는 햇사과와 햇밤이 가득 들어 있었다. ㉠두 가지 모두 내가 무척 좋아하는 것들이다. ㉡할머니께서는 나를 위해 해마다 새로 난 사과와 밤을 꼭 보내 주신다. 올해는 여름이 다 가도록 많이 더웠는데, 늦더위에 고생하며 햇과일을 따셨을 할머니를 생각하니 고마운 마음이 들었다.

　㉢할머니께 전화를 하여 감사 인사를 드렸다. ㉣할머니께서는 맛있게 먹고 건강하게 지내라고 말씀하셨다. ㉤한겨울 추위가 오기 전에 할머니를 뵈러 가고 싶다.

1 다음 중 빨간색으로 쓴 낱말의 뜻을 잘못 설명한 것은 무엇인가요?

① '햇밤'은 그해에 새로 난 밤을 뜻한다.
② '햇과일'은 달고 맛있는 과일을 뜻한다.
③ '한겨울'은 추위가 한창인 겨울을 뜻한다.
④ '햇사과'는 그해에 새로 난 사과를 뜻한다.
⑤ '늦더위'는 여름이 다 가도록 가시지 않는 더위를 뜻한다.

2 '햇사과'와 '햇밤'을 공통된 부분과 아닌 부분으로 쪼개어 보고, ㉠~㉤ 중 '햇'의 뜻을 짐작할 수 있는 문장의 기호를 쓰세요.

〈공통된 부분〉

[　] + [　] ➡ 햇사과

[　] + [　] ➡ 햇밤

• '햇'의 뜻을 짐작할 수 있는 문장은 어느 것일까요? (　　　)

다음 만화를 보고, 물음에 답해 봅시다.

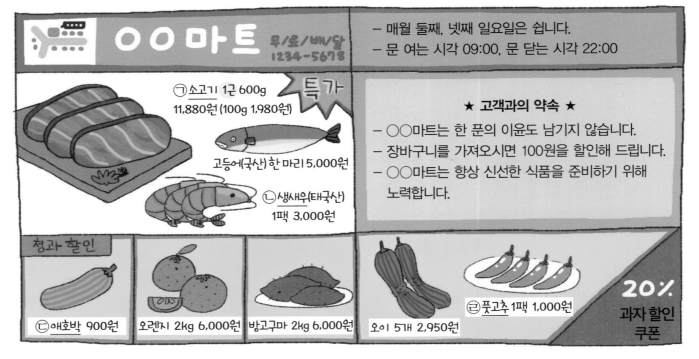

3 이 만화를 보고, 알 수 있는 사실로 알맞은 것은 무엇인가요?

① ○○마트는 한 달에 두 번 문을 닫는다.

② 아들과 어머니는 재래시장을 갈 것이다.

③ ○○마트는 장바구니를 무료로 제공한다.

④ 어머니는 저녁에 고깃국을 끓일 예정이다.

⑤ 아들과 어머니는 점심거리를 사러 가려고 한다.

4 ○○마트 광고지에 나온 ㉠~㉣을 보기 와 같이 두 부분으로 쪼개어 써 보세요.

보기

| 햇밤 | ➡ | 햇 | + | 밤 |

㉠ 소고기 ➡ [　　　] + [　　　]

㉡ 생새우 ➡ [　　　] + [　　　]

㉢ 애호박 ➡ [　　　] + [　　　]

㉣ 풋고추 ➡ [　　　] + [　　　]

5 4번에 적은 답을 참고하여 어울리는 낱말과 그 뜻을 선으로 바르게 이어 보세요.

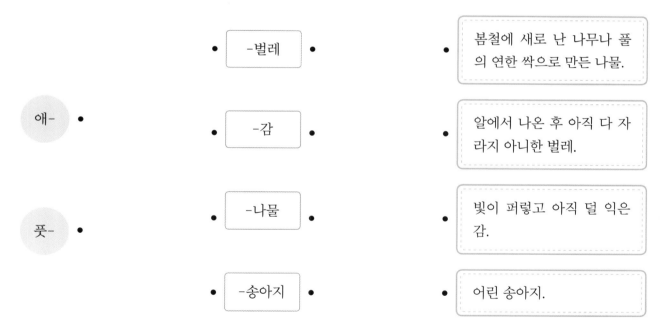

애- •

　　　• -벌레 •　　　• 봄철에 새로 난 나무나 풀의 연한 싹으로 만든 나물.

　　　• -감 •　　　• 알에서 나온 후 아직 다 자라지 아니한 벌레.

풋- •

　　　• -나물 •　　　• 빛이 퍼렇고 아직 덜 익은 감.

　　　• -송아지 •　　　• 어린 송아지.

6 ○○마트 광고지 속에 나오는 낱말의 짜임이나 그 뜻을 바르게 설명한 친구를 모두 고르세요. (정답 2개)

① 인성: 된장찌개는 '된장＋찌개'로 쪼갤 수 있어.
② 민수: 밤고구마는 '밤고＋구마'로 쪼갤 수 있어.
③ 유리: 고등어는 '고＋등어'로 쪼갤 수 있는 낱말이야.
④ 재민: 된장찌개는 '여러 가지 채소를 넣어 끓인 찌개'라는 뜻이야.
⑤ 지원: 밤고구마는 '밤처럼 팍팍하고 단맛이 나는 고구마'라는 뜻이야.

7 광고지 속 문장 중 비판적으로 읽어야 하는 문장은 무엇인가요?

① 매월 둘째, 넷째 일요일은 쉽니다.
② 문 여는 시각 09:00, 문 닫는 시각 22:00
③ ○○마트는 한 푼의 이윤도 남기지 않습니다.
④ 장바구니를 가져오시면 100원을 할인해 드립니다.
⑤ ○○마트는 항상 신선한 식품을 준비하기 위해 노력합니다.

8 다음 중 '이윤' 대신에 쓸 수 있는 낱말로 가장 알맞은 것은 무엇인가요?

① 동전 　　② 손해 　　③ 이익 　　④ 물건 　　⑤ 재고

재미있는 낱말 놀이터 '애-'와 '풋-'

🍎 문장에 어울리는 낱말에 ○표를 하여 글을 완성해 보세요.

솔이의 블로그

프롤로그 | 블로그 | 게시판 | 방명록

시골 할머니 댁에 놀러 갔다. 할머니께서는 반찬으로 쓸 새로 난 (애나물 / 풋나물)을 뜯으셨다.
나는 나무에서 떨어진 연두색 사과를 하나 주웠는데, 먹지는 않고 (애사과 / 풋사과)의 향기만 맡았다.
동생이 물에 작은 벌레가 많다고 했다. 할머니께서 모기의 (애벌레 / 풋벌레)가 알에서 깬 것이라고
가르쳐 주셨다. 동생은 놀라서 모기에 물릴까 봐 얼른 물가에서 도망쳤다.

왜 그럴까?

'애-'는 '어린, 작은'의 뜻을 더할 때 낱말의 앞에 붙여 씁니다. 예로는 '애호박, 애벌레'와 같은 낱말이 있습니다. '풋-'은 '처음 나온, 덜 익은'의 뜻을 더할 때 낱말의 앞에 붙여 씁니다. 예로는 '풋고추, 풋사과, 풋나물'과 같은 낱말이 있습니다. '애-'와 '풋-'은 뒤에 어떤 낱말이 오느냐에 따라 알맞게 붙여야 합니다.

2 낱말의 뜻 짐작하며 읽기 ❸

낱말의 짜임을 고려하여   앞뒤 문맥을 고려하여   낱말의 뜻을 짐작하는
낱말의 뜻 짐작하기   낱말의 뜻 짐작하기   여러 가지 방법 알기

공부한 날 | 월 | 일

 다음 글을 읽고, 물음에 답해 봅시다.

> 아이들에게
> 나는 고을 일을 하는 틈틈이 한가로울 때면 때때로 글을 짓거나 혹 법첩을 놓고 글씨를 쓰기도 하거늘 너희는 해가 다 가도록 무슨 일을 하느냐? 나는 4년간 『강목』을 골똘히 봤다. 두어 번 빠짐없이 읽었지만 나이가 들어 책을 덮으면 문득 잊어버리는지라 어쩔 수 없이 필요한 대목만을 뽑아 써서 작은 책을 만들었는데 아주 필요한 것은 아니었다. 그렇기는 하나 재주를 펴 보고 싶어 그만둘 수가 없었다. 너희가 하는 일 없이 날을 보내고 어영부영 해를 보내는 걸 생각하면 몹시 안타깝다. 한창때 이러면 노년에는 장차 어쩌려고 그러느냐? 웃을 일이다, 웃을 일이야.
> 고추장 작은 단지 하나를 보내니 사랑방에 두고 밥 먹을 때마다 먹으면 좋을 게다. 내가 손수 담근 건데 아직 푹 익지는 않았다.
>
> – 박지원 글, 박희병 옮김, 『고추장 작은 단지를 보내니』 중에서

1 이 글의 글쓴이에 대한 설명으로 바른 것에는 ○표, 틀린 것에는 ✕표 하세요.

• 전문적으로 글을 짓는다.   (   )
• 평소 글을 짓거나 글씨를 쓴다.   (   )
• 하는 일 없이 날을 보내기를 좋아한다.   (   )

2 빨간색으로 쓴 낱말과 관련된 것을 찾아 선으로 바르게 이어 보세요.

낱말	바꾸어 쓸 수 있는 낱말	낱말을 넣어 만든 문장
골똘히 •	• 대충, 아무렇게나	• • 할아버지께서는 ( )에는 많이 먹어야 한다고 말씀하셨다.
어영부영 •	• 열심히, 집중하여	• • 나는 누가 오는 줄도 모르고 ( ) 책을 읽었다.
한창때 •	• 젊을 때	• • 부모님께 내가 ( ) 만든 카네이션을 달아 드렸다.
손수 •	• 직접	• • ( )하다가 방학이 다 지나 버렸다.

다음 글을 읽고, 물음에 답해 봅시다.

장승

나무나 돌을 깎아 만든 장승을 본 적이 있니? 우리나라의 옛날 사람들은 마을 어귀나 길가에 장승을 세워 놓았단다. 그래서 길을 가다가 장승을 흔히 볼 수 있었어.

옛날 사람들은 왜 장승을 세워 놓았을까? 먼저, 사람들은 장승이 자기네 마을을 지켜 주는 구실을 한다고 생각하였어. 나쁜 병이나 기운이 마을로 들어오는 것을 장승이 막아 준다고 믿었지. 그리고 장승은 나그네에게 길을 알려 주는 역할도 하였단다. 키가 큰 장승은 멀리서도 잘 보였어. 나그네는 ⊙길목에 있는 장승을 보고 가까운 곳에 마을이 있다고 생각을 하였지. 또, 장승은 마을과 마을 사이의 경계를 표시하는 역할도 하였단다. 장승이 서 있는 자리를 보면 한 마을의 시작과 끝을 알 수 있었지.

장승은 모습도 아주 다양하단다. 장승은 사람의 얼굴 형태를 나무에 그리거나 돌에 조각하였는데, 도깨비처럼 무섭게 만들거나 할아버지처럼 친근한 모습으로 만들기도 하였어. 또 재미있고 우스꽝스러운 장난꾸러기 같은 모습으로도 만들었지. 하지만 생긴 모습이 어떠하든 옛날 사람들에게 장승은 어려움을 함께 나누는 동무와 같았어.

장승은 우리에게 고마운 친구야. 사람들 마음도 든든하게 하고 길잡이 역할도 하기 때문이지. 만일 길을 가다가 장승을 만나면 친구인 듯 반갑게 인사하여 보면 어떨까?

---

3 옛날 사람들이 장승을 세워 놓은 까닭이 <u>아닌</u> 것은 무엇인가요?

① 마을이 더 아름답게 보이기 때문에
② 나그네에게 길을 알려 주는 역할을 했기 때문에
③ 마을을 지켜 주는 구실을 한다고 생각했기 때문에
④ 마을과 마을 사이의 경계를 표시하는 역할을 했기 때문에
⑤ 나쁜 병이나 기운이 마을로 들어오는 것을 장승이 막아 준다고 믿었기 때문에

4 글쓴이가 장승을 '우리에게 고마운 친구'라고 한 까닭은 무엇인가요?

① 나무나 돌을 깎아서 만들었기 때문에
② 길을 가다가 흔하게 볼 수 있기 때문에
③ 장승의 얼굴이 고마운 친구와 닮았기 때문에
④ 옛날부터 장승을 고마운 친구라고 생각해 왔기 때문에
⑤ 사람들 마음을 든든하게 하고 길잡이 역할도 하기 때문에

5 ⑤'길목'의 뜻을 짐작할 수 있는 방법을 잘못 설명한 친구는 누구인가요?

① 정현: '길목'을 '길+목'으로 나누어서 뜻을 짐작해 보았어.
② 윤아: '길목' 대신 '어귀'를 넣고 문장의 뜻이 자연스러운지 읽어 보았어.
③ 지은: 글의 제목이 「장승」인 이유를 생각하며 '길목'의 뜻을 짐작해 보았어.
④ 정훈: '길목'을 넣어서 '큰길에서 오른쪽 길목으로 가면 우리 집이야.'라는 문장을 만들어 보았어.
⑤ 수현: '나그네는 길목에 있는 장승을 보고 가까운 곳에 마을이 있다고 생각을 하였지.'라는 문장을 보면서 뜻을 짐작해 보았어.

6 다음은 인터넷 표준국어대사전에서 '길목'의 뜻을 검색한 것입니다. 이 글에 쓰인 ⑤'길목'의 뜻으로 알맞은 것을 모두 골라 □표 하세요.

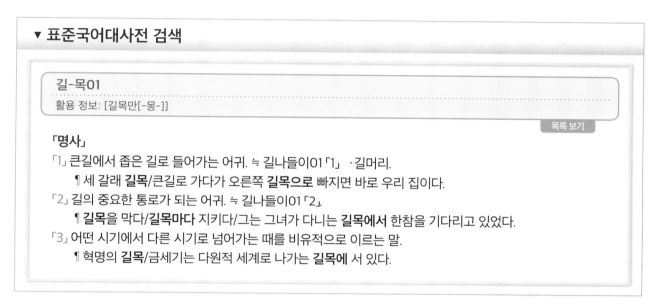

▼ 표준국어대사전 검색

길-목01
활용 정보: [길목만[-몽-]]

〔목록 보기〕

「명사」
「1」 큰길에서 좁은 길로 들어가는 어귀. ≒ 길나들이01「1」·길머리.
  ¶ 세 갈래 **길목**/큰길로 가다가 오른쪽 **길목으로** 빠지면 바로 우리 집이다.
「2」 길의 중요한 통로가 되는 어귀. ≒ 길나들이01「2」
  ¶ **길목을** 막다/**길목마다** 지키다/그는 그녀가 다니는 **길목에서** 한참을 기다리고 있었다.
「3」 어떤 시기에서 다른 시기로 넘어가는 때를 비유적으로 이르는 말.
  ¶ 혁명의 **길목**/금세기는 다원적 세계로 나가는 **길목에** 서 있다.

7 빨간색으로 쓴 낱말을 각각 쪼갤 수 없는 낱말과 쪼갤 수 있는 낱말로 나누어 보세요.

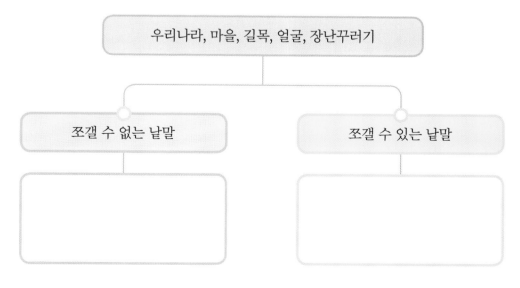

우리나라, 마을, 길목, 얼굴, 장난꾸러기

쪼갤 수 없는 낱말	쪼갤 수 있는 낱말

8 다음은 '장승'에 관해 쓴 다른 글입니다. 빈칸에 들어갈 알맞은 말을 보기 에서 골라 써 보세요.

> 보기   놀잇감   수호신   이정표   아름다움   자연 보호

> 장승의 첫 번째 기능은 (   )입니다. 사람들은 마을 앞에 장승을 세워 마을에 나쁜 기운이 들어오지 않도록 막고, 농사가 잘되도록 하며 마을 사람 모두 평화롭게 잘 살기를 바랐습니다. 장승의 두 번째 기능은 (   )의 역할을 하는 것입니다. 어떤 장승에는 장승을 기준으로 하여 다른 마을까지의 거리가 표시되어 있기도 합니다.

재미있는 낱말 놀이터

'길잡이'는 무엇일까요?

🍎 그림과 문장을 통해 상황을 파악하고, 밑줄 친 단어의 뜻에 해당하는 것을 찾아 선으로 바르게 이어 보세요.

등대는 우리가 밤낚시를 할 때 <u>길잡이</u>가 되어 주었다.

이 책은 독해력을 키우는 데에 좋은 <u>길잡이</u>가 되어 주었다.

처음 오르는 산길에 헤매지 않을 수 있었던 것은, 기꺼이 <u>길잡이</u> 역할을 해 주었던 한 어르신 덕분이다.

길을 인도해 주는 사람이나 사물.

나아갈 방향을 알려주거나, 목적을 실현할 수 있도록 이끌어주는 것.

왜 그럴까?

'길잡이'는 '길잡'과 '이'로 쪼갤 수 있는 낱말입니다. '길잡다'는 '이끌다', '안내하다', '지도하다'를 뜻하는 옛말이고, '이'는 단어 뒤에 붙어 '~하는 사람 또는 사물'의 뜻을 나타냅니다. 따라서 '길잡이'는 단순히 길을 알려 주는 사람 혹은 사물이라는 의미 이외에, 올바른 방향으로 나아가고 목적을 이룰 수 있게 해 주는 것 또는 사물의 의미로도 사용할 수 있습니다.

2 낱말의 뜻 짐작하며 읽기 ④

낱말의 짜임을 고려하여
낱말의 뜻 짐작하기

앞뒤 문맥을 고려하여
낱말의 뜻 짐작하기

낱말의 뜻을 짐작하는
여러 가지 방법 알기

공부한 날   월   일

 정리 앞에서 배운 '낱말의 뜻 짐작하며 읽기'와 관련하여 다음에 제시된 내용이 맞으면 ○표, 틀리면 ×표 하세요.

앞뒤 문맥을 보고 낱말의 뜻을 짐작한 후에는 바르게 짐작하였는지 확인하는 것이 좋다. ☐

글을 읽으면서 낱말의 뜻을 짐작할 때에는 비슷하거나 반대되는 뜻의 낱말을 넣어 보는 것이 좋다. ☐

글을 읽으면서 낱말의 뜻을 짐작할 때에 낱말이 사용된 예를 떠올려 보는 것은 도움이 안 된다. ☐

낱말은 짜임에 따라 '쪼갤 수 있는 낱말'과 '쪼갤 수 없는 낱말'로 나눌 수 있다. ☐

낱말의 뜻은 반드시 국어사전을 찾아보아야만 알 수 있다. ☐

'애호박'과 '풋고추'는 쪼갤 수 있는 낱말이다. ☐

'사과'와 '하늘'은 쪼갤 수 있는 낱말이다. ☐

'감나무'와 '쓰레기통'은 쪼갤 수 없는 낱말이다. ☐

'아버지'와 '동그라미'는 쪼갤 수 없는 낱말이다. ☐

숭례문은 대한민국 국보 제1호입니다.

국보는 보물의 가치가 있는 것 중에서 역사적·학술적·예술적·기술적 가치가 으뜸인 것으로, 제작 연대가 오래되고 그 시대를 대표하는 문화재입니다. 그래서 국보는 국가가 지정하여 법률로 보호합니다.

숭례문은 조선 초기에 지어진 건축물로 역사적 가치가 높고, 고려에서 조선으로 넘어오는 건축 양식의 변화를 엿볼 수 있기 때문에 국보로 지정되었습니다. 숭례문의 석축 위에 세워진 중층 누각은 장식이 간결하고 내부 구조가 **견실하여** 조선 초기의 건축 기법을 잘 간직하고 있습니다.

숭례문은 한양 도성의 정문입니다. 남쪽에 있는 문이라고 해서 ㉠'남대문'이라고도 불렸습니다. 우리 조상은 남쪽을 매우 중요하게 생각하였습니다. 그래야 햇빛도 잘 들고, 좋은 일도 많이 생긴다는 믿음 때문이었습니다. 그러니 도성 남쪽에 나 있는 숭례문을 도성의 정문으로 여긴 것은 당연한 일입니다.

조선 시대에는 날마다 밤 10시 무렵에 통행을 금지하기 위하여 종을 치면서 숭례문의 문을 닫았다가 다음 날 아침 4시 무렵에 **통행금지**를 해제하기 위하여 종을 치면서 문을 열었는데, 이때 문루에 종을 달아 그 시간을 알렸습니다. 그리고 장마나 가뭄이 심할 때에는 숭례문 등에서 임금이 몸소 **기청제**와 **기우제**를 지내는 등 국가의 중요한 행사를 거행하였습니다.

또, 숭례문은 조선의 얼굴이자 선진 문물을 받아들이는 통로였습니다. 당시 조선은 명나라, 청나라와 외교 관계를 맺으면서 많은 **사신**이 드나들었는데 그들이 드나들었던 문이 바로 숭례문이었습니다.

고려를 무너뜨리고 새 나라 조선을 세운 이성계는 도읍을 한양으로 옮겼습니다. 그리고는 새로 궁궐을 짓고, 도읍을 감싸고 있는 백악산(북악산), 타락산(낙산), 목멱산(남산), 인왕산을 연결하여 성곽인 도성을 쌓았습니다. 한양 도성과 함께 짓기 시작한 숭례문은 1398년 완공되었습니다.

숭례문이 완성되던 날, 태조 임금은 친히 신하들과 함께 현장에 나갔는데 문 하나가 완성되었다고 왕이 나가 보는 일은 흔한 일이 아니었습니다. 그만큼 숭례문이 특별하였다는 뜻입니다.

『조선왕조실록』세종 15년의 기록을 보면 "숭례문은 지대가 낮고, 주변의 남산, 인왕산과도 조화를 이루지 못한다."는 기록이 있습니다. 당시의 숭례문이 세종의 눈에는 볼품이 없었던 것입니다. 그래서 고쳐 짓기로 하여 세종 29년(1447년)에 마침내 우리가 알고 있는 웅장한 모습의 숭례문으로 거듭났습니다.

– 서찬석, 『숭례문』중에서

1 이와 같은 글을 읽는 까닭으로 가장 알맞은 것은 무엇인가요?

① 창의력을 키우기 위해서
② 지식이나 정보를 얻기 위해서
③ 재미와 즐거움을 얻기 위해서
④ 자신의 의견과 비교해 보기 위해서
⑤ 다른 사람의 주장을 알아보기 위해서

2 숭례문이 국보로 지정된 까닭으로 알맞은 것을 모두 고르세요. (정답 2개)

① 나라에서 법률로 보호하고 있기 때문에
② 한양 도성의 정문으로 남쪽에 있기 때문에
③ 우리나라에서 제작 연대가 가장 오래된 문이기 때문에
④ 조선 초기에 지어진 건축물로 역사적 가치가 높기 때문에
⑤ 고려에서 조선으로 넘어오는 건축 양식의 변화를 엿볼 수 있기 때문에

3 ㉠'남대문'에 대해 바르게 설명한 것을 모두 고르세요. (정답 2개)

① 숭례문과는 다른 문이다.   ② '남'+'대문'으로 쪼갤 수 있다.
③ 남쪽에 있는 문이라는 뜻이다.   ④ 외국으로 갈 때에는 사용이 금지되었다.
⑤ 남대문을 통해 한양 도성으로는 갈 수 없다.

4 다음 문장의 문맥을 고려할 때 '견실하여' 대신에 쓸 수 있는 말로 가장 적절한 것은 무엇인가요?

> 숭례문의 석축 위에 세워진 중층 누각은 장식이 간결하고 내부 구조가 견실하여 조선 초기의 건축 기법을 잘 간직하고 있습니다.

① 부드러워   ② 복잡하여   ③ 튼튼하여   ④ 화려하여   ⑤ 탄력이 있어

5 '통행금지'를 두 부분으로 쪼개어 본 뒤에 쪼개진 부분과 합쳐진 낱말의 뜻을 각각 써 보세요.

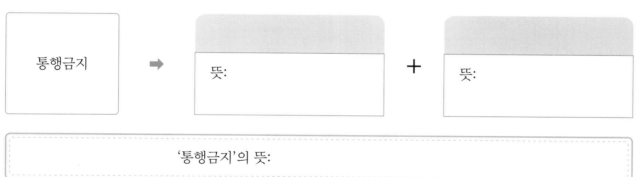

통행금지 ➡ 뜻: +   뜻:

'통행금지'의 뜻:

6 다음 문장의 '기청제'와 '기우제'에 대하여 바르게 설명한 것을 모두 고르세요. (정답 2개)

> 장마나 가뭄이 심할 때에는 숭례문 등에서 임금이 몸소 기청제와 기우제를 지내는 등 국가의 중요한 행사를 거행하였습니다.

① '기청제'는 삼국 시대 때부터 이어져 온 행사이다.
② '기청제'는 '기우제'와 비슷한 뜻을 가진 낱말이다.
③ '기청제'와 '기우제'는 모두 국가의 중요한 행사이다.
④ 장마가 심하면 '기청제'를 지내고 가뭄이 심하면 '기우제'를 지냈다.
⑤ '기우제'는 비가 오기를 빌었던 제사이므로 '기청제'도 비슷한 행사일 것이다.

이 글에 나온 '사신'의 뜻을 바르게 짐작한 친구는 누구인지 쓰세요.

영주: '사신' 대신 '사적인 일을 대신 처리해 주는 신하'라는 말을 넣어 읽어 보았어.

지훈: '사신'은 '사+신'으로 나눌 수 있으니까 동서남북 네 방향을 담당한 신하를 뜻하는 말이야.

지호: 조선이 명나라, 청나라와 외교 관계를 맺으면서 사신이 드나들었다는 부분으로 미루어 보아 '외국에 사명을 띠고 가는 신하'라는 뜻일 거야.

(   )

 재미있는 낱말 놀이터

옛날 도시 이름 찾기

오늘날 '서울', '경주', '대전', '대구'라고 불리는 지명이 옛날에는 다른 이름으로 불리었다고 합니다. 아래 도시의 현재 이름과 옛날 이름을 선으로 바르게 이어 보세요.

왜 그럴까?

도시의 이름은 시간이 흐름에 따라 변하기도 합니다. 서울은 원래 수도를 뜻하는 말이었지만, 지금은 대한민국의 도시 '서울'을 가리키는 말로도 쓰이고 수도를 뜻하는 말로도 쓰입니다. 대전은 예전에 우리말로 '크고 넓은 밭'이라는 뜻인 '한밭'이라고 했지만 지금은 한자로 '대전(大田)'이라고 씁니다. 대구와 경주는 각각 '달구벌', '서라벌'로 불렸으나 오랜 기간에 걸쳐 이름이 바뀌었습니다.

3 인물과 배경을 바탕으로 이어질 내용 추론하기 ❶

이야기에서 인물의
성격과 특성 파악하기 · 이야기의 시대적 ·
공간적 배경 알기 · 인물과 배경을 고려하여
이어질 내용 추론하기

공부한 날   월   일

이야기의 인물과 배경은 사건에 영향을 미칩니다.

배경은 사건이 일어나는 공간적 배경과 시간적 배경을 모두 포함합니다.

동일한 상황이라 할지라도 인물의 성격이나 신념에 따라 일어나는 사건이 달라질 수 있고, 배경도 사건에 영향을 미치는 요소가 됩니다.

글 속에 있는 이러한 정보를 이용하면 앞으로 이어질 내용을 추론할 수 있습니다. 근거를 가지고 추론하는 태도는 읽기 능력을 향상시키는 데 필요하지요.

자, 이제 인물과 배경이 사건에 미치는 영향을 바탕으로 이어질 내용을 추론해 볼까요?

다음 이야기를 읽고, 물음에 답해 봅시다.

"난 너하구 안 놀아."

하고 영이는 담 밑에 돌아앉았습니다. 그리고 혼자서 소꿉질 판을 벌이고 놉니다. 조개로 솥을 걸고 흙으로 밥을 짓고 아주 재미있습니다. 옆에서 똘똘이는 아주 같이 놀고 싶어 하는 얼굴로 섰습니다. 고개를 삐뚜름 입을 내밀고 보고만 섰습니다. 그리고 영이는 똘똘이가 더 그러라고 더욱 재미있게 놉니다. ㉠둘레에 둥그렇게 금을 긋고 그 안에는 발 하나 들여놓지 못하게 합니다.

마침내 똘똘이는 그런 얼굴로 보고만 섰다가 입을 열었습니다.

"접때 우리 집에 왔을 때 너 떡 줬지?"

"그까짓 수수떡 조금."

"그럼 어저껜 기동이하고 울 때 내가 네 편 들었지?"

"누가 널더러 내 편 들랬어."

"그럼 아까 기차 장난할 때 너 막 태워 줬지?"

"누가 태 줬어. 모래 돈 받고 태 줬지."

그리고 영이는 담 밑에 돌아앉아 혼자만 소꿉질 판을 벌이고 놉니다. 조개로 솥을 걸고 흙으로 밥을 짓고 아주 재미있습니다. 담처럼 둥그렇게 금을 긋고 그 안에는 발 하나 들여놓지 못하게 합니다. 조금도 못 보게 돌아앉아서 오곤조곤 혼자서만 놉니다.

그 옆에서 똘똘이는 아주 같이 놀고 싶어 하는 얼굴로 섰습니다.

- 현덕, 『너하고 안 놀아』 중에서

1 영이가 ㉠처럼 행동하는 이유는 무엇인가요?

① 똘똘이가 먼저 금을 그어서　　　　② 자신의 집 담 밑이기 때문에

③ 똘똘이가 편을 안 들어 주어서　　　④ 항상 혼자 노는 것을 좋아해서

⑤ 똘똘이와 놀지 않겠다는 마음을 보여 주려고

2 이 글에 나타난 똘똘이의 마음으로 알맞은 것은 무엇인가요?

① 영이가 밉다.　　　② 영이를 도와주고 싶다.　　　③ 영이와 같이 놀고 싶다.

④ 영이를 놀려 주고 싶다.　　　⑤ 영이에게 지고 싶지 않다.

3 똘똘이가 끈기 있는 성격이라고 할 때, 이어질 내용으로 가장 알맞은 것은 어느 것인가요?

① 똘똘이가 울면서 집으로 돌아간다.　　　② 똘똘이가 영이의 소꿉놀이를 방해한다.

③ 똘똘이가 영이의 마음을 돌리려고 노력한다.　　　④ 똘똘이가 다시는 영이와 놀지 않겠다고 한다.

⑤ 똘똘이가 다른 친구를 불러서 재미있게 논다.

다음 글을 읽고, 물음에 답해 봅시다.

(암초에 부딪혀 난파한 배의 갑판 위에 사람들이 지친 듯이 흩어져 있다.)

여인: 선장님, 우리는 얼마나 살 수 있을까요?

선장: 글쎄요, ㉠남은 양식이 얼마 없어서…….

(사람들이 상자로 달려들어 양식을 먼저 차지하려고 아우성이다.)

승객들: 내 거야, 내 거!

선장: 이러지 마십시오. 남은 양식은 정확하게 똑같이 나누겠습니다.

남자 1: 여러분, 아무리 상황이 절망적이라 해도 아픈 사람은 살려야 하지 않겠어요?

남자 2: 그래서 어떻게 하자는 거요?

남자 1: 우리는 건강하니까 아픈 사람에게 먹을 것을 더 줍시다.

남자 2: 여보시오! 지금 멀쩡한 사람도 며칠 못 사는 판에 무슨 소리를 하는 거요!

남자 1: 그래도 아픈 사람을 내버려 둘 수는 없잖아요?

남자 2: 그래서 우리 먹을 것을 그 사람에게 나눠 주잔 말이오? 난 못 해요, 못 해. 절대로 못 해요!

여인: 당신 것이나 주든 말든 마음대로 하세요.

이 글에서 ㉠'남은 양식'이 의미하는 것은 무엇인가요?

① 서로 양보하려고 하는 음식
② 생명을 유지할 수 있는 음식
③ 힘 있는 사람이 차지하는 음식
④ 건강한 사람에게만 허락되는 음식
⑤ 아무에게도 주지 말아야 할 음식

이 글에서 '남자 2'의 성격은 어떠한가요?

① 지혜롭다.
② 소심하다.
③ 인정이 많다.
④ 공정하지 않다.
⑤ 어려운 사람을 배려하지 않는다.

등장인물들이 갈등하는 상황이 계속된다고 할 때, 가장 바람직한 갈등 해결 방법은 무엇인가요?

① 아픈 사람이 양식을 더 많이 갖기로 한다.
② 선장이 남은 양식을 모두 바다에 던져 버린다.
③ 각자 자기의 몫을 알아서 하는 것으로 결정한다.
④ 아픈 사람에게는 양식을 조금만 주기로 결정한다.
⑤ 아픈 사람에게 양식을 주고 건강한 사람은 굶기로 한다.

 구명보트에 딱 한 명을 태울 수 있다고 할 때, 이 글에 나온 인물의 성격에 맞게 답한 사람은 누구인가요?

① 승객들: 여인이 가장 체력이 약하니 여인을 태우도록 합시다.

② 여인: 구명보트에 한 명만 타야 한다면 나는 양보하겠습니다.

③ 선장: 자리가 하나밖에 없다면 공정하게 제비를 뽑도록 하겠습니다.

④ 남자 1: 지금 가장 힘든 것은 저입니다. 제가 보트를 타게 해 주십시오.

⑤ 남자 2: 선장이 지금까지 우리를 이끌었으니 구명보트에 태우도록 합시다.

기르는 양식? 먹는 양식?

🍎 밑줄 친 '양식'이 뜻하는 바가 같은 것을 찾아 고기를 잡는 사람과 물고기의 말풍선을 선으로 이어 보세요.

왜 그럴까?

우리말에는 소리는 같으나 뜻이 다른 낱말이 있어요. 이와 같은 말을 '동음이의어'라고 해요. '양식'은 '사람의 힘으로 길러서 번식하게 함.', '생존을 위하여 필요한 사람의 먹을거리.', '일정한 모양이나 형식.' 등의 여러 뜻을 가지고 있습니다. 문장 속에서 낱말이 어떤 의미로 쓰였는지 생각해 보고, 문장의 의미를 정확히 이해할 수 있어야 합니다.

이야기에서 인물의
성격과 특성 파악하기

이야기의 시대적·
공간적 배경 알기

인물과 배경을 고려하여
이어질 내용 추론하기

공부한 날   월   일

 다음 글을 읽고, 물음에 답해 봅시다.

잎싹은 난용종 암탉이다. 알을 얻기 위하여 기르는 암탉이라는 말이다.

잎싹은 양계장에 들어온 뒤부터 알만 낳으며 일 년 넘게 살아왔다. 돌아다니거나 날개를 푸덕거리 수 없고, 알도 품을 수 없는 철망 속에서 나가 본 일이 없었다. 그런데도 남몰래 소망을 가졌다. 마당에 사는 암탉이 앙증맞은 병아리를 까서 데리고 다니는 것을 본 뒤부터이었다.

'단 한 번만이라도 알을 품을 수 있다면, 그래서 병아리의 탄생을 볼 수 있다면……'

알을 품어서 병아리의 탄생을 보는 것. 잎싹은 이 소망을 한시도 잊은 적이 없었다. 하지만, 알이 굴러 내려가도록 앞으로 기울어진 데다 알과 암탉 사이가 가로막힌 철망 속에서는 어림없는 일이었다.

양계장 문이 열리고 주인 아저씨가 외바퀴 수레를 밀고 들어왔다.

"꼬꼬꼬, 아침밥이다!"

"배고프다, 빨리빨리 줘, 꼬꼬꼬!"

암탉들이 보채는 소리로 양계장 안이 시끄러웠다.

"먹성이 좋은 만큼 값을 해야지! 사룟값이 또 올랐으니까!"

- 황선미, 『마당을 나온 암탉』 중에서

1 이 글에서 알 수 있는 잎싹이 살고 있는 곳은 어디인가요?

① 마당   ② 수레   ③ 양계장 안
④ 알을 품는 곳   ⑤ 병아리들이 있는 곳

2 잎싹의 소망은 무엇인가요?

① 사료를 더 많이 먹는 것
② 알을 다른 암탉보다 많이 낳는 것
③ 알이 굴러 내려가지 않도록 하는 것
④ 알을 품어서 병아리의 탄생을 보는 것
⑤ 주인 아저씨가 알을 못 가져가게 하는 것

[중간 이야기] 잎싹이 모이도 먹지 않고 일주일이나 알을 낳지 못하자, 주인 부부는 잎싹을 닭장에서 꺼내 구덩이에 갖다 버린다. 잎싹은 그 죽음의 구덩이에서 청둥오리(나그네)의 도움으로 살아나게 된다. 들에서는 목숨을 위협하는 뭉툭한 꼬리를 가진 족제비에게 잡힐 뻔한 위험이 있어서 잎싹은 다시 마당으로 돌아온다. 그러나 잎싹은 마당에 살고 있는 개와 암탉, 오리들의 따돌림과 굶주림을 견딜 수 없어 낮에는 밭으로 나가 먹이를 쫓는다. 늘 외롭게 지내던 나그네에게 뽀얀 오리라는 짝이 생기고, 잎싹은 나그네마저 없는 마당에서 더 이상 살기 싫어진다.

잎싹은 마당에 돌아가지 않기로 마음먹었다. 더 이상 아까시나무 아래에서 헛간을 바라보며 살기가 싫었다. 야산 자락에 찔레 덤불이 보였다. 전에는 눈여겨보지 않아 잘 몰랐는데, 적당히 우거진 모양이 더위를 피하기에 좋아 보였다.

"보금자리가 꼭 마당에 있어야 할 필요는 없지."

잎싹이 들판을 지나 찔레 덤불로 거의 다 갔을 때였다. 난데없이 외마디 비명 소리가 났다.

"꽤애액!"

"……?"

순간, 털이 쭈뼛 곤두섰다. 비명 소리가 워낙 짧아 들판은 금세 조용해졌다. 그런데 무엇인가 심상치 않은 것이 눈앞을 쓱 지나갔다. 뭉툭한 꼬리 같은 것이 고사리가 우거진 곳으로 스며들듯 없어져 ㉠ 버린 것이다.

잎싹은 꽤 오랫동안 박힌 듯이 서 있었다. 심장이 서늘해지도록 아픈 소리가 가슴벽에 이리저리 부딪히는 느낌이었다. 현기증이 나고 눈앞이 붉은빛으로 가득 찼다. 천천히 눈을 떠서 붉은빛을 몰아낸 잎싹은 주의 깊게 사방을 살폈다.

"나그네!"

께름칙하였다. 죽음의 구덩이에서 느꼈던 것처럼 소름 끼치는 기분. 그렇다면 당장 이곳을 떠나야 하는데도 무슨 일인지 알고 싶은 호기심 때문에 잎싹은 찔레 덤불 속으로 계속 걸어갔다. 어쩐지 청둥오리의 비명 소리를 들은 것 같아 발길을 돌릴 수 없었다.

'정신을 바짝 차려야지. 괜찮아, 아무도 날 해치지 못해.'

잎싹은 용기를 잃지 않으려고 발톱에 힘을 주고 눈을 부라린 채 한 발 한 발 걸어 나갔다.

'틀림없이 나그네 목소리였어. 그렇게 겁먹은 비명은 처음이야.'

- 황선미, 『마당을 나온 암탉』 중에서

3 잎싹이 '닭장'을 나오게 된 까닭은 무엇인가요?

① 나그네가 도와주었기 때문에
② 주인 부부가 잎싹을 마당에서 키우기로 하였기 때문에
③ 마당에 살고 있는 개와 암탉, 오리들이 잎싹을 도와주었기 때문에
④ 잎싹이 알을 낳지 못하자 주인 부부가 구덩이에 갖다 버렸기 때문에
⑤ 족제비가 닭장에 들어와 암탉들이 닭장 밖으로 모두 도망갔기 때문에

4 잎싹이 살았던 '마당'은 잎싹에게 어떤 곳이었나요?

① 나그네를 처음 만난 곳
② 따돌림과 굶주림이 있는 곳
③ 족제비에게 목숨을 위협당하는 곳
④ 자신과 같은 가축들과 오순도순 살 수 있는 곳
⑤ 자신의 알을 낳아 병아리를 탄생시킬 수 있는 곳

5 이 글의 내용을 다음 표에 정리하였습니다. 잎싹이 살던 장소와 그곳에서 겪었던(혹은 겪을 수 있는) 사건을 생각하며 빈칸에 알맞은 내용을 써 넣으세요.

장소의 변화	겪었던 사건 혹은 겪을 수 있는 사건
양계장	☐☐를 먹을 수 있지만 갇혀 지내며 ☐을/를 품을 수 없다.
☐☐	☐☐로부터 안전하지만, ☐☐과/와 굶주림을 겪었다.
☐☐	안전하지 않지만, 자유가 있다.

6 ㉠의 내용으로 보아, 나그네에게 벌어진 일은 무엇일까요?

① 먹이를 구하려다 덫에 걸렸다.
② 족제비에게 끔찍한 일을 당했다.
③ 다른 청둥오리들에게 따돌림을 당했다.
④ 주인 부부를 만나 양계장으로 잡혀갔다.
⑤ 마당에 사는 가축들과 큰 싸움을 벌였다.

7 잎싹이 '야산'에서 계속 지낸다고 할 때, 이어질 내용으로 가장 알맞은 것은 무엇인가요?

① 잎싹이 족제비에게 복수를 하게 된다.
② 잎싹과 족제비가 친구가 되어 서로를 돌봐 준다.
③ 잎싹이 야산에서 좋은 친구들을 많이 만나게 된다.
④ 잎싹은 족제비를 경계하느라 매우 긴장하며 살아간다.
⑤ 잎싹이 족제비를 무서워하지 않고 자유롭게 살아간다.

8 잎싹이 족제비의 위협에도 '야산'에서 계속 살기로 결정했다면 그 까닭은 무엇일까요?

① 야산에 친한 가축이 있기 때문에
② 야산에서 지내는 생활이 익숙하기 때문에
③ 야산에서는 안전하게 알을 품을 수 있기 때문에
④ 족제비에게 위협당하는 것이 두렵지 않기 때문에
⑤ 야산은 스스로 선택하며 살아갈 수 있는 곳이기 때문에

9 잎싹이 양계장에 들어오지 않고 처음부터 마당에서, 알에서 깨어난 병아리와 함께 살았다면 이후에 어떤 이야기가 이어질지 써 보세요.

암닭? 암탉?

🍎 '암탉'은 암컷을 뜻하는 말이 앞에 붙으면서 '닭'이 '탉'으로 변한 경우입니다. 다음 그림에서 '암탉'처럼 암컷을 뜻할 때 글자가 변하는 동물을 찾아 ○표 하세요.

왜 그럴까?

'암-'은 '새끼를 배거나 열매를 맺는'의 뜻을 더하는 말로, 그 어원은 '암ㅎ'입니다. '암-' 다음에 나는 거센소리를 인정하므로 '암+강아지'는 '암캉아지'라고 적어야 합니다. 이처럼 몇몇 동물의 이름은 소리나는 대로 표기하는 것을 표준어로 인정하여 '암캐, 암탕나귀, 암퇘지, 암평아리' 등으로 씁니다.

읽기 목표

파이팅!

11일

3 인물과 배경을 바탕으로 이어질 내용 추론하기 ❸

이야기에서 인물의   이야기의 시대적·   인물과 배경을 고려하여
성격과 특성 파악하기   공간적 배경 알기   이어질 내용 추론하기   공부한 날   월   일

 다음 글을 읽고, 물음에 답해 봅시다.

'저게 뭘까?'

어느 날 동네를 산책하던 문익점은 눈송이처럼 하얀 것으로 뒤덮인 밭을 발견하고 고개를 갸웃거렸다. 고려에서는 볼 수 없었던 낯선 풍경이었다.

문익점은 옆집에 사는 중국 사람에게 물었다.

"저것이 무슨 꽃입니까?"

"아! 목화 말입니까? 저것은 꽃이 아니고 열매입니다. 솜이나 면을 만드는 재료이지요."

그제서야 문익점은 고개를 끄덕였다. 그것을 본 문익점은 부러운 마음을 감출 수 없었다.

'우리나라에서도 저 목화를 재배할 수 있다면 얼마나 좋을까?'

문익점은 한겨울에도 베옷을 입고 지내는 조국의 백성들을 떠올렸다. 당시 고려 사람들은 중국에서 면을 수입해서 쓰고 있었지만, 보통 백성들은 구경조차 할 수 없었다. 값이 너무 비쌌던 것이다.

문익점은 고국으로 돌아갈 때 목화씨를 갖고 가야겠다고 결심했다. 그러나 그것은 매우 위험한 생각이었다. 원나라에서는 목화씨를 나라 밖으로 갖고 나가는 것을 엄하게 금지하고 있었던 것이다. 만약 목화씨를 갖고 나가다가 들키는 날에는 목숨을 잃을 수도 있었다.

'어떻게 하면 들키지 않고 목화씨를 갖고 갈 수 있을까?'

- 나은경, 『나는 포기하지 않아』 중에서

1 이 글을 통해 알 수 있는 당시의 시대적 상황으로 바르지 않은 것은 무엇인가요?

① 원나라는 고려 사람에게 면을 팔았다.
② 중국에서 수입한 면의 가격은 너무 비쌌다.
③ 고려에서는 목화씨를 심어도 목화가 자라지 않았다.
④ 고려 사람이 멀리 떨어진 원나라에 오갈 수 있었다.
⑤ 고려에서는 한겨울에도 베옷을 입고 지내는 사람이 많았다.

2 문익점이 목화씨를 고려로 가지고 가려고 한 이유를 써 보세요.

한겨울에도 [   ]을/를 입고 지내는 [   ] 사람들에게 [   ](으)로 된 옷을 입게 해 주려고

목화로 만든 면이 한겨울에 필요한 이유를 가장 적절히 추측한 것은 무엇인가요?

① 베옷보다 따듯해서   ② 땀을 잘 흡수해서   ③ 재배하기가 쉬워서
④ 다른 옷감보다 값이 싸서   ⑤ 다른 옷감보다 튼튼해서

 이어지는 글을 읽고, 물음에 답해 봅시다.

고향으로 돌아온 문익점은 장인인 정천익을 가장 먼저 찾아갔다.

"제가 원나라에서 목화씨 열 알을 갖고 왔습니다."

"그래? 그럼 나에게 다섯 알을 주게. 나도 한번 재배해 보겠네."

이렇게 해서 문익점과 정천익은 목화씨를 다섯 알씩 나누어 텃밭에 심었다. 그런데 아무리 기다려도 싹이 트지 않았다.

'이상하다. 왜 싹이 트지 않는 걸까?'

문익점은 불안한 마음을 안고 장인의 집으로 가 보았다.

㉠'장인어른의 밭에도 싹이 트지 않았으면 어떻게 하지? 목숨을 걸고 가져온 씨앗인데……'

그러나 다행히 정천익의 밭에서는 한 개의 싹이 트고 있었다. 문익점과 정천익은 날마다 밭에서 살다시피 하며 정성껏 목화를 키웠다.

그 결과, 3년 후에는 목화가 넓은 밭을 가득 메우게 되었다. 그러자 소문을 듣고 많은 사람들이 찾아왔다. 사람들은 문익점에게 씨앗을 나누어 달라고 했다.

"좋습니다. 목화는 널리 퍼지면 퍼질수록 좋지요."

문익점은 씨앗을 사람들에게 나누어 주었다.

그런데 문익점에게는 한 가지 고민이 있었다. 목화로 면을 만들려면 실을 뽑아야 하는데, 도무지 그 방법을 알 수 없었다. ㉡책을 뒤져 보고 주위에 물어보아도 방법을 찾을 수 없었다.

"실을 뽑는 방법을 알지 못한다면 목화를 아무리 많이 재배해도 소용이 없어."

문익점은 장인과 함께 실을 뽑아 보려고 갖은 애를 써 보았다. 하지만 결과는 언제나 실패였다. 날마다 목화를 들여다보고 있는 문익점의 모습은 주위 사람들에게 비웃음거리가 되기도 했다.

"글을 읽는 선비가 천한 농사꾼들처럼 밭에 나가 살다니……"

그러나 문익점은 사람들이 비난하는 소리에 귀를 기울이지 않았다.

'무슨 일이 있어도 목화에서 실을 뽑아 옷감을 만들고 말 테다.'

문익점은 다짐하고 또 다짐했다.

문익점의 지극한 정성이 하늘에 닿았던지, 마침내 실을 뽑는 방법을 알 수 있는 기회가 찾아왔다. 홍원이라는 중국인 승려가 마을에 나타났던 것이다. 문익점이 사는 동네를 지나가던 홍원은 마을을 온통 덮은 목화밭을 보고 몹시 반가워했다.

"고려 땅에서 목화밭을 보게 되다니……. 마치 고향에 돌아온 것 같구나."

문익점의 장인 정천익은 동네 사람들로부터 홍원의 이야기를 전해 듣고 당장 그를 찾아갔다. 그리고 홍원을 집으로 데리고 와서 극진히 대접했다.

- 나은경, 『나는 포기하지 않아』 중에서

문익점이 원나라에서 고향으로 돌아올 때 가져온 것은 무엇인가요?

(   )

5 문익점이 ㉠과 같은 걱정을 하는 까닭은 무엇인가요?

① 자신의 자존심이 걸려 있기 때문에
② 목화씨를 다시 사려면 비싸기 때문에
③ 목화씨를 다시 구하기 어렵기 때문에
④ 목화를 팔아서 돈을 벌어야 하기 때문에
⑤ 목화를 재배하지 못하면 귀양을 가기 때문에

6 시대적 상황을 생각해 볼 때, 소문을 들은 사람들이 문익점에게 찾아온 이유로 가장 적절한 것은 무엇인가요?

① 목화가 무엇인지 한번 구경하려고
② 목화씨를 얻어서 돌아가 재배하려고
③ 문익점과 정천익의 행동을 칭찬하려고
④ 문익점을 도와 목화밭을 함께 일구려고
⑤ 목화에서 실을 뽑아 옷을 만드는 새로운 기술을 배우려고

7 ㉡에도 불구하고 문익점이 실을 뽑는 방법을 알 수 없었던 이유는 무엇일까요?

① 목화에서 실을 뽑는다는 것은 불가능한 일이기 때문에
② 목화에서 실을 뽑기엔 재배한 양이 너무 적었기 때문에
③ 고려에는 목화에서 실을 뽑는 방법이 전해지지 않았기 때문에
④ 문익점이 글을 읽는 것만큼 농사일에 최선을 다하지 않았기 때문에
⑤ 목화는 지금까지 솜으로만 이용되고 옷감으로 만들어진 적이 없었기 때문에

8 이 글을 바탕으로 홍원에 대해 짐작한 내용으로 알맞지 <u>않은</u> 것은 무엇인가요?

① 홍원은 고려에 온 승려이다.
② 홍원은 목화를 많이 보았다.
③ 홍원은 원나라(중국) 사람이다.
④ 홍원은 목화를 재배하는 사람이다.
⑤ 홍원의 고향에는 목화밭이 있었다.

9 문익점이 살았던 시대적 상황을 생각하며 이어질 내용을 짐작한 것입니다. 빈칸에 알맞은 낱말을 써 넣어 문장을 완성해 보세요.

> 정천익은 [ ][ ]에게 목화에서 [ ]을/를 뽑는 [ ][ ]을/를 묻고, [ ][ ]은 그 방법을 가르쳐 주어 [ ][ ]과 정천익은 [ ][ ] 사람들에게 널리 알려 준다.

재미있는 낱말 놀이터 '잔-'이 붙는 여러 가지 말

🍎 다음 그림의 장면에 어울리는 '잔-'이 붙는 낱말을 만들려고 합니다. 보기 에서 알맞은 낱말을 찾아 빈칸에 넣어 '잔-'이 붙는 낱말을 완성해 보세요.

잔 + [ ] = [ ]

잔 + [ ] = [ ]

잔 + [ ] = [ ]

잔 + [ ] = [ ]

보기

| 잔병 |
| 잔머리 |
| 잔가지 |
| 잔소리 |

왜 그럴까?

'잔-'은 '가늘고 작은' 또는 '자질구레한'이란 뜻을 더할 때 낱말의 앞에 붙여 씁니다. '풀과 나무의 작은 가지'를 '잔가지'라고 하고, '머리에서 몇 오라기 빠져나온 짧고 가는 머리카락'은 '잔머리'라고 합니다. '흔히 앓는 자질구레한 병'은 '잔병'이라고 하고, '쓸데없이 자질구레한 말을 늘어놓는 것'을 '잔소리'라고 합니다. '잔소리'는 '필요 이상으로 듣기 싫게 꾸짖거나 참견하는 것'을 뜻하기도 합니다. 그림의 상황 속에서 '잔-'이 붙어 만들어진 낱말의 뜻을 정확히 파악해 봅시다.

읽기 목표

3 인물과 배경을 바탕으로 이어질 내용 추론하기 ④

| 이야기에서 인물의 성격과 특성 파악하기 | 이야기의 시대적·공간적 배경 알기 | 인물과 배경을 고려하여 이어질 내용 추론하기 |

공부한 날 | 월 | 일

 정리 다음은 앞에서 배운 '인물과 배경을 바탕으로 이어질 내용 추론하기'의 내용을 마인드맵으로 정리한 것입니다. 빈칸에 알맞은 말을 보기 에서 찾아 쓰세요.

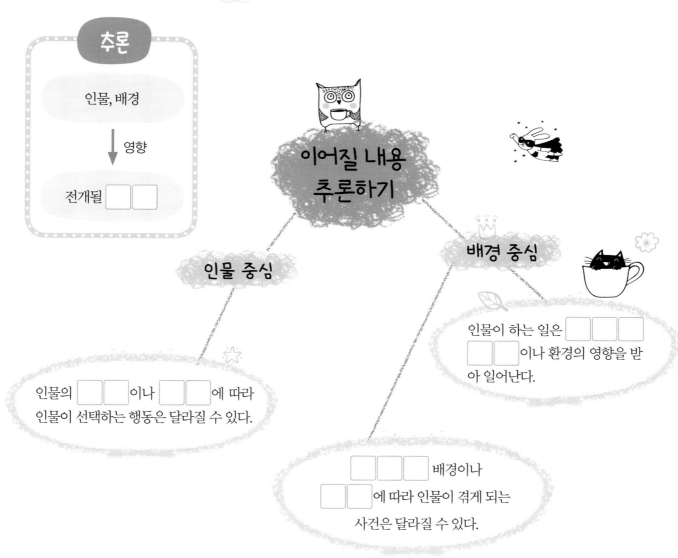

추론

인물, 배경

↓ 영향

전개될 □□

이어질 내용 추론하기

인물 중심

인물의 □□이나 □□에 따라 인물이 선택하는 행동은 달라질 수 있다.

배경 중심

인물이 하는 일은 □□□ □□이나 환경의 영향을 받아 일어난다.

□□□ 배경이나 □□에 따라 인물이 겪게 되는 사건은 달라질 수 있다.

보기   사건   성격   상황   신념   장소   공간적   시대적

그때껏 서울에서 내가 보아 왔던 반장들은 하나같이 힘과는 거리가 멀었다. 집안이 넉넉하거나 운동을 잘해 거기서 얻은 인기로 반장이 되는 수도 있었으나, 대개는 성적순으로 반장, 부반장이 결정되었고, 그 역할도 반장이라는 명예를 빼면 우리와 선생님 사이의 심부름꾼에 가까웠다. 드물게 힘까지 센 아이가 있어도, 그걸로 아이들을 억누르거나 부리려고 드는 법은 거의 없었다. 다음 선거가 있을 뿐만 아니라, 아이들도 그런 걸 참아 주지 않는 까닭이었다. 그런데 나는 그날 전혀 ㉠새로운 성질의 반장을 만나게 된 것이었다.

"반장이 부르면 다야? 반장이 부르면 언제든 달려가서 대령해야 하느냐고?"

그래도 나는 사내다운 꿋꿋함으로 마지막 저항을 해 보았다.

그때 알 수 없는 일이 벌어졌다. 그 말이 떨어지자마자, 구경하고 있던 아이들이 갑자기 큰 소리로 웃어 댔다. 내가 무슨 바보 같은 소리를 했다는 듯, 그때껏 나를 을러대던 두 녀석과 엄석대까지를 포함한 많은 아이들 모두가 입을 크게 벌리고 떠들썩하게 웃어 댔다. 나는 어리둥절했다. 겨우 정신을 가다듬어, 내가 한 말 어디가 그들을 그토록 웃게 만들었는지를 생각해 보고 있는데 미화부장이라는 녀석이 웃음을 참으며 물었다.

㉡"그럼, 반장이 부르는데 안 가? 어디 학교야? 어디서 왔어? 너희 반에는 반장이 없었어?"

그런데 그 무슨 어이없는 생각의 변화였을까? 나는 문득 무엇인가 큰 잘못을 하고 있다는 느낌, 특히 담임 선생님이 부르시는데 뻗대고 있었던 것과 흡사한 착각이 일어났다. 어쩌면 그때까지도 멈춰지지 않고 있던 아이들의 왁자한 웃음에 기가 죽어, 그게 굴욕적인 복종인 줄 알면서도 석대의 말을 따랐는지도 모를 일이었다.

내가 머뭇머뭇 그에게 다가가자, 엄석대는 그동안의 웃음을 그치고 웃는 얼굴로 바꾸며 물었다.

"나한테 잠깐 오기가 그렇게도 힘들어?"

목소리도 전과 달리, 정이 듬뿍 묻어나는 듯했다. 나는 그 너그러움에 하마터면 감격하여 펄쩍 뛰며 머리를 저을 뻔하였다. 아까보다는 다소 덜하기는 했어도, 아직은 나를 강하게 지배하고 있는 어떤 거부감이 겨우 그런 자존심 상하는 짓거리를 막아 주었다.

엄석대는 확실히 놀라운 아이였다. 그는 잠깐 동안에 내가 그에게 억지로 끌려갔다는 느낌을 깨끗이 씻어 주었을 뿐만 아니라, 내가 담임 선생님께 품었던 야속함까지도 풀어 주었다.

"서울 무슨 학교랬지? 얼마나 커? 물론 우리 학교와는 댈 수 없을 만큼 좋겠지?"

- 이문열, 『우리들의 일그러진 영웅』 중에서

 이 글의 '나'는 학급 친구들에게 어떤 존재인가요?

서울에서 온 □□□

2 이 글에 쓰인 ㉠'새로운 성질의 반장'의 의미로 알맞은 것은 무엇인가요?

① 반 친구들에게 꼼짝 못 한다.
② 집안이 넉넉하고 공부를 잘한다.
③ 선생님의 심부름을 절대 하지 않는다.
④ 반 아이들을 억누르거나 부리려고 한다.
⑤ 반 아이들과 선생님 사이의 심부름꾼에 불과하다.

3 ㉡으로 미루어 볼 때, 반 아이들의 생각으로 알맞지 않은 것은 무엇인가요?

① 반장의 말은 꼭 따라야 한다.
② 반장이 부르면 당연히 가야 한다.
③ '나'와 같이 행동하는 것이 이상하다.
④ 반장이 친구에게 명령하는 것이 잘못된 행동이다.
⑤ 반장이 아이들을 억누르거나 부리는 것은 당연하다.

4 이 글에 나오는 배경인 '학교'는 엄석대에게 어떤 곳인가요?

① 공부를 열심히 하여 선생님께 인정받는 곳
② 친구들에게 명령하며 반장의 권력을 누리는 곳
③ 친구들과 사이좋게 지내며 즐겁게 생활하는 곳
④ 자신보다 센 학생에게 반장 자리를 넘겨주는 곳
⑤ 약한 친구를 괴롭히며 편을 나누어 생활하는 곳

5 다음 날 '나'는 학교에서 다음과 같은 일을 겪게 됩니다. '나'의 성격을 생각했을 때, 앞으로 사건이 어떻게 전개될지 가장 바르게 짐작한 것은 무엇인가요?

> 내가 바쁘게 도시락 뚜껑을 여는데 앞줄에 앉은 아이가 나를 돌아보며 말했다.
> "오늘은 네가 물 당번이야. 엄석대가 먹을 물 떠다 주고 와서 밥 먹어."

① 엄석대와 같이 도시락을 먹는다.
② 엄석대에게 잘 보이려고 얼른 물을 떠다 준다.
③ 반장에게 왜 물을 바쳐야 하느냐며 먼저 따진다.
④ 물 당번을 어떻게 하는 것인지 친구들에게 물어본다.
⑤ 아무 반응도 하지 않고 눈치를 보며 도시락을 먹는다.

6 '우리들의 일그러진 영웅'이라는 제목은 누가 어떻게 될 것을 암시하고 있나요?

① 엄석대가 누리는 반장의 권력이 무너진다.

② '내'가 새로운 반장이 되어 엄석대처럼 행동한다.

③ 엄석대가 어른이 되어 나랏일을 하며 반장 노릇을 하게 된다.

④ '나'와 엄석대가 함께 학급에서 반장이 되어 친구들에게 명령한다.

⑤ 엄석대가 반장으로 독재를 하지만 친구들에게는 의리 있는 모습을 보여 준다.

뜻이 비슷한 낱말

🍎 '내가 물 당번이라는 말을 듣고 <u>저항</u>해야겠다는 생각이 들었다.'라는 문장에서 '저항'과 뜻이 비슷한 낱말을 국어사전에서 찾아 정리해 보았습니다. 어떤 낱말이 있을지 아래 표에서 찾아 [보기] 와 같이 ○표 하세요.

보기

감	격
동	상

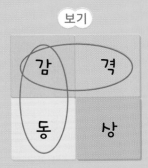
한번 묶은 글자를 또 묶을 수도 있구나!

탁	거	절	구	저
반	부	모	반	항
대	지	자	찬	의
항	거	거	위	사

국어사전 펼치기

거부: 요구나 제의 따위를 받아들이지 않고 물리침.
거절: 상대편의 요구, 제안, 선물, 부탁 따위를 받아들이지 않고 물리침.
대항: 굽히거나 지지 않으려고 맞서서 버티거나 항거함.
반대: 어떤 행동이나 견해, 제안 따위에 따르지 아니하고 맞서 거스름.

반항: 다른 사람이나 대상에 맞서 대들거나 반대함.
저항: 어떤 힘이나 조건에 굽히지 아니하고 거역하거나 버팀.
항거: 순종하지 아니하고 맞서서 반항함.
항의: 못마땅한 생각이나 반대의 뜻을 주장함.

왜 그럴까?

'저항'과 뜻이 비슷한 낱말에는 '거부, 거절, 대항, 반대, 항거, 항의' 등이 있습니다. 뜻이 서로 비슷한 말(유의어)을 많이 알고 있으면, 상황에 따라 더 명확한 의미를 전달하는 데 적합한 낱말을 선택해 사용할 수 있습니다.

4 여러 가지 설명 방법 알기 ①

| 글을 읽고 설명하는 대상 찾기 | 설명하는 대상의 특징 파악하기 | 분류, 분석, 비교, 대조의 설명 방법 알기 | 공부한 날 | 월 | 일 |

설명문은 읽는 사람에게 어떤 지식이나 정보를 전달하고 이해시키는 것을 목적으로 하는 글입니다. 설명하려는 대상에 따라 적절한 설명 방법을 선택하여 대상의 특성이 잘 드러나게 해야 하지요. 대상을 설명하는 방법에는 종류가 같은 것끼리 모아서 나누는 분류, 전체를 부분으로 나누어 설명하는 분석, 두 대상의 공통점과 차이점을 찾아 설명하는 비교와 대조 등이 있습니다.

이제 분류, 분석, 비교, 대조의 방법으로 쓴 글을 읽어 보면서 어떻게 대상을 설명하는지 알아볼까요?

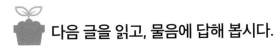 다음 글을 읽고, 물음에 답해 봅시다.

　　풀과 나무는 뿌리, 줄기, 잎, 꽃과 열매로 이루어져 있습니다.
　　그러나 풀은 나무보다 뿌리, 줄기, 잎 등이 작고 줄기가 유연합니다. 색깔은 초록색이고 대개 한 해를 살고, 길게는 2년 살면 죽습니다. 나무와 달리 풀은 줄기가 처음에 발달한 이후 길이나 굵기가 해마다 계속 자라지 않습니다.
　　나무는 풀보다 뿌리, 줄기, 잎 등이 크고 줄기가 단단합니다. 여러 해 동안 자라는 다년생 식물입니다. 나무의 줄기는 땅 위로 계속 높게 자라며 그 굵기는 해마다 커 나갑니다.
　　야자나무나 대나무는 땅 위에 솟은 부분이 몇 년 이상 살아 있어 나무처럼 보이지만, 줄기가 나무처럼 크는 특성이 없으므로 나무가 아니라 특수한 풀이라고 할 수 있습니다.

1 이 글에서 설명하고 있는 대상은 무엇인가요?

① 식물　　　　　　　② 줄기　　　　　　　③ 풀과 나무
④ 다년생 식물　　　　⑤ 야자나무와 대나무

2 다음 빈칸 안에 들어갈 말로 알맞은 것은 어느 것인가요?

> 이 글에서 설명하고 있는 두 대상의 공통점은 [　　　　　　　　　　　]이다.

① 초록색이라는 것　　　　　　　② 크기가 비슷한 것
③ 대부분 오래 산다는 것　　　　　④ 사람들이 좋아한다는 것
⑤ 뿌리, 줄기, 잎, 꽃과 열매로 이루어진다는 것

3 다음 ㉠, ㉡에 들어갈 내용으로 알맞지 <u>않은</u> 것을 모두 고르세요. (정답 2개)

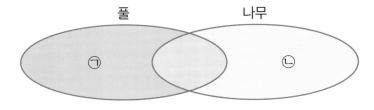

① ㉠: 모두 일년생 식물이다.
② ㉠: 줄기가 처음에 발달한 이후 길이나 굵기가 해마다 계속 자라지 않는다.
③ ㉡: 다년생 식물이다.
④ ㉡: 뿌리, 줄기, 잎 등이 풀보다 크고 줄기가 단단하다.
⑤ ㉡: 땅 위에 솟은 부분이 몇 년 이상 살아 있는 대나무가 포함된다.

다음 글을 읽고, 물음에 답해 봅시다.

태극기의 모양을 전체적으로 보면 흰색 바탕의 한가운데에 태극 문양이 있습니다. 그리고 건, 곤, 감, 이의 사괘가 태극 문양을 감싸고 있습니다.

태극기의 흰색 바탕은 밝음과 순수, 그리고 평화를 사랑하는 우리의 민족성을 나타냅니다.

태극 문양은 양의 기운을 나타내는 빨간색과 음의 기운을 나타내는 파란색의 조화를 보여 줍니다. 이는 우주 만물이 양의 기운과 음의 기운의 조화를 바탕으로 하여 만들어지고 발전한다는 자연의 이치를 나타낸 것입니다.

건, 곤, 감, 이의 사괘는 네 모서리에 그려져 있으며, 검은색 막대 모양입니다. 사괘는 음과 양이 서로 변화하고 발전하는 모습을 나타낸 것으로, 각각 상징하는 뜻이 있습니다. 왼쪽 위의 건(☰)은 하늘, 오른쪽 아래의 곤(☷)은 땅, 오른쪽 위의 감(☵)은 물, 왼쪽 아래의 이(☲)는 불을 상징합니다.

4 이 글에서 설명하고 있는 대상은 무엇인지 쓰세요.

(   )

5 태극기에서 우리의 '민족성'을 상징하는 것은 무엇인가요?

① 태극 문양   ② 흰색 바탕   ③ 빨간색 문양
④ 파란색 문양   ⑤ 검은색 막대

6 이 글에서 태극기의 모양을 무엇과 무엇으로 나누어 설명하였는지 두 가지를 더 찾아 쓰세요.

(흰색 바탕   ), (   ), (   )

7 다음이 나타내는 것을 각각 선으로 바르게 이어 보세요.

(1)	건	•	•		•	•	불
(2)	곤	•	•		•	•	물
(3)	감	•	•		•	•	땅
(4)	이	•	•		•	•	하늘

8 다음 중 이 글의 내용을 정리하기에 적당한 틀에 ○표 하세요.

(1)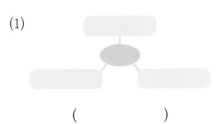

( )

(2)

( )

(3)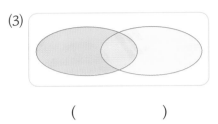

( )

9 이 글에 사용된 설명 방법으로, 다음 빈칸에 들어갈 알맞은 말을 쓰시오.

전체를 여러 부분으로 나누어 설명하는 방법인 [＿＿＿＿＿]을 활용하여, 태극기의 모양을 나누어 그 속에 담긴 뜻을 설명하였다.

( )

재미있는 **낱말 놀이터**

'머리'의 여러 가지 뜻

🍎 밑줄 친 '머리'가 나타내는 것을 보기 의 ㉠~㉢에서 찾아 기호를 쓰세요.

보기

(1) 나는 한참을 생각하다 머리를 긁으며 모르겠다고 말하셨다. ( )

(2) 할머니께서는 긴 머리를 곱게 빗어 넘기고 쪽을 지셨다. ( )

(3) 아이는 머리가 정말 총명하셨다. ( )

왜 그럴까?

다의어란 하나의 낱말이 둘 이상의 뜻을 가진 것을 뜻합니다. 기본적이고 주된 의미인 '중심 의미', 상황에 따라 중심 의미가 확장된 '주변 의미'로 이루어집니다.
(1)의 '머리'는 사람이나 동물의 목 위의 부분. 눈, 코, 입 등이 있는 얼굴을 포함하며 머리털이 있는 부분, (2)의 '머리'는 머리 털, (3)의 '머리'는 생각하고 판단하는 능력의 뜻으로, 중심 의미는 (1)입니다.

읽기 목표

4 여러 가지 설명 방법 알기 ❷

글을 읽고 설명하는 대상 찾기 | 설명하는 대상의 특징 파악하기 | 분류, 분석, 비교, 대조의 설명 방법 알기

공부한날 | 월 | 일

 다음 글을 읽고, 물음에 답해 봅시다.

출처: 한국학중앙연구원

제주도의 옛날 대문은 우리가 흔히 볼 수 있는 대문의 모습과 다릅니다. 제주도의 옛날 대문은 기둥과 서너 개의 나무토막으로 이루어져 있는데, 제주도에서는 이 기둥을 정주먹이라고 하고, 나무토막을 정낭이라고 부릅니다.

정주먹은 정낭을 걸쳐 놓기 위하여 집의 입구 양쪽에 세워 둔 것입니다. 이 정주먹은 굵은 나무나 제주도에서 흔히 볼 수 있는 현무암을 적당한 크기로 다듬어서 만듭니다. 그리고 정주먹에는 일반적으로 세 개 정도의 구멍을 뚫습니다.

정낭은 정주먹 사이에 가로로 길게 걸쳐 놓는 나무토막입니다. 정주먹에 걸쳐진 정낭이 몇 개인지에 따라 집주인이 찾아온 사람에게 알려 주는 내용이 서로 다릅니다. 정낭이 한 개이면 집주인이 가까운 곳에 있어 금방 돌아온다는 뜻이고, 정낭이 두 개이면 조금 먼 곳에 가 있어 얼마 뒤에 돌아온다는 뜻입니다. 그리고 정낭이 세 개이면 집주인이 아주 먼 곳에 가 있어 꽤 오랜 시간이 지나야 집에 돌아온다는 뜻입니다. 정낭이 한 개도 걸쳐져 있지 않으면 집 안에 사람이 있으니 들어와도 좋다는 뜻입니다.

1 이 글에서 설명하고 있는 것은 무엇인가요?

① 제주도의 나무 　　② 제주도의 집 구조 　　③ 제주도 방언의 특징
④ 제주도의 옛날 대문 　　⑤ 제주도 사람들의 의사소통 방법

2 '조금 먼 곳에 가 있어 얼마 뒤에 돌아온다는 뜻'을 나타내는 그림은 무엇인가요?

①  　②  　③ 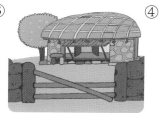 　④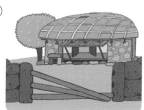

3 이 글은 대상의 특성을 나타내기 위해 어떤 방법을 활용해 설명하고 있나요?

① 분석 　　　② 대조 　　　③ 비교 　　　④ 분류 　　　⑤ 예시

다음 글을 읽고, 물음에 답해 봅시다.

물의 오염 정도를 어떻게 나타낼 수 있을까? 생물 지표는 환경 오염에 대한 생태계의 영향을 평가하는 지표로 많이 이용된다. 예를 들어 가재는 소독약 냄새가 나지 않는 물에 수온까지 맞아야 한다. 그렇지 않으면 금세 죽어 버린다. 이처럼 물의 오염 정도에 매우 민감하여 수질에 변화가 생길 경우 빠르게 영향을 받는 생물을 지표로 삼아 수질 오염 등급을 가늠할 수 있다. 수질이 떨어지고 오염도가 심해질수록 물고기 종류가 단순해지고 종류에 변화가 생기기 시작한다.

1급수는 사람이 먹을 수 있는 물을 일컫는다. 깨끗한 물에서만 살 수 있는 버들치, 열목어, 가재, 금강모치 등의 생물 지표가 발견되면 1급수이다.

2급수는 비교적 맑고 냄새가 없다. 그러나 물을 바로 마실 수는 없고, 약품 처리를 해야 마실 수 있다. 수영 정도는 할 수 있는 물로 피라미, 갈겨니, 소금쟁이, 다슬기가 2급수에서도 잘 산다.

황갈색을 띠며 거품이 이는 탁한 물인 3급수는 먹는 물로는 사용이 불가능하고 농업용수나 공업용수로 이용한다. 붕어, 미꾸라지, 메기, 뱀장어 등이 살 수 있다.

4급수는 오염이 심해 썩은 냄새가 난다. 고도의 정수 처리를 하여야만 농업용수나 공업용수로 이용 가능하며 실지렁이, 종벌레, 물곰팡이 등만이 겨우 살아남는다.

1급수의 깨끗한 물이 4급수가 되는 원인은 공장에서 버리는 폐수, 비료나 농약, 가축의 배설물, 가정에서 버리는 세제 등의 생활 하수를 들 수 있는데 이 중 생활 하수가 가장 큰 원인이다. 오염된 물을 1급수 물로 바꾸려면 적게는 수천 배에서 많게는 수백만 배의 물이 필요하다.

4 다음 ㉠과 ㉡에 들어갈 말이 바르게 짝 지어진 것을 고르세요.

이 글은 [㉠]을/를 [㉡]을/를 기준으로 나누어 설명하고 있다.

㉠	㉡
① 물에 사는 생물	먹이
② 수질 오염 정도	생물 지표
③ 수질 오염 정도	물의 냄새
④ 수질 오염의 원인	생물 지표
⑤ 수질 오염의 원인	물의 색깔

5 다음 중 '2급수'의 생물 지표로 알맞은 것을 모두 고르세요. (정답 2개)

① 가재　　　　　② 피라미　　　　　③ 열목어

④ 뱀장어　　　　⑤ 소금쟁이

6 이 글과 같이 어떤 대상을 일정한 기준에 따라 갈래 지어 설명하는 방법을 무엇이라고 하나요?

① 예시   ② 분류   ③ 비교
④ 대조   ⑤ 분석

7 '1급수'에 대한 설명으로 알맞은 것은 무엇인가요?

① 주로 농업용수나 공업용수로 이용한다.
② 황갈색을 띠며 거품이 이는 탁한 물이다.
③ 사람이 바로 마실 수 있는 깨끗한 물이다.
④ 버들치, 열목어, 가재, 금강모치만 살 수 있다.
⑤ 오염도가 심해 살 수 있는 생물의 종류가 단순하다.

8 '4급수'에 대한 설명으로 알맞은 것은 무엇인가요?

① 수영 정도는 할 수 있다.
② 공업용수로 바로 사용할 수 있다.
③ 붕어, 미꾸라지, 메기, 뱀장어가 살 수 있다.
④ 실지렁이조차 살 수가 없는 악취 나는 물이다.
⑤ 고도의 정수 처리를 해야만 농업용수로 이용할 수 있다.

9 이 글의 내용을 아래의 틀에 정리할 때, 빈칸에 들어갈 내용을 차례대로 쓰세요.

물

기준: 수질 (　　　　　) 정도

1급수	2급수	3급수	4급수
• (　　　　)이 먹을 수 있고 모든 물고기가 살 수 있는 물. • 생물 지표: 버들치, 열목어, 가재, 금강모치 등	• 비교적 맑고 (　　　　)가 없는 물. • 생물지표: 피라미, 갈겨니, 소금쟁이, 다슬기 등	• 황갈색을 띠며 (　　　　)이 이는 탁한 물. • 생물 지표: 붕어, 미꾸라지, 메기, 뱀장어 등	• (　　　　)이 심해 썩은 냄새가 나는 물. • 고도의 (　　　　) 처리를 해야만 농업용수나 공업용수로 이용 가능함. • 생물 지표: 실지렁이, 종벌레, 물곰팡이 등

10 이 글에 관해 바르게 설명한 사람은 누구인가요?

① **수현**: 물에 사는 생물을 강, 바다 등 서식 지역에 따라 나누었어.
② **진경**: 오염된 물이 인간에게 미치는 영향에 대하여 분석한 글이야.
③ **시현**: 각종 생물 지표를 활용하여 수질 오염 정도를 가늠하여 1~4급수로 나누었어.
④ **민정**: 수질 오염의 심각함을 알리고, 환경을 위해 세제 사용을 줄이자고 주장하고 있어.
⑤ **성환**: 가재의 생활 환경을 예로 들어, 해양 생물을 양식할 때 유의할 점을 설명하고 있어.

재미있는 낱말 놀이터 '손'과 관련된 관용 표현

🍎 아래의 낱말 카드 중에서 알맞은 것을 골라 상황에 맞는 관용 표현을 완성하세요.

| 손이 맵다. | 손이 크다. | 손이 빠르다. |

우리 이모는 _____ 그래서 늘 음식을 푸짐하게 만드신다.

내 동생은 _____ 그래서 이번 만들기도 가장 먼저 끝냈다.

민수는 정말 _____ 게임 벌칙으로 살짝 손목을 맞았는데도 엄청 아프다.

 그럴까?

'손이 크다'는 '씀씀이가 후하고 크다.'는 뜻이고 '손이 빠르다'는 '일 처리가 빠르다.'는 뜻입니다. '손이 맵다'는 '손으로 살짝만 때려도 매우 아프다.'라는 뜻을 가진 관용 표현입니다.

읽기 목표

4 여러 가지 설명 방법 알기 ❸

| 글을 읽고 설명하는
대상 찾기 | 설명하는 대상의
특징 파악하기 | 분류, 분석, 비교, 대조의
설명 방법 알기 | 공부한 날 | 월 | 일 |

 다음 글을 읽고, 물음에 답해 봅시다.

⊙

고인돌은 크게 북방식 고인돌과 남방식 고인돌로 나눌 수 있다. 북방식과 남방식 고인돌은 모두 크고 넓적한 바위를 큰 돌 몇 개로 괴어 놓은 선사 시대 지배자의 무덤이라는 점에서는 공통점을 가지고 있다.

다만, 북방식 고인돌과 남방식 고인돌의 가장 큰 차이점은 시신을 어디에 두느냐이다. 북방식은 시신을 땅 위에 두고, 남방식은 땅속에 묻는다. 북방식은 비교적 넓고 평평한 판돌을 땅 위에 세워 네모난 상자 모양의 방을 짜 맞춘 다음, 바닥에 시신을 안치하고 그 위에 뚜껑을 덮은 것으로 '탁자식'이라고 부른다. 반면에 남방식은 땅을 파고 돌로 방을 만들어 그 안에 시신을 넣고 그 위에 작은 받침돌을 여러 개 놓고 다시 커다란 뚜껑을 덮기 때문에 '바둑판식'이라고 부른다.

― 문화재청, 『어린이 문화재 박물관』 중에서

---

1 ⊙에 들어갈 이 글의 제목으로 가장 알맞은 것은 무엇인가요?

① 고인돌의 뜻   ② 고인돌의 역사   ③ 선사 시대의 특징

④ 바둑판식과 탁자식   ⑤ 북방식 고인돌과 남방식 고인돌

2 '북방식 고인돌'과 '남방식 고인돌'의 공통점을 바르게 설명한 것을 모두 고르세요. (정답 2개)

① 시신을 땅속에 묻는다.

② 선사 시대 지배자의 무덤이다.

③ '바둑판식'으로 뚜껑을 덮는다.

④ 시신을 땅 위에 두고 뚜껑을 덮는다.

⑤ 크고 넓적한 바위를 큰 돌 몇 개로 괴어 놓았다.

3 빈칸에 알맞은 말을 넣어 '북방식 고인돌'과 '남방식 고인돌'의 가장 큰 차이점을 정리해 보세요.

| | | 을/를 어디에 두느냐에 따라 북방식 고인돌과 남방식 고인돌로 구분할 수 있어요. |

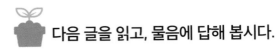 다음 글을 읽고, 물음에 답해 봅시다.

악기 중에서도 줄을 울려서 소리 내는 악기를 현악기라고 합니다. 우리나라 전통 현악기 중 대표적인 것으로 가야금과 거문고가 있습니다.

가야금은 명주실을 꼬아 만든 12줄이 안족, 또는 기러기발이라고 불리는 나무 받침 위에 놓여 있는 현악기입니다. '가얏고' 또는 '가야고'라고도 합니다. 김부식이 쓴『삼국사기』에 의하면 중국에서 들여온 '쟁'이라고 하는 악기를 본떠 가실왕이 만들었다고 합니다. 후에 우륵이 가야금을 가지고 신라로 건너갔고 이때부터 가야금은 신라 귀족들 사이에서 인기를 얻었지요. 특히 노래와 춤의 반주로 많이 사용되었습니다. 가야금은 금, 슬과 같이 맨손으로 뜯거나 튕겨서 소리를 냅니다.

가야금과 모습이 비슷한 또 다른 우리나라 현악기로 거문고가 있습니다. 거문고는 명주실을 꼬아 만든 줄이 6개로 가야금과 차이를 보입니다. 각각의 줄에 이름이 있는데 연주자 쪽에서부터 순서대로 문현, 유현 또는 자현, 대현, 괘상청, 괘하청, 무현이라고 불립니다. 또, 거문고는 '술대'라고 하는 가느다란 대나무 막대기로 줄을 내려치거나 올려 뜯어 연주합니다. 맨손으로 줄을 뜯거나 튕기는 가야금과는 전혀 다른 연주법이라 할 수 있지요. 거문고는 5세기 이전에 고구려의 재상 왕산악이 중국의 '칠현금'이라는 악기를 고쳐서 만들었다고 전해집니다. 거문고는 세 옥타브를 낼 수 있는 넓은 음역을 가지고 있고 음색이 깊습니다.

두 악기 모두 왼손으로 줄을 짚고 흔들어서 꾸밈음을 내는 '농현'이라는 기법이 있는데, 가야금은 왼손으로 줄을 누르거나 누른 줄을 흔들어서 만들고, 거문고는 앞으로 밀거나 민 줄을 다시 당겨서 소리를 만듭니다. 이토록 다른 두 악기를 만드는 데 공통적으로 가장 많이 쓰이는 재료가 있습니다. 바로 오동나무입니다. 오동나무는 습기에 강하고 단단하면서도 소리가 좋아 여러 현악기의 재료로도 많이 쓰입니다.

4 이 글에서 설명하고 있는 두 대상을 찾아 쓰세요.

(   ), (   )

5 가야금의 또 다른 이름으로 알맞은 것을 모두 고르세요. (정답 2개)

① 현악기   ② 거문고   ③ 가얏고
④ 가야고   ⑤ 거엿고

6 다음 설명이 가리키는 것을 이 글에서 찾아 쓰세요.

> 왼손으로 줄을 짚고 흔들어서 꾸밈음을 내는 연주 기법

(   )

7 이 글에서 설명하는 두 대상의 공통점으로 바르지 <u>않은</u> 것은 무엇인가요?

① 모습이 비슷하다.
② '술대'로 연주한다.
③ 명주실을 꼬아 줄을 만든다.
④ 우리나라의 대표적인 전통 현악기이다.
⑤ 습기에 강하고 단단한 오동나무를 재료로 많이 쓴다.

8 이 글을 통해 알 수 있는 가야금의 특징으로 알맞은 것은 무엇인가요?

① 금, 슬과 같은 방법으로 연주를 한다.
② 고구려의 재상이 중국의 악기를 고쳐서 만들었다.
③ 세 옥타브를 낼 수 있는 넓은 음역을 가지고 있다.
④ 명주실을 꼬아 만든 줄 6개가 안족 위에 놓여 있다.
⑤ 문현, 유현, 대현, 괘상청, 괘하청, 무현이라고 불리는 줄이 있다.

9 이 글에서 설명한 거문고의 특징으로 알맞은 것은 무엇인가요?

① 12줄이 기러기발 위에 놓여 있다.
② '쟁'이라고 하는 악기를 본떠 만들었다.
③ 금, 슬과 같이 맨손으로 뜯거나 튕겨서 소리를 낸다.
④ 우륵이 전하여 신라 귀족들 사이에서 인기가 있었다.
⑤ 가느다란 대나무 막대기로 줄을 내려치거나 올려 뜯어 연주한다.

10 가야금과 거문고를 만든 사람을 보기 에서 찾아 쓰세요.

보기
김부식   가실왕   우륵   신라 귀족들   왕산악

• 가야금 - (   )   • 거문고 - (   )

11 이 글에 쓰인 설명 방법은 무엇인지 빈칸에 각각 알맞은 말을 쓰세요.

> 가야금과 거문고의 공통점은 (   )의 방법으로, 차이점은 (   )의 방법으로 설명하였다.

악기의 종류

🍃 국악 연주자들이 무대를 준비하고 있습니다. 연주 방법을 읽고 각 연주자에게 맞는 악기를 찾아 선으로 바르게 이어 보세요.

왜 그럴까?

서양의 악기와 마찬가지로 전통 악기도 악기를 연주하는 방법에 따라 관악기, 현악기, 타악기로 분류할 수 있습니다. 입으로 불어서 소리를 내는 관악기에는 단소, 대금, 태평소, 나발 등이 있고, 줄을 울려서 소리를 내는 현악기에는 가야금, 거문고, 해금, 아쟁 등이 있습니다. 손이나 채로 쳐서 소리를 내는 타악기에는 장구, 징, 소고, 꽹과리, 편경 등이 있습니다.

읽기 목표

4 여러 가지 설명 방법 알기 ❹

글을 읽고 설명하는 대상 찾기

설명하는 대상의 특징 파악하기

분류, 분석, 비교, 대조의 설명 방법 알기

공부한 날   월   일

다음 글을 읽고, 물음에 답해 봅시다.

생물은 생명을 가지고 스스로 생활을 유지해 가는 물체이다. 세분화하여 정교하게 구분하기도 하지만, 단순화하면 스스로 움직일 수 있는지 없는지에 따라 동물과 식물로 크게 나누어 이해할 수 있다.

동물은 움직일 수 있는 생물로, 유기물을 영양분으로 섭취하며 소화나 배설 및 호흡 기관이 잘 발달되어 있다. 동물은 다시 등뼈가 있는지 없는지에 따라 척추동물과 무척추동물로 나눌 수 있다. 척추동물에는 어류, 양서류, 파충류, 조류, 포유류가 있고, 전체 동물의 97%를 차지하는 무척추동물에는 극피동물, 절지동물, 환형동물, 연체동물 등이 있다.

한편 식물은 대개 움직일 수 없으며, 일반적으로 엽록소를 가지고 있어 광합성으로 영양을 보충하고 꽃과 홀씨주머니 등의 생식 기관이 있다. 꽃이 피고 씨로 번식하는지의 여부에 따라 꽃식물과 민꽃식물로 분류할 수 있다. 꽃식물은 다시 밑씨가 씨방 속에 들어 있는 속씨식물과 밑씨가 겉에 드러나 있는 겉씨식물로 구분할 수 있으며, 전체 식물의 80%에 해당하는 속씨식물은 떡잎의 수에 따라 쌍떡잎식물과 외떡잎식물로 구분할 수 있다.

1 이 글의 중심 글감은 무엇인가요?

① 생물   ② 척추동물   ③ 강장동물   ④ 민꽃식물   ⑤ 외떡잎식물

2 이 글을 아래와 같은 틀에 넣어 정리했을 때 생물을 나누는 기준으로 사용된 것이 <u>아닌</u> 것은 무엇인가요?

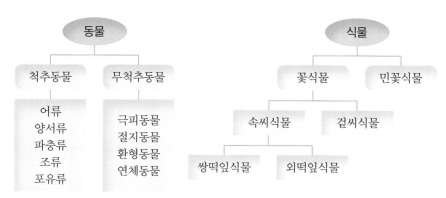

① 떡잎의 수
② 등뼈가 있는가
③ 생명을 가지고 있는가
④ 밑씨가 어디에 있는가
⑤ 꽃이 피고 씨로 번식하는가

3 이 글에서 대상을 설명한 방법은 무엇인지 보기 에서 찾아 쓰세요.   (   )

보기   예시   분석   비교   대조   분류

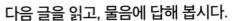 **다음 글을 읽고, 물음에 답해 봅시다.**

가 남극과 북극은 모두 위도가 높은 극지에 있습니다. 태양 빛을 비스듬하게 받기 때문에 다른 지역에 비하여 태양열을 적게 받아 춥습니다. 또, 지하자원이 풍부하여 개발 가능성이 큰 지역이라는 공통점을 가지고 있습니다. 이렇게 보면 남극과 북극은 매우 비슷할 것 같지만 차이점이 많습니다.

먼저 남극은 지구 육지의 약 10퍼센트를 차지할 만큼 큰 대륙이며 바다로 둘러싸여 있습니다. 반면 북극은 대륙으로 둘러싸여 있는 바다로 대부분이 얼음 지역입니다.

또, 남극은 기후가 혹독하게 추워 식물이 거의 살지 못하고 이끼류만 바위에 붙어 살 뿐입니다. 동물은 펭귄과 고래, 바다표범 등이 살고 있습니다. 이에 비하여 북극은 이끼류와 풀, 사초 등 180여 종의 식물이 살고 있으며 북극곰, 북극여우, 물고기가 살고 있습니다.

원주민이 살지 않는 남극과 달리 북극에는 사모예드족, 이누이트족, 라프족과 같은 여러 종족이 살고 있습니다. 이들은 최소 오천 년 전부터 북극에 살고 있던 것으로 알려져 있으며, 동물 가죽으로 된 옷을 입고 고기와 생선을 주식으로 하는 생활 방식은 거의 비슷합니다.

- 신현종, 『그림 세계 지리 백과』 중에서

나 우리가 생활 속에서 유용하게 사용하는 컴퓨터는 크게 입력 장치, 연산 장치, 제어 장치, 기억 장치, 출력 장치의 다섯 가지로 이루어져있다. 이 중 기억 장치와 연산 장치, 제어 장치는 중앙 처리 장치(CPU)라고 한다. 입력 장치는 사용자가 원하는 문자, 기호, 그림 등의 데이터를 컴퓨터에 전달하는 장치이다. 중앙 처리 장치는 외부에서 정보를 입력 받고, 기억하고, 컴퓨터 프로그램의 명령어를 해석하여 연산, 실행한다. 컴퓨터 부품과 정보를 교환하면서 컴퓨터 전체의 동작을 제어하는 가장 핵심적인 장치이다. 컴퓨터의 출력 장치는 컴퓨터가 계산한 결과를 사람이 이해할 수 있는 빛이나 소리, 인쇄 등의 방법으로 출력한다.

다 우리가 하는 운동에는 여러 가지가 있습니다. 운동할 때에 사용하는 기구를 기준으로 하여 운동을 분류하여 보면, 기구가 없어도 할 수 있는 운동과 기구가 있어야만 할 수 있는 운동이 있습니다.

먼저 운동 기구가 없어도 할 수 있는 운동이 있습니다. 이런 운동에는 달리기, 걷기, 수영 등이 있습니다. 달리기, 걷기가 땅에서 하는 운동인 반면에 수영은 물에서 하는 운동입니다.

다음으로 운동 기구가 있어야만 할 수 있는 운동이 있습니다. 그 가운데에서 우리가 흔히 접하는 운동은 공을 사용하는 운동입니다. 공을 사용하는 운동은 크게 공만 사용하는 운동과 공을 칠 수 있는 라켓을 함께 사용하는 운동이 있습니다.

4 가~다의 중심 글감을 보기 에서 찾아 쓰세요.

| 보기 | 위도 | 운동 | 달리기 | 원주민 | 컴퓨터 | 프린터 | 남극과 북극 |

가	
나	
다	

5 가에 제시된 남극과 북극의 공통점으로 알맞지 <u>않은</u> 것은 무엇인가요?

① 개발 가능성이 크다.　　② 지하자원이 풍부하다.　　③ 태양열을 적게 받아 춥다.
④ 원주민이 살지 않는다.　　⑤ 위도가 높은 극지에 있다.

6 나의 내용을 아래 틀에 정리하려고 합니다. 빈칸에 알맞은 내용을 쓰세요.

중앙 처리 장치(CPU): 기억 장치, ☐☐ 장치, 제어 장치를 통괄하며, 컴퓨터 전체의 동작을 제어하는 핵심적인 장치

☐☐ 장치: 사용자가 원하는 데이터를 컴퓨터에 전달하는 장치

컴퓨터

☐☐ 장치: 컴퓨터가 계산한 결과를 다양한 방식으로 출력하는 장치

7 다에서 분류의 기준으로 사용된 것은 무엇인가요?

① 운동을 하는 때　　② 운동하는 사람의 수　　③ 운동하는 사람의 성별
④ 운동하는 사람의 나이　　⑤ 사용하는 운동 기구의 유무

8 가~다에 사용된 설명 방법으로 알맞은 것을 찾아 선으로 바르게 이어 보세요.

(1) 가　•　　•　분석　•　　•　전체를 여러 부분으로 나누어서 설명하는 방법

(2) 나　•　　•　분류　•　　•　두 가지 이상의 대상에서 공통점과 차이점을 찾아 설명하는 방법

(3) 다　•　　•　비교, 대조　•　　•　일정한 기준에 따라 비슷한 것끼리 갈래지어 설명하는 방법

9 태린이가 대상의 특성을 설명하는 글을 쓰려고 아래와 같이 계획을 세웠습니다. 가~다 중에서 태린이가 선택한 설명 방법과 같은 방법으로 쓴 글의 기호를 쓰세요.

> 태린: 나는 나무의 구조에 대해 글을 쓰고 싶어. 뿌리, 줄기, 잎의 구조로 나누어 각 부분의 역할을 자세히 조사할 거야.

(   )

 시간에 맞게 표현하는 방법

🌱 기상 캐스터가 어제부터 내일까지 3일 동안의 날씨를 안내하고 있습니다. 시간의 흐름에 맞게 밑줄 친 말을 바르게 고쳐 보세요.

왜 그럴까?

과거는 이미 지나간 시간, 현재는 지금의 시간, 미래는 앞으로 올 시간을 말합니다. 동사에서 과거 시간을 표현할 때에는 동사의 기본형에 '-았/었-'을, 현재 시간을 표현할 때는 '-ㄴ/는-'을, 미래 시간을 표현할 때는 '-ㄹ/을 것이-' 또는 '-겠-'을 붙여서 나타냅니다.

읽기 목표

4 여러 가지 설명 방법 알기 ❺

| 글을 읽고 설명하는 대상 찾기 | 설명하는 대상의 특징 파악하기 | 분류, 분석, 비교, 대조의 설명 방법 알기 | 공부한 날 | 월 | 일 |

 다음 글을 읽고, 물음에 답해 봅시다.

가 우리를 괴롭히는 흔한 질병으로 감기와 독감을 구분 없이 사용하는 경우가 많다. 감기와 독감은 두 질병 모두 면역력 저하와 바이러스에 의해 생기고 기침, 콧물 등의 증상이 나타나는 점이 비슷하다. 그래서 흔히 사람들은 같은 질병이라고 오해하기도 한다. 그러나 이 둘은 병의 원인이 되는 바이러스의 종류, 예방법 등에서 차이가 있는 전혀 다른 질병이다.

나 감기는 걸리는 계절에 구분이 없다. 겨울뿐 아니라 낮과 밤의 온도 차가 커지는 환절기나 여름에도 면역력이 떨어지면 언제든 감기에 걸릴 수 있다. 주로 라이노 바이러스와 코로나 바이러스 등에 의해 생긴다. 그러나 감기는 바이러스의 종류가 200여 개가 넘기 때문에 그에 맞는 예방 백신을 만들 수 없다.

다 독감은 계절성이다. 사계절 언제든 발생할 수 있는 감기와 달리 가을과 겨울에 발생한다. 독감을 걸리게 하는 인플루엔자 바이러스는 A, B, C 세 가지 형태가 대표적이다. 예방 접종을 하면 70~90% 예방이 가능하고 독감에 걸린다 하더라도 증상이 훨씬 가벼워진다. 그러나 실제 독감 바이러스는 다양하고 돌연변이를 잘 일으키기 때문에 이전에 독감 예방 접종을 맞아 면역이 생겼더라도 소용이 없는 경우가 많다. 따라서 매년 겨울철이 시작되기 전에 독감 예방 주사를 맞는 것이 좋다.

1 이 글에서 설명하고 있는 대상을 두 가지 찾아 쓰세요.

( ), ( )

2 다음 중 이 글의 내용을 정리하기에 적절한 틀을 찾아 ○표 하세요.

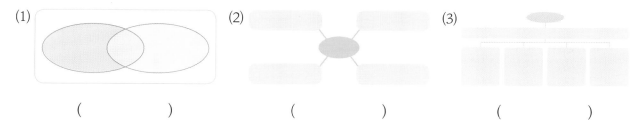

(1) ( )   (2) ( )   (3) ( )

3 가~다 중 '접종으로 예방이 가능한 독감'으로 내용을 간추릴 수 있는 문단을 고르세요.

( )

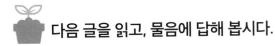 다음 글을 읽고, 물음에 답해 봅시다.

가 악기의 종류는 아주 많지만 소리를 내는 방법에 따라 크게 현악기, 관악기, 타악기로 나눌 수 있다.

현악기는 줄을 튕기거나 마찰시키는 방법으로 소리를 내는 악기이다. 현악기에는 바이올린, 하프, 첼로 등이 있다.

관악기는 입으로 불어서 관 안의 공기를 진동시켜 소리를 내는 악기이다. 관악기에는 플루트, 트럼펫, 클라리넷 등이 있다.

타악기는 손이나 채로 치거나 부딪쳐서 소리를 내는 악기이다. 타악기에는 탬버린, 큰북, 작은북, 실로폰 등이 있다.

나 약 4,000년 전 북방으로부터 집단 이주해 온 토착민부터 시작된 한국 도자기는 흙을 불에 구워 내는 수준의 토기에서 점차 발달하여 고려청자와 조선백자에 이르러 꽃을 피우게 되었다. 이 두 자기는 흰 빛깔에 철분을 1~3% 머금은 고운 흙인 고령토를 바탕흙으로 하여 빛나고 윤이 나는 자기가 되도록 유약을 발라 굽는다는 점이 같으나 그 모습과 분위기가 판이하다.

고려청자는 맑은 푸른색, 유려한 형태로 그 우수성을 널리 평가받았다. 또, 구름, 학, 꽃잎 등의 아름다운 무늬들은 도자기의 표면에 무늬를 파고 그 무늬 속에 하얀 흙이나 붉은 흙을 개어 하나하나 메워 넣어서 구워 만든 것이다. 이 상감 무늬 기법은 세계 어느 나라에도 없는 우리나라만의 독특한 방법이다. 이에 반해 조선백자는 순수하고 소박한 느낌을 주는 흰색 도자기로 고려청자와는 확연히 다른 특징을 갖고 있다. 조선 시대에는 도자기의 형태가 단조롭고, 도자기 벽도 두꺼워졌다. 무늬도 단순화되어 상감 무늬 대신 기능적인 도장 무늬로 변하였다. 담백하고 평범한 순백의 조선백자는 서민적인 분위기를 자아낸다.

다 성덕 대왕 신종은 국보 제29호로 '에밀레종'이라고도 불립니다. 이 종은 신라 경덕왕이 아버지인 성덕왕의 공덕을 기리기 위하여 만들기 시작하여 혜공왕 때 완성하였습니다.

성덕 대왕 신종은 바닥 가까이 낮게 매달려 있는데 이것은 우리나라 종만의 특징입니다. 전체적인 모양은 항아리를 닮았는데, 위에서 아래로 자연스럽게 흘러내리는 모양입니다.

종의 꼭대기 부분의 용뉴에는 종을 쥐고 있는 듯한 용의 모습이 조각되어 있고, 어깨 부분의 견대와 아래 부분의 하대에는 보상화와 연꽃무늬가 장식되어 있습니다. 몸통 부분에는 네 구의 비천상이 새겨져 있는데, 무릎을 꿇은 자세로 향로를 들고 있습니다.

성덕 대왕 신종은 통일 신라 시대의 동종을 대표하며, 금속 공예의 높은 수준을 보여 줍니다.

4 **가**~**다**의 제목으로 알맞은 것을 선으로 바르게 이어 보세요.

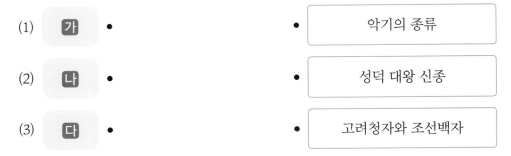

(1) **가** •   • 악기의 종류

(2) **나** •   • 성덕 대왕 신종

(3) **다** •   • 고려청자와 조선백자

5 가를 다음의 틀에 정리하려고 할 때, (1)과 (2)에 각각 알맞은 내용을 쓰세요.

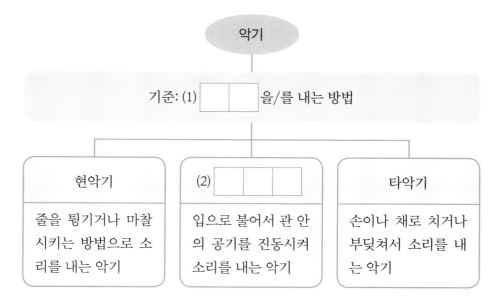

악기

기준: (1) ☐☐ 을/를 내는 방법

현악기	(2) ☐☐☐	타악기
줄을 퉁기거나 마찰시키는 방법으로 소리를 내는 악기	입으로 불어서 관 안의 공기를 진동시켜 소리를 내는 악기	손이나 채로 치거나 부딪쳐서 소리를 내는 악기

6 빨간색으로 쓴 '판이하다'와 바꾸어 쓸 수 있는 말은 무엇인가요?

① 평판이 좋다.　　　　② 아주 다르다.　　　　③ 매우 이상하다.
④ 정확히 판단하다.　　⑤ 상당히 비슷하다.

7 나를 읽고, ㉠~㉢ 중에서 다음의 내용이 들어가기에 알맞은 부분을 찾아 그 기호를 쓰세요.

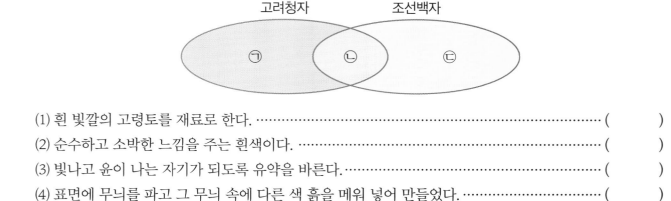

고려청자　　　　조선백자

㉠　　㉡　　㉢

(1) 흰 빛깔의 고령토를 재료로 한다. .... (　　)
(2) 순수하고 소박한 느낌을 주는 흰색이다. .... (　　)
(3) 빛나고 윤이 나는 자기가 되도록 유약을 바른다. .... (　　)
(4) 표면에 무늬를 파고 그 무늬 속에 다른 색 흙을 메워 넣어 만들었다. .... (　　)

8 다음은 다의 글을 읽고 정리한 내용입니다. 빈칸에 알맞은 내용을 써 보세요.

<성덕 대왕 신종>

• 전체적인 모양: ☐☐☐ 처럼 위에서 아래로 흘러내리듯 자연스러운 모양

• 만든 시기: ☐☐ ☐☐☐ ☐☐

• 만든 까닭: ☐☐☐ 의 공덕을 기리기 위하여

9 다 를 읽고 '성덕 대왕 신종'에 대해 알게 된 사실로 알맞지 <u>않은</u> 것은 무엇인가요?

① 국보 제29호이다.

② 건물 꼭대기에 높이 매달려 있다.

③ 용뉴에 용의 모습이 조각되어 있다.

④ 견대와 하대에는 보상화와 연꽃무늬 장식이 있다.

⑤ 통일 신라 시대의 동종을 대표하는 금속 공예 작품이다.

10 가 ~ 다 중에서 다음과 같은 방법으로 설명한 글의 기호를 쓰세요. ( )

> 곤충의 모습을 머리, 가슴, 배의 부분으로 나누어 각 부분의 기능과 역할을 상세히 설명한다.

재미있는 낱말 놀이터

안 하는 거야? 못 하는 거야?

🍎 에밀레종 설화를 읽고, 인물들이 행동을 안 하는 경우는 '안'에, 못하는 경우는 '못'에 ◯표 하세요.

종을 만드는 일을 맡은 스님이 *시주를 받으러 나섰습니다.
"종을 만들 재료를 모으고 있으니 도와주십시오."
"스님, 저희는 너무 가난하여 시주를 (안 / 못)합니다. 있는 것이라곤 이 어린아이 하나뿐입니다."
* 시주: 조건 없이 절이나 스님에게 물건을 베풀어 주는 일.

"아무리 그래도 아이를 받을 수야 없지요."
스님은 뒤도 (안 / 못) 돌아보고 그 집을 나왔습니다. 그날 밤, 스님은 꿈에서 하늘로부터 전해지는 신비한 목소리를 들었습니다.
'종을 제대로 울리려면 그 아이가 꼭 필요하니 데려오거라.'

스님은 할 수 없이 아이를 데려와 종을 만들며 넣었습니다. 그리고 아이를 위해 정성껏 기도를 올렸습니다.
'제대로 살아 보지도 (안 / 못)하고 갔으니 부디 보살펴 주소서.'
이렇게 만들어진 종에서 아이가 어미를 찾는 것 같은 슬픈 소리가 난다 하여 '에밀레종'이라 불렸습니다.

왜 그럴까?

부정문은 '안'과 '못' 등을 사용하여 '그렇지 않음'을 나타내는 문장입니다. '안'을 사용한 부정문은 인물의 의지로 그 행동을 하지 않는 것을 표현합니다. '못'을 사용한 부정문은 인물의 능력이 부족해서, 또는 하고 싶지만 다른 이유 때문에 못하는 것을 나타냅니다.

4 여러 가지 설명 방법 알기 ❻

| 글을 읽고 설명하는 대상 찾기 | 설명하는 대상의 특징 파악하기 | 분류, 분석, 비교, 대조의 설명 방법 알기 | 공부한 날 | 월 | 일 |

정리 앞에서 배운 '여러 가지 설명 방법'에 관해 떠올려 보고, 서로 관련 있는 것끼리 선으로 이어 보세요.

어떤 설명 방법일까요?

어떤 방법으로 설명하면 좋을까요?

일정한 기준에 따라 같은 것끼리 묶어서 설명하는 방법 •

• **분석** •

• 운동의 종류

• 가야금과 거문고의 차이점

전체를 여러 부분으로 나누어 설명하는 방법 •

• **분류** •

• 독감과 감기의 공통점

• 제주도 대문의 구조

둘 이상의 대상에서 차이점을 찾아 설명하는 방법 •

• **비교** •

• 태극기 각 부분의 의미

• 백열전구의 구조

둘 이상의 대상에서 공통점을 찾아 설명하는 방법 •

• **대조** •

• 악기의 종류

과학책에 나온 낱말을 백과사전에서 찾아보았습니다. 다음 글을 읽고, 물음에 답해 봅시다.

가 ［　㉠　］

동물은 생물을 크게 둘로 나눌 때 식물군에 대응하는 생물군을 말한다. 움직일 수 없는 식물에 비하여 이동이 가능한 생물이라 하여 붙여진 이름이다. 다른 생물로부터 영양분을 섭취하며, 운동 기능이 발달하였다. 소화나 호흡, 생식 등의 기관이 분화되어 있다.

동물은 먹이에 따라 크게 초식 동물과 육식 동물로 나눌 수 있다.

초식 동물은 풀 등의 식물을 먹는 동물이다. 생산자인 녹색식물을 직접 먹는 1차 소비자이다. 토끼, 원숭이, 염소, 말, 코끼리 등이 이에 속한다. 이들은 질긴 풀이나 나뭇잎을 잘게 조각내기 쉽도록 넓적한 어금니를 가지고 있다. 또 소화하기 어려운 식물을 소화하기 위해 잘 발달된 소화 기관을 가지고 있다. 식물은 섬유질이 많아 소화하기 어려우므로 오랫동안 소화시킬 수 있도록 창자의 길이가 긴 편이다.

이런 초식 동물을 주로 잡아 먹는 것이 육식 동물이다. 2차 소비자에 해당한다. 사자, 호랑이, 늑대, 독수리, 매, 부엉이 등이 이에 속한다. 송곳니가 예리하게 발달하였고, 무는 턱의 힘이 강하며 발톱이 예리하다. 사냥감을 잡을 수 있도록 동작이 민첩하고 빠르게 이동할 수 있다. 초식 동물에 비해 단백질 분해를 잘하며 고기가 풀보다 소화가 잘 되므로 장이 초식 동물보다 짧다.

나 ［　㉡　］

백열전구는 속을 진공으로 하거나, 질소 또는 아르곤 따위의 불활성 가스를 넣은 유리구 속에, 탄소선이나 텅스텐으로 만든 가는 선을 넣고 여기에 전류를 흐르게 하는 전구이다.

백열전구는 유리구, 필라멘트, 지지대, 꼭지쇠와 꼭지로 이루어져 있다. 구조를 하나씩 살펴보면, 가장 바깥에 둥근 모양의 유리구가 있다. 유리구의 유리는 빛을 잘 통과시키는 재료라 오래 쳐다보면 빛의 잔상이 남아 괴로우므로 안쪽을 뿌옇게 만들어 눈부심을 줄여 준다.

필라멘트는 유리구 속에 들어 있는 용수철 모양의 가는 선으로, 전류를 흘리면 빛과 열을 낸다. 텅스텐으로 만든 필라멘트는 3,000℃까지 올라가므로 불이 켜져 있는 전구를 함부로 만져서는 안 된다. 이 필라멘트를 양쪽에서 지지대가 받치고 있다.

꼭지쇠는 유리구 아래를 둥글게 감싼 부분이고, 꼭지는 꼭지쇠 아래에 튀어 나온 부분이다. 전구에 불을 켜기 위해서는 꼭지와 꼭지쇠가 각각 전선에 연결되어야 한다. 꼭지와 꼭지쇠에 전선을 연결하여 전류가 흐르기 시작하면, 전류가 흐르는 것을 방해하는 금속으로 만들어진 필라멘트의 온도가 올라가면서 빛을 낸다.

1 **가** 와 **나** 는 각각 백과사전에서 어떤 낱말을 찾은 결과일지 ㉠과 ㉡에 들어갈 알맞은 말을 보기 에서 찾아 쓰세요.

보기	동물	기체	형광등	백열전구	육식 동물	초식 동물

㉠: (   )   ㉡: (   )

2 다음 중 **가** 의 내용을 잘못 이해한 친구는 누구인가요?

① **시윤**: 육식 동물은 2차 소비자이다.
② **지선**: 초식 동물은 생산자를 먹는다.
③ **유영**: 부엉이, 코끼리는 초식 동물에 속한다.
④ **하선**: 초식 동물은 창자의 길이가 긴 편이다.
⑤ **건우**: 동물은 다른 생물로부터 영양분을 섭취한다.

3 **가** 의 내용을 다음의 틀에 정리하려고 합니다. 빈칸에 알맞은 내용을 쓰세요.

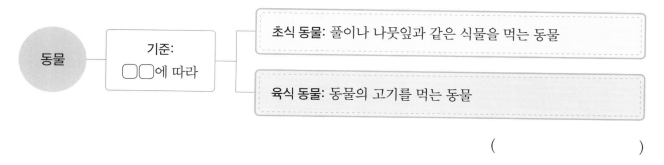

(   )

4 **나** 에서 다음 설명에 해당하는 것을 찾아 쓰세요.

전기가 흐르는 것을 방해하는 금속으로 만들어진 용수철 모양의 가는 금속 선

(   )

5 **나** 의 내용을 다음의 틀에 정리하려고 합니다. 빈칸에 알맞은 내용을 쓰세요.

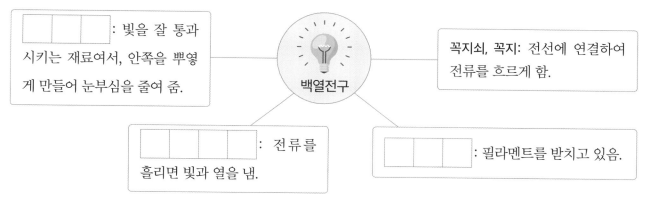

6 가와 나에 사용된 설명 방법을 찾고, 이러한 설명 방법을 사용할 수 있는 글의 제목을 찾아 선으로 바르게 이어 보세요.

(1) 가 •　　• 분석 •　　• 수원 화성의 구조

(2) 나 •　　• 분류 •　　• 재료에 따른 김치의 종류

재미있는 낱말 놀이터 — 어떻게 움직일까요?

🍎 다음 물건은 어떤 과학적 원리로 움직이는 걸까요? 빈칸에 알맞은 낱말을 2면의 글 나에서 찾아 써 넣으세요.

☐☐ 청소기

청소기 내부를 아무것도 없는 상태로 만들면 바깥의 공기가 안으로 빨려 들어가면서 먼지도 함께 빨려 들어갑니다.

💡 힌트: 백열전구의 안도 ☐☐ 상태야.

☐☐☐을/를 이용한 장난감 상자

쇠줄을 빙빙 돌려서 만든 스프링을 작은 상자에 눌러 담고 뚜껑을 닫습니다. 상자를 여는 순간 원래 모습대로 곧장 돌아가기 때문에 위로 튀어 오르는 것처럼 보입니다.

💡 힌트: 백열전구 안에도 ☐☐☐ 모양의 필라멘트가 있어.

움직이는 애니메이션

멈춰 있는 그림을 빠르게 이어서 보여 주면 그림 속 물체가 움직이는 것처럼 보입니다. 이것은 그림이 지나간 뒤에도 계속 그대로 남아 있는 것처럼 보이는 ☐☐ 때문입니다.

💡 힌트: 백열전구의 유리구를 뿌옇게 만드는 것은 ☐☐을/를 줄이기 위해서야.

왜 그럴까?

우주 공간만큼은 아니지만 공기의 압력을 아주 낮게 하면 진공 상태를 만들 수 있습니다. 백열전구와 진공 청소기는 이 원리를 이용합니다. 용수철은 잘 늘어나거나 줄어드는데, 언제나 원래 모양대로 돌아가려는 성질을 가지고 있습니다. 애니메이션은 사람의 눈이 다 알아채지 못할 정도의 속도로 여러 장의 그림을 이어 붙여 자연스럽게 움직이는 것처럼 보이게 만든 것입니다.

5 문장의 호응 관계를 고려하며 읽기 ❶

글을 읽고 어색한
문장 찾기

문장 성분을 고려하여
호응 관계 파악하기

호응 관계가 올바른
문장으로 바꾸기

공부한 날 | 월 | 일

하나의 문장에는 여러 가지 요소들이 있습니다. 이것을 '문장 성분'이라고 합니다. 문장 성분은 문장에서 각각 어떤 기능을 합니다. 문장 성분으로는 주어, 서술어, 목적어 등이 있습니다. 주어와 서술어 혹은 목적어와 서술어 등 문장 성분들끼리 서로 어울려야만 문장이 어색하지 않는데, 이것을 '호응'이라고 합니다.

자, 이제 문장 성분을 자세히 알아보고, 글에서 호응 관계가 어색한 문장을 찾아 바르게 고쳐 볼까요?

다음 광고를 읽고, 물음에 답해 봅시다.

60년 전통의 변치 않는 맛의 본가!

김순옥 할머니는 1951년에 평양에서 행복시로 피난 왔습니다. 할머니는 대한 시장에 평양식 냉면 전문점을 개점하였습니다.

1958년에 밝은 시장으로 이전하였고, 지금까지 꾸준하게 행복 시민들의 사랑을 받는 냉면의 본가로 자리매김하고 있습니다.

'미래면옥' 냉면의 양과 맛은 언제나 푸짐합니다.

1 제시된 문장을 보기 와 같은 방법으로 '/'를 써서 나누어 보세요.

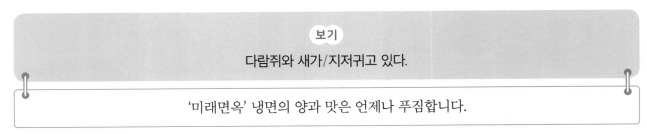

보기

다람쥐와 새가/지저귀고 있다.

'미래면옥' 냉면의 양과 맛은 언제나 푸짐합니다.

2 보기 와 같은 방법으로 제시된 문장에 밑줄을 그어 보세요.

보기

우리는 할아버지, 할머니께 그동안 연습한 공연을 보여 드렸습니다.

김순옥 할머니는 1951년에 평양에서 행복시로 피난 왔습니다. ········ ㉠
할머니는 대한 시장에 평양식 냉면 전문점을 개점하였습니다. ········ ㉡
냉면의 양과 맛은 언제나 푸짐합니다.·· ㉢

3 2 에서 밑줄 친 부분만 읽어 보고, ㉠~㉢ 중 어색한 문장의 기호를 찾아 쓰세요.

(   )

4 3 에서 고른 문장이 어색한 이유는 무엇인가요?

① '냉면의 맛은'과 '푸짐합니다.'가 호응이 되지 않아서
② '냉면의 양'이란 표현이 문장에 어울리지 않기 때문에
③ '냉면의 양과'와 '푸짐합니다.'가 호응이 되지 않아서
④ 실제로는 냉면의 맛이 그렇게 뛰어난 것은 아니라서
⑤ 누구에게 푸짐한 양인지 정확한 기준이 제시되지 않아서

다음 글을 읽고, 물음에 답해 봅시다.

우리가 일상생활에서 주로 쓰는 문장은 (가)~(라)와 같은 형식을 가지고 있습니다. 각 형식과 그에 해당하는 문장을 예로 들면 다음과 같습니다.

> (가) 무엇이 무엇이다: 동생은 초등학생이다.
> (나) 무엇이 어떠하다: 날씨가 따뜻하다.
> (다) 무엇이 어찌한다: 말이 달린다.

'동생은', '날씨가', '말이'처럼 '무엇이'에 해당하는 성분을 '주어'라고 하고 '초등학생이다', '따뜻하다', '달린다'처럼 '무엇이다', '어떠하다', '어찌하다'에 해당하는 성분을 '서술어'라고 합니다.

> (라) 무엇이 무엇을 어찌한다: 민수가 밥을 먹는다.

한편, '밥을'처럼 '무엇을'에 해당하는 문장 성분도 있습니다. 이것을 '목적어'라고 합니다.

이처럼, '무엇이', '무엇을', '어찌한다'에 해당하는 주어, 목적어, 서술어는 문장의 골격을 이루는 주된 성분입니다.

5 다음 중 주어에 대한 설명으로 알맞은 것은 무엇인가요?

① '어떠하다', '어찌한다'를 꾸며 주는 말이다.
② '무엇이'에 대해 알려 주는 문장 성분이다.
③ '자전거를 탄다'에서 '자전거를'에 해당하는 부분이다.
④ 이 부분이 문장에 없으면 어떻게 하는지를 알 수 없다.
⑤ 반드시 사람만 주어가 될 수 있고, 동물이나 사물은 주어가 될 수 없다.

6 다음 글에서 목적어가 모두 몇 개인지 쓰세요.

> 학교 끝나고 집에 가면 하루 종일 인터넷 게임을 해서 걱정이야. 부모님께서 모두 직장에 다니시기 때문에 집에 혼자 있거든. 그래서 혼자 있는 시간을 낭비해.

(   )

7 다음 글에서 서술어를 찾아 ◯표 하세요.

> 오늘도 체육 시간에 운동장을 세 바퀴나 돌았다. 나와 친구들은 대개 걸었다.

8 다음은 주어진 문장이 어색한 이유를 설명한 글입니다. 빈칸에 '주어', '서술어', '목적어' 중 알맞은 말을 골라 쓰세요.

> 나는 동생보다 키와 몸무게가 더 무겁다.

> 문장이 올바른지 알아보려면 주어와 서술어가 호응이 되는지 알아야 합니다. 그런데 이 문장에서 (　　　　　)인 '몸무게가'는 서술어 '무겁다'와 호응이 되지만, 다른 (　　　　　)인 '키와'는 서술어 '무겁다'와 호응이 되지 않습니다. 그래서 이 문장은 어색한 문장이라고 할 수 있습니다.

9 8의 문장을 바르게 고쳐 써 보세요.

재미있는 **낱말 놀이터**

사이시옷을 넣을까, 말까?

🍎 빨간색으로 쓴 '자리세'와 같이 다음 광고지에서 틀리게 쓴 말을 모두 찾아 ✕표 하고, 바르게 고쳐 쓰세요.

왜 그럴까?

'자릿세'라는 말은 '자리'라는 낱말과 남의 건물이나 물건 등을 빌려 쓰고 그 값으로 내는 돈을 뜻하는 '세(貰)' 라는 낱말이 합쳐져서 만들어진 말입니다. 두 낱말이 그대로 합쳐지면 '자리세'가 되어야 하지만, 순수한 우리 말이 다른 말과 합쳐질 때 앞말이 모음으로 끝나는 경우에는 사이시옷을 넣어야 합니다.

읽기 목표

5 문장의 호응 관계를 고려하며 읽기 ❷

20일

글을 읽고 어색한
문장 찾기
· 문장 성분을 고려하여
호응 관계 파악하기
호응 관계가 올바른
문장으로 바꾸기

공부한 날 | 월 | 일

 다음 글을 읽고, 물음에 답해 봅시다.

건강한 밥상 이야기

프롤로그 | 블로그 | 게시판 | 방명록

등 푸른 생선, 고등어를 소개합니다!

 몸을 건강하게 만들기 위해서 운동도 필요하지만 가장 필요한 것은 바로 '**음식**'입니다.

오늘은 몸에 좋기로 유명한 '**고등어**'를 소개해 드릴게요.

고등어에는 불포화 지방산이 가득해요. 사실 고등어는 몸의 10분의 1 정도가 지방일 만큼 고지방 생선이지만 몸에 좋은 불포화 지방산이 대부분이라서 우리 건강에 이로운 식품으로 알려져 있어요. ㉠뇌졸중을 예방해 주고 동맥 경화에도 아주 좋답니다.

㉡요즘에는 성인병에 노출되는 것이 어른뿐만이 아니라 어린이들에게도 나타난다고 합니다. 서구화된 식습관으로 인하여 여러 가지 성인병에 노출되고 있는데 고등어에는 다량의 칼슘이 함유되어 있어서 고혈압을 예방해 줍니다.

㉢고등어 속의 비타민 D는 골격이 발달하는 데 매우 효과적이며 따라서 성장기의 아이들에게 좋은 음식입니다.

1 ㉠에서 빠진 문장 성분은 무엇인지 쓰세요.

( )

2 ㉡의 문장이 어색한 이유는 무엇인가요?

① 목적어가 빠져 있다.　　　　　② 서술어가 빠져 있다.
③ 서술어를 여러 개 썼다.　　　　④ 주어와 서술어가 호응이 되지 않는다.
⑤ 목적어와 서술어가 호응이 되지 않는다.

3 ㉢을 바르게 고쳐 써 보세요.

_____

○○ 일보

20○○년 8월 6일

한글 배우는 인도네시아 찌아찌아족

고유의 말이 있지만 고유한 문자가 없어 어려움을 겪던 인도네시아의 한 소수 민족이 한글을 그들의 말을 적는 문자로 사용하기 시작했다. 이로써 독창적이고 과학적인 표음 문자인 한글의 우수성이 다시 한 번 주목받게 되었다.

훈민정음학회에 따르면, 인도네시아 부톤섬의 바우바우시는 이 지역 고유어인 '찌아찌아어'를 표기할 문자로 한글을 시범적으로 도입하였다고 한다. 이는 아직 시범적인 단계이지만 한민족 외에 한글을 사용하는 주목할 만한 사례이다.

『바하사 찌아찌아 1』 교과서는 '부리(쓰기)'와 '뽀가우(말하기)', '바짜안(읽기)'의 세 갈래로 짜여 있으며, 모든 내용이 한글로 쓰여 있다. 이 교과서에는 찌아찌아족의 언어와 문화, 부톤섬의 역사와 사회 등에 관한 내용과 함께 우리 옛이야기인 『토끼전』이 실려 있다. ⊙찌아찌아어를 적는 한글은 자음자와 모음자를 우리가 현재 쓰는 것과 거의 같은 방식으로 사용한다.

바우바우시는 2009년 7월 21일부터 찌아찌아족이 많이 사는 지역의 초등학교 어린이 40여 명에게 한글로 된 『바하사 찌아찌아 1』 교과서를 나누어 주었다. 이 교과서로 일주일에 네 시간씩 수업이 이루어졌다. 이와 더불어 제6고등학교 학생 140여 명도 일주일에 여덟 시간씩 한국어를 배우게 되었다.

⊙인구 6만여 명의 찌아찌아족은 고유의 말이 있지만, 고유한 문자가 없어 인도네시아어를 적는 로마자를 사용하여 찌아찌아어를 적어 왔지만 불편함이 많았다. 이를 알게 된 훈민정음학회 관계자들이 바우바우시를 찾아가 건의함으로써 한글 채택과 보급에 대한 합의가 이루어졌다. 『바하사 찌아찌아 1』 교과서도 이 학회가 만들어 주었다.

바우바우시는 '한국센터' 설립, 한글 교사 양성, 한글 교육 지역 확대 등 우리나라 정부나 민간단체가 관심을 가지고 적극적으로 지원하여 주기를 바라고 있다. 찌아찌아어를 적는 데 로마자를 사용하던 찌아찌아족에게 한글을 보급하는 사업이 쉽지는 않을 것이다. 그러나 바우바우시는 지역의 표지판에 한글을 표기하고 있어 그들이 한글을 실생활에서 시범적으로 사용하는 모습을 볼 수 있다.

한글을 도입한 이후 인도네시아의 부톤섬에서는 표지판뿐만 아니라 간판 등에서도 한글이 일부 사용되고 있는 상황이다. 찌아찌아족이 찌아찌아어를 표기하는 데 한글이 적합하다고 판단하면 한글 사용을 확대할 가능성도 보인다. 이에 대하여 훈민정음학회와 뜻있는 민간단체의 노력이 기대된다.

 이 글을 통해 알 수 있는 '찌아찌아족'에 대한 설명으로 알맞지 않은 것은 무엇인가요?

① 인구는 6만여 명 정도이다.
② 고유어인 '찌아찌아어'로 말을 한다.
③ 고유한 문자가 없는 것을 불편해하지 않는다.
④ 로마자를 사용하여 '찌아찌아어'를 적어 왔다.
⑤ 인도네시아 부톤섬에 살고 있는 소수 민족이다.

5 『바하사 찌아찌아 1』 교과서에 대한 설명으로 알맞지 <u>않은</u> 것은 무엇인가요?

① 훈민정음학회에서 만들었다.

② 모든 내용이 한글로 쓰여 있다.

③ 쓰기, 말하기, 읽기로 나누어져 있다.

④ 한글의 우수성과 창의성에 대해 설명하고 있다.

⑤ 찌아찌아족의 언어와 문화에 대한 내용이 담겨 있다.

6 『바하사 찌아찌아 1』 교과서에 우리의 옛이야기인 『토끼전』이 실린 이유를 추측한 내용으로 적절한 것은 무엇인가요?

① 찌아찌아족은 토끼를 본 일이 없기 때문에

② 찌아찌아족 전통 이야기 중에 『토끼전』이 있어서

③ 한글을 사용하는 우리나라의 옛 이야기를 소개하려고

④ 찌아찌아족이 가장 좋아하는 이야기가 『토끼전』이어서

⑤ 찌아찌아족에게 거짓말을 하면 안 된다는 것을 알려 주기 위해서

7 ㉠이 어색한 까닭을 생각하며 빈칸에 알맞은 말을 써 보세요.

> 이 문장의 주어는 '⬚⬚⬚'이고, 서술어는 '⬚⬚⬚'입니다. 그런데 이 문장에서 한글을 사용하는 주체는 찌아찌아족이므로 서술어와는 ⬚⬚이 되지 않습니다. 따라서 이 문장은 어색한 문장입니다.

8 ㉡에 대한 설명으로 알맞은 것은 무엇인가요?

① 이 문장의 주어는 4개이다.

② 이 문장의 서술어는 5개이다.

③ 이 문장의 목적어는 3개이다.

④ 이 문장은 주어와 목적어, 서술어가 서로 잘 호응이 되었다.

⑤ 이 문장에서 '찌아찌아족은'을 '찌아찌아족도'로 바꾸면 뜻이 더 잘 통한다.

9 바우바우시가 우리나라 정부나 민간단체에 바라는 점은 무엇인가요?

① 한글로 된 교과서를 만들어 주세요.

② 바우바우시에서 한글이 잘 사용될 수 있도록 도와주세요.

③ 바우바우시에 찌아찌아어를 할 수 있는 한국인을 보내 주세요.

④ 바우바우시에 한글 표지판을 만들 수 있는 기술자를 보내 주세요.

⑤ 많은 사람들이 한글을 배울 수 있도록 한국에 유학을 보내 주세요.

10 민족 고유의 문자가 없을 때의 불편함을 한 가지만 써 보세요.

재미있는 낱말 놀이터

'짜다'의 여러 가지 뜻

🍎 미래초등학교 학생들이 찌아찌아족 어린이들이 있는 학교에 방문해서 함께 시간을 보내기로 했어요. 빈칸에 공통으로 들어갈 글자를 쓰고, 각각의 뜻을 알아 보세요.

답: ☐

왜 그럴까?

우리말에는 형태는 같지만 뜻이 다른 낱말이 있어요. 이와 같은 말을 '동형어'라고 해요. '짜다'는 '물기나 기름 따위를 빼내다.', '계획이나 일정 따위를 세우다.', '새로운 것을 생각해 내기 위해 온 힘을 기울이거나 온 정신을 기울이다.', '사람을 모아 무리를 만들다.', '소금과 같은 맛이 있다.' 등의 뜻으로 쓰입니다.

읽기 목표
5 문장의 호응 관계를 고려하며 읽기 ❸

21일

파이팅!

글을 읽고 어색한
문장 찾기

문장 성분을 고려하여
호응 관계 파악하기

호응 관계가 올바른
문장으로 바꾸기

공부한 날   월   일

 다음 글을 읽고, 물음에 답해 봅시다.

　　모든 ㉠생물은 낯선 환경에서 살아남기 위해 변화한다. 이를 과학적으로 증명한 사람이 있다. 바로 영국의 생물학자 찰스 다윈이다. 다윈은 세계 곳곳으로 탐사 여행을 다니던 중 태평양의 갈라파고스 제도라는 곳에 가게 되었다. 그곳은 19개의 섬으로 이루어진 곳이었는데, 다윈은 그곳에서 새로운 생물을 많이 접하게 되었다. 그곳의 새로운 생물을 살펴보던 다윈은 사는 지역이 달라지면 생물의 생김새가 달라진다는 것을 알게 되었다.

　　탐사를 마친 다윈은 갈라파고스 제도에서 여러 생물을 데려와 연구를 계속하였다. 그리고 생김새가 달라 서로 다른 종류라고 생각했던 갈라파고스 제도의 여러 섬에 살던 새들은 사실은 모두 한 종류라는 것도 알게 되었다.

　　㉡주위 환경에 맞추어 다윈은 생물의 모습이 바뀌는 것을 '진화'라고 불렀다.

1 이 글의 내용으로 알맞지 <u>않은</u> 것은 무엇인가요?

① 찰스 다윈은 생물이 진화하는 것을 과학적으로 증명한 생물학자이다.
② 찰스 다윈은 사는 지역에 따라 생물의 생김새가 달라진다는 것을 알게 되었다.
③ 찰스 다윈은 갈라파고스 제도에서 데려온 생물을 통해 진화를 더 확신하게 되었다.
④ 찰스 다윈은 자신이 주장하는 진화론을 증명하기 위해 갈라파고스 제도를 가게 되었다.
⑤ 갈라파고스 제도의 여러 섬에 살던 새들은 각각의 섬에 적응하기 위해 생김새가 달라졌다.

2 보기 에서 밑줄 친 ㉠과 동일한 문장 성분을 찾아 ○표 하세요.

> 보기
>
> 다윈은 세계 곳곳으로 탐사 여행을 다니던 중 태평양의 갈라파고스 제도라는 곳에 가게 되었다.

3 호응 관계를 생각하여 ㉡을 알맞게 고친 문장으로 가장 알맞은 것은 무엇인가요?

① 다윈은 주위 환경에 맞추어 생물의 모습이 바뀌는 것을 '진화'라고 불렀다.
② 다윈은 주위 환경에 맞추어 생물의 모습을 바뀌는 것을 '진화'라고 불리웠다.
③ 주위 환경에 맞추어 생물의 모습이 바뀌어 버린 것을 다윈은 '진화'라고 했다.
④ 주위 환경에 맞추어 생물의 모습이 바뀌는 것을 다윈은 '진화'라고 불러야만 했다.
⑤ 주위 환경에 맞추어 생물의 모습이 바꾸게 되는 것을 다윈은 '진화'라고 불러야 했다.

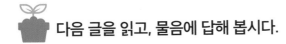

다음 글을 읽고, 물음에 답해 봅시다.

초콜릿 1,000원당 카카오 재배지에 들어가는 몫은 겨우 20원 정도에 불과하다. 초콜릿 생산자들은 카카오를 재배하는 비용을 낮추기 위하여 아프리카의 어린이들을 헐값에 동원하고 있다. 어린이들은 날마다 이른 아침부터 저녁 늦게까지 쉴 새 없이 고된 노동을 해야 하고, 보호 장비도 없이 농약을 치거나 높이가 10미터나 되는 나무에 올라가 카카오를 따야 한다.

㉠마침내 국제 시민 단체는 이러한 사실을 통해 이에 반대하는 '공정 무역 운동'이 일어났다. 공정 무역 운동은 카카오 재배 농민들이 수확한 농산품이나 그들이 만든 물건에 알맞은 값을 주고 거래하자는 운동이다.

공정한 무역으로 생산한 초콜릿을 ㉡'착한 초콜릿'이라고도 한다. 이 초콜릿은 어린이 노동력을 착취하지 않고 정당한 대가를 치르며 생산된 카카오로 만들어진다. 또, 카카오는 농약과 비료를 최소화하여 키운다. 카카오 원료 생산에서부터 초콜릿으로 가공되기까지 강제된 노동력 없이 만들어진다.

㉢공정 무역 초콜릿을 사면, 아프리카의 카카오 재배 농민들이 정당한 노동의 대가를 주어야 한다. 농민들은 안정적 수입을 얻을 수 있고, 초콜릿 판매로 얻은 수입의 일부는 병원이나 학교를 짓는 등 생산지의 환경을 발전시키는 데 쓰이기도 한다. 초콜릿을 판매한 이익금으로 어린이들은 마음껏 학교에 다닐 수 있다. 그리고 그 이익금으로 농민 조합이 운영됨으로써 농민의 인권을 보호하고 그들의 자립을 도울 수 있다.

▲ 카카오 열매

- EBS 지식 채널팀, 『주니어 지식 채널 e.1: 세상을 보는 다른 눈』 중에서

4 공정 무역 운동이 일어난 이유는 무엇인가요?

① 초콜릿 한 개에 1,000원이라는 가격은 너무 비싸기 때문에
② 아프리카 어린이들이 위험한 환경에서 노동을 하고 있기 때문에
③ 국제 시민 단체에서 새롭게 카카오 재배 지역을 알아냈기 때문에
④ 초콜릿 생산자들이 카카오 재배 비용을 낮추기 위해 고민하고 있기 때문에
⑤ 농약과 비료를 너무 많이 사용하여 카카오에서 나쁜 성분이 검출되었기 때문에

5 ㉠이 어색한 까닭을 바르게 설명한 친구를 찾아 〇표 하세요.

해수: ㉠에 주어가 없기 때문에 어색한 문장이야.

윤지: ㉠에 목적어가 두 개 있기 때문이야.

은하: ㉠의 주어인 '국제 시민 단체는'과 호응하는 서술어가 없기 때문이야.

(   )   (   )   (   )

6 ⓒ이 가리키는 초콜릿이 <u>아닌</u> 것은 무엇인가요?

① 공정한 무역으로 생산한 초콜릿

② 정당한 대가를 치르며 생산된 초콜릿

③ 아프리카가 아닌 지역에서 생산된 초콜릿

④ 어린이 노동력을 착취하지 않고 만든 초콜릿

⑤ 농약을 최소화하여 키운 카카오로 만든 초콜릿

7 ⓒ이 어색한 이유를 생각하여 빈칸에 알맞은 말을 쓰세요.

> 이 문장은 두 문장을 연결한 것으로, 앞 문장에서 문장 성분 중 ☐☐ 가 생략되어 있습니다. 우선 문장의 호응을 판별하기 위해서는 생략된 성분을 넣어 보는 것이 좋습니다. 그래서 '우리가'를 넣어 보면 다음과 같은 문장이 됩니다.
>
> 우리가 공정 무역 초콜릿을 사면, 아프리카의 카카오 재배 농민들이 정당한 노동의 대가를 주어야 한다.
>
> 그런데 뒷 문장에서 주어는 '카카오 재배 농민들이'이고 ☐☐☐ 는 '주어야 한다.'입니다. 따라서 이 문장은 주어와 서술어가 ☐☐ 이 되지 않는 문장이기 때문에 어색합니다. 서술어를 '받을 수 있어야 한다.'로 바꾸어야 자연스러운 문장이 됩니다.

8 공정 무역 초콜릿을 샀을 때의 결과로 알맞지 <u>않은</u> 것은 무엇인가요?

① 초콜릿 생산지의 환경을 발전시킬 수 있다.

② 아프리카 농민들이 안정적 수입을 얻을 수 있다.

③ 농민들의 인권을 보호하고 그들의 자립을 도울 수 있다.

④ 초콜릿을 판매하여 얻은 수입으로 학교를 지을 수 있다.

⑤ 카카오 원료 생산에서부터 초콜릿 가공까지 노동력이 들지 않는다.

9 글쓴이의 주장은 무엇인가요?

① 초콜릿이 아닌 다른 먹을거리를 사자.

② 공정 무역으로 생산된 초콜릿을 사자.

③ 아프리카에서 생산되는 초콜릿을 이용하자.

④ 어려운 일을 한 국제 시민 단체에 상을 주자.

⑤ 가격이 비싼 초콜릿을 될 수 있으면 많이 사자.

10 이 글을 읽고 느낀 점을 보기 의 낱말을 이용하여 조건 에 맞게 표현하세요.

| 보기 | 나 | 우리 | 어린이들 | 초콜릿 | 노동 | 도움 | 학교 | 환경 |

조건

1. 두 문장 이상으로 표현할 것.
2. 보기 의 낱말을 두 개 이상 사용할 것.
3. 이 글을 읽은 느낌이 드러나게 표현할 것.
4. 주어, 목적어, 서술어가 각각 하나 이상 드러나게 할 것.

'ㄳ' 받침을 쓰는 낱말

재미있는 낱말 놀이터

🍎 빈칸에 들어갈 알맞은 낱말과 그 뜻이 적힌 초콜릿을 찾아 번호를 쓰세요.

① 넋 ② 삯 ③ 몫

④ 일한 데 대한 값으로 주는 돈이나 물건.
⑤ 정신이나 마음.
⑥ 여럿으로 나누어 가지는 각 부분.

몇 년 동안 진행한 일이 잘 마무리되어 ( )을 받았습니다. 또한 새로 지은 건물의 방 하나를 저의 ( )으로 받았습니다. 하지만 이런 것보다도 저를 ( ) 놓고 기다릴 가족들이 눈에 자꾸 아른거립니다. 한국에 돌아가서 만날 날만 기다리고 있습니다.

왜 그럴까?

우리말에는 글자에 받침이 있는 말이 있습니다. 'ㄲ, ㅆ'처럼 같은 자음자가 두 개인 받침도 있고 'ㄶ, ㄳ, ㄿ, ㅄ'처럼 다른 자음자 두 개가 모인 겹받침도 있습니다. 그중에서도 'ㄳ'와 같은 겹받침을 쓰는 말은 우리말에서 3개로 '넋, 몫, 삯'뿐입니다. 각 낱말의 뜻을 확인하고, 바르게 사용해야 합니다.

읽기 목표

5 문장의 호응 관계를 고려하며 읽기 ❹

| 글을 읽고 어색한 문장 찾기 | 문장 성분을 고려하여 호응 관계 파악하기 | 호응 관계가 올바른 문장으로 바꾸기 |

공부한 날   월   일

정리 앞에서 배운 '문장의 호응 관계'와 관련된 내용을 떠올리며 다음에 제시된 문장의 호응 관계가 맞으면 ○표, 틀리면 ×표 하세요.

이 건물의 1층에는 음식점이 있고, 4층에는 영화관입니다. ☐

어젯밤에 비와 바람이 세차게 불었습니다. ☐

직원들이 힘을 모아 공장 시설을 체계적으로 관리하여 안전하게 생산하겠습니다. ☐

현미밥은 흰쌀밥보다 맛과 영양이 훨씬 많습니다. ☐

우리 음식점은 가족의 먹거리를 챙기듯 정성을 다해 최고의 맛으로 보답하겠습니다. ☐

고소한 풍미, 풍부한 육즙을 모두 맛볼 수 있는 스테이크를 맛보세요. ☐

쌍둥이 중에는 서로 닮지 않은 사람들도 있다. ☐

내가 오직 바라는 일은 네가 잘되었으면 좋겠어. ☐

책을 많이 읽어야 하는 필요성으로 첫째, 지식이 많아진다는 점에 있다. ☐

다음 글을 읽고, 물음에 답해 봅시다.

행복 알림방

가 주민 화합의 날 행사 열려

지난 9월 10일, 우리 마을 무궁화 공원에서는 '행복마을 주민 화합의 날' 행사가 열렸다. 이날 행사는 마을 주민의 행복과 ㉠건강을 바라고, 서로의 정을 나누기 위한 자리였다. 어린아이부터 어른까지 많은 사람이 모여 함께 체육 대회, 봉사 활동, 전통 놀이, 문화 공연 등 다채로운 행사를 즐겼다.

나 공원 편의 시설 새 단장

다음 달부터 우리 마을의 휴식 공간인 무궁화 공원의 각종 시설을 새롭게 단장한다. ㉡그동안 의자, 운동 기구 등의 각종 시설이 부족하여 불편을 겪었는데, 이러한 시설들이 새롭게 마련한다.

다 어린이 놀이터 안전 점검 필요해

마을 어린이들이 사용하는 어린이 놀이터의 놀이 기구가 오래되고 낡아 위험하다. 미끄럼틀, 시소, 그네 등 어린이들이 특히 좋아하는 시설에 대한 관리가 허술하고 오랫동안 수리하지 않아 안전에 문제점이 드러나고 있다. 따라서, 놀이터 시설의 안전 점검이 필요한 상황이다.

라 [알림]
마을 회관에서 도서 후원을 받습니다

마을 주민과 학생들을 위하여 마을회관에서 도서 후원을 받습니다. 우리 마을의 문화 공간을 함께 꾸려 나가기 위한 귀한 손길을 기다립니다. 궁금한 것이 있으면 마을 회관으로 연락 바랍니다.

마 [우리 마을 이곳]
지하철역에서 청소년 한마당

토요일에 지하철역에 가면 각종 공연을 펼치는 청소년들을 볼 수 있다. ㉢악기 연주, 전통 무용, 합창 등 그동안 갈고닦은 솜씨이다. 주말이면 지하철역은 청소년들의 쉼터이자 자기표현의 장소가 된다.

바 마을을 빛낸 사람

동화 속의 '키다리 아저씨'가 우리 마을에 있다. 학비가 모자라 학업을 포기하려는 학생들에게 10년째 아무도 모르게 도움을 준 사람이 있어 화제가 되고 있다. 주인공은 바로 보람아파트에서 경비 일을 하시는 박천수 아저씨로, 그동안 많은 학생에게 남모르는 선행을 베풀어 우리에게 훈훈한 감동을 준다.

사 [문화 소식]
유명 작가와 함께 책 읽기 행사

- 일시: ○○월 ○○일(토) 오후 2시
- 장소: 행복어린이도서관
- 강사: 시인 이○○
- 내용: 작가와 함께 책 읽기와 시 낭송회

아 [광고]
새로 문을 연 가게, 맛나빵집

빵은 역시 맛나빵집.
싼 가격에 맛은 최고.
개업 기념 선물도 드려요.
○○은행 옆에 있으니 어서 오세요.

1 가~아와 같은 글을 읽는 까닭은 무엇인가요?

① 오랫동안 보지 못한 친구나 가족의 소식을 알기 위해서
② 감동이나 재미를 느끼면서 자신의 삶을 반성하기 위해서
③ 자신에게 필요한 정보를 찾고 새로운 사실을 알기 위해서
④ 하룻동안 자신의 일상을 반성하여 더 나은 생활을 하기 위해서
⑤ 일상생활에서 겪은 일을 솔직하여 표현하여 다른 사람에게 감동을 주기 위해서

2 가에서 ㉠의 문장 성분 이름을 쓰고, 라에는 그 문장 성분이 몇 개 있는지 쓰세요.

㉠의 문장 성분 이름은 ( )이고, 이와 같은 문장 성분이 기사문 라에는 ( ) 개 있습니다.

3 다를 읽고 사람들이 한 생각으로 알맞지 <u>않은</u> 것은 무엇인가요?

① 어린이 놀이터를 이용하다가 다치지 않도록 주의해야겠어.
② 어린이 놀이터 시설이 안전한지 정확하게 조사하면 좋겠어.
③ 미끄럼틀, 시소, 그네 등을 이용할 때에는 더욱 주의해야겠어.
④ 어린이 놀이터의 놀이 기구 중 낡고 위험한 것을 새것으로 바꾸면 좋겠어.
⑤ 마을의 휴식 공간인 공원을 자주 이용하는 사람들이 꼭 읽어야 하는 기사이구나.

4 다음은 누구에게 필요한 신문 기사인지 선으로 바르게 이어 보세요.

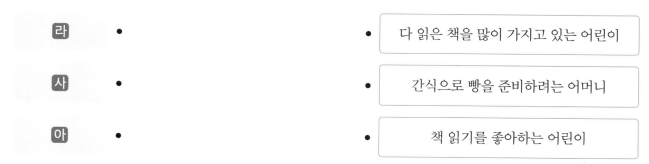

라 •   • 다 읽은 책을 많이 가지고 있는 어린이

사 •   • 간식으로 빵을 준비하려는 어머니

아 •   • 책 읽기를 좋아하는 어린이

5 바의 주인공인 '키다리 아저씨'에게 하고 싶은 말을 다음 조건 에 알맞게 써 보세요.

> **조건**
>
> 1. 두 문장 이상으로 표현할 것.
> 2. 각 문장에서 주어, 목적어, 서술어가 각각 하나 이상씩 드러나도록 할 것.

_____

_____

6 ⓛ과 ⓒ을 바르게 고쳐 쓰세요.

ⓛ 그동안 의자, 운동 기구 등의 각종 시설이 부족하여 불편을 겪었는데, 이러한 시설들이 새롭게 마련한다.	➡
ⓒ 악기 연주, 전통 무용, 합창 등 그동안 갈고닦은 솜씨이다.	

7 다음 중 기사문 **다**, **라**, **사** 에 대해 바르게 말한 친구를 모두 찾아 빈칸에 ○표 하세요.

정아: 기사문 **다** 의 제목에는 목적어가 없어. ☐

은혜: 기사문 **라** 의 제목에는 서술어가 없어. ☐

승민: 기사문 **사** 의 제목에는 서술어가 없어. ☐

재미있는 낱말 놀이터 무슨 뜻일까요?

🍎 밑줄 친 말의 뜻을 찾아 선으로 바르게 이어 보세요.

지금부터 무용수를 꿈꾸는 친구들이 갈고닦은 솜씨를 보여 드리겠습니다.

매년 겨울이면 불우한 이웃을 돕기 위해 귀한 손길이 이어집니다.

길에 쓰러진 할아버지에게 외투를 벗어드린 학생의 행동이 큰 화제가 되었습니다.

• • •

• • •

도와주는 일을 비유적으로 일컫는 말.

이야기에 나올 만한 일이 되다.

학문이나 재주 등을 힘써 배우고 익히다.

왜 그럴까?

'갈고닦은 솜씨', '귀한 손길', '화제가 되다'와 같은 말은 사람들이 오랫동안 널리 사용하면서 굳어진 표현입니다. 이러한 표현을 '관용 표현'이라고 합니다. 관용 표현을 쓰면 전하려는 내용을 더 인상적이고 효과적으로 전달할 수 있습니다.

6 작품 속 인물의 갈등 파악하기 ❶

작품 속 인물의 관계
파악하기

인물 간 갈등의 원인
파악하기

사건의 진행과 갈등의
해결 과정 이해하기

공부한 날   월   일

인물 사이에 서로 맞지 않는 마음이나 행동을 '갈등'이라고 합니다.

문학 작품에는 다양한 갈등이 나타납니다. 이야기 속에서는 인물 사이의 갈등 때문에 사건
이 생깁니다. 그리고 대부분 갈등이 사라지면서 사건도 마무리됩니다.

자, 이제 어떤 갈등이 왜 일어나는지를 생각하며 이야기를 읽어 볼까요?

다음 시를 읽고, 물음에 답해 봅시다.

다르다

문현식

창밖을 보고
창문을 보고

눈 내린 운동장을 보고
먼지 내린 창틀을 보고

친구들과 눈싸움 생각하고
청소 당번이 누군지 생각하고

노는 시간 알리는 종이 치면
쉬는 시간 알리는 종이 치면

뛰어나갈 준비를 하는
다시 청소시킬 준비를 하는

우리들,
선생님.

1 이 시의 계절적 배경으로 알맞은 것에 ◯표 하세요.

| 봄 | 여름 | 가을 | 겨울 |

(   )   (   )   (   )   (   )

2 이 시에서 '선생님'이 보고 있는 것은 무엇인가요?

① 창밖   ② 칠판   ③ 눈 내린 운동장   ④ 먼지 내린 창틀   ⑤ 눈싸움하는 아이들

3 이 시에서 학생들이 하고 싶은 일과 선생님이 학생들에게 하기를 바라는 일을 각각 찾아 쓰세요.

• 학생들이 하고 싶은 일: ☐☐☐

• 선생님이 학생들에게 하기를 바라는 일: ☐☐

다음 글을 읽고, 물음에 답해 봅시다.

새엄마…….

나는 아직도 엄마 꿈을 꾼다. ㉠엄마와 함께한 추억이 많다. 그거면 충분한데. ㉡나에게 새엄마는 필요가 없다. ㉢더군다나 친구들은 새엄마가 베트남 사람이라는 것을 알면 놀릴 것이 분명하다. ㉣저녁 내내 심통이 나서 아빠께서 피자를 사 주셨지만 쳐다보지도 않았다. 아빠께서는 한숨을 폭 폭 내쉬셨다.

며칠 뒤, 학교를 마치고 집에 오니 현관에 낯선 신발이 놓여 있었다.

"다녀왔습니다."

"한별이 왔구나. 인사해라. 새엄마이시다."

아빠와 할머니, 그리고 새엄마가 있었다. 새엄마는 주뼛거리며 일어서서 나에게 고개를 살짝 숙였다. ㉤길고 까만 생머리가 어깨에서 가슴으로 흘러내렸다. 자그마한 키에 몸은 조금 말랐다. 커다란 눈이 예뻤다.

나는 인사도 하지 않고 방으로 들어가 문을 '꽝' 하고 닫아 버렸다. 할머니의 목소리가 들려왔다.

"저도 낯설고 수줍어서 그래. 시간이 지나면 괜찮아질 게다."

아빠께서는 일하러 다시 가게로 나가셨다. 나는 가방을 챙겨 학원으로 갔다. 할머니와 새엄마만 집에 남았다. 할머니께서는 새엄마랑 말이 통하시는 걸까?

- 한아, 『하늘 목장』 중에서

4 이 글의 내용으로 알맞은 것은 어느 것입니까?

① 한별이의 새엄마는 외국에서 왔다.
② 한별이는 이제 엄마 꿈을 꾸지 않는다.
③ 새엄마는 아빠와 둘이서 처음으로 집에 왔다.
④ 한별이는 아빠가 사 주신 피자를 맛있게 먹었다.
⑤ 할머니는 새엄마를 대하는 한별이의 태도에 화가 났다.

5 ㉠~㉤ 중에서 새엄마에 대한 한별이의 기분이 드러나는 문장이 <u>아닌</u> 것은 무엇인가요?

① ㉠   ② ㉡   ③ ㉢   ④ ㉣   ⑤ ㉤

6 한별이가 새엄마에게 인사도 하지 않고 방문을 닫고 들어간 까닭은 무엇인가요?

① 학원에 가기 싫어서   ② 아버지와 사이가 좋지 않아서
③ 할머니가 집에 오신 게 싫어서   ④ 새엄마가 온 것이 마음에 안 들어서
⑤ 할머니만 새엄마와 말이 통하는 것이 이상해서

새엄마에 대한 마음이 다음과 같은 사람을 찾아 써 보세요.

부정적임.

부정적이지 않음.

새엄마

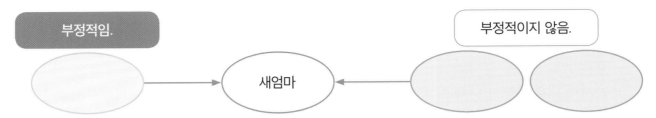

재미있는
낱말
놀이터

비슷한 뜻이지만 느낌이 다른 낱말

🍎 밑줄 친 낱말이 주는 느낌이 더 크고 센 쪽을 찾아 빈칸에 '>' 또는 '<'로 표시하세요.

동생이 문제가 어려운지 한숨을 폭폭 쉬었다.

(   )

신문을 보시던 아버지가 한숨을 푹푹 내쉬셨다.

한별이는 발소리가 크게 들리게 방바닥을 꾹꾹 눌러 밟았다.

(   )

새엄마는 글씨를 꼭꼭 눌러 쓰며 한글을 공부하신다.

대청소를 했더니 교실 유리창이 반작반작 빛난다.

(   )

유명한 배우가 나오자, 여기저기에 카메라 플래시가 번쩍번쩍 터졌다.

왜 그럴까?

'ㅏ'나 'ㅗ'가 들어간 낱말을 '작은말'이라고 하고, 'ㅓ'나 'ㅜ'가 들어간 낱말을 '큰말'이라고 합니다. '작은말'은 작고, 가볍고, 밝게 들리고, '큰말'은 크고, 무겁고, 어둡게 느껴집니다. '폭폭'은 숨을 크게 내쉬는 모양을 뜻하고 '푹푹'은 입김이나 숨을 매우 크게 내쉬는 모양을 뜻합니다.

다음 이야기를 읽고, 물음에 답해 봅시다.

> "아버지, 배가 고파요."
> "죽이라도 한 그릇 먹고 싶어요."
> 흥부는 며칠째 굶고 있는 자식들을 모른 체할 수 없었습니다. 그리고 흥부도 매우 배가 고팠습니다. 양식을 꾸어 줄 곳도 마땅치 않아 어쩔 수 없이 놀부네 집으로 발걸음을 옮겼습니다.
> '아무리 냉정한 형님이라도 조카들이 굶고 있는데 양식을 조금은 나누어 주시겠지.'
> 하고 생각을 하며 놀부네 집 문을 두드렸습니다. 그러자 놀부의 아내가 밥을 푸다 말고 나왔습니다.
> "형수님, 양식을 좀 얻으러 왔습니다. 아이들이 며칠째 굶고 있습니다. 가을에 갚을 터이니 보리쌀이든 뭐든 조금만 나누어 주십시오."
> 놀부의 아내는 성을 내며 큰 소리로 말하였습니다.
> "뭐? 양식을 얻으러 와? 우리 집 곳간에 곡식이 썩어 나가도 너 줄 것은 없다. 썩 나가라!"
> 놀부의 아내는 쥐고 있던 밥주걱으로 흥부의 뺨을 세게 때렸습니다.
>
> ─ 『흥부전』 중에서

1 이 글에 나오는 인물의 마음으로 알맞은 것을 찾아 선으로 바르게 이어 보세요.

| 흥부 | • | • | 곡식을 빌려주기 싫은 마음 |
| 놀부의 아내 | • | • | 곡식을 빌리고 싶은 마음 |

2 이 이야기에서 사건이 일어난 순서대로 번호를 쓰세요.

(1) 흥부의 자식들이 배고프다고 말함.   (   )
(2) 놀부의 아내가 밥을 푸다 말고 나옴.   (   )
(3) 곡식을 빌리러 간 흥부가 놀부네 집 문을 두드림.   (   )
(4) 놀부의 아내는 흥부에게 곡식을 줄 수 없다고 함.   (   )

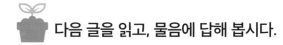

옛날에 아주 부지런하고 지혜로운 농부가 살고 있었어. 하루는 밭을 일구고 있었지. 땀을 뻘뻘 흘리면서 괭이로 돌을 골라냈어. 그런데 옆 동굴에 사는 심술쟁이 도깨비가 심술을 부렸지.

"에잇, 시끄러워 못 살겠네. 이 도깨비 어르신의 단잠을 방해하는 녀석을 반드시 혼내 주고 말 테야."

이런 도깨비의 마음을 모르는 농부는 열심히 괭이질만 하였지.

"여차, 여차."

해가 뉘엿뉘엿 넘어가자 농부는 일을 마치고 집으로 돌아갔지. 도깨비는 슬그머니 농부의 뒤를 따라갔어.

집에 들어서는 농부를 그의 아내는 반갑게 맞아 주었어.

"여보, 일하느라 고생이 많았어요. 어서 들어와서 쉬세요."

농부를 반갑게 맞이하는 아내를 본 도깨비는 더욱 심술이 났지.

"난 말이야, 사람들이 재미있고 행복하게 사는 걸 보면 화가 나. 두고 봐라! 혼을 내 주고 말 테야."

이튿날, 밭에 갔던 농부는 깜짝 놀랐지. 어제 하루 종일 힘들게 골라낸 돌들이 다시 밭으로 들어와 있는 것이 아니겠어?

'이건 틀림없이 심술궂은 도깨비의 짓이로구나. 그렇다면……'

"누군지 모르지만 이렇게 돌을 많이 가져다 놓았으니 참 고맙기도 하지. 만약 쇠똥이나 거름을 가져다 놓았더라면 큰일 날 뻔했지 뭐야?"

농사일을 모르는 도깨비가 가만히 들어 보니 자기가 실수한 것 같았지. 그래서 농부가 돌아가자마자 돌을 치우고 쇠똥이랑 거름을 밭으로 날랐지. 밭은 금방 쇠똥과 거름투성이가 되었지.

이튿날, 밭을 본 농부는 깜짝 놀라는 척하였지만 속으로는 무척 좋았지.

'아, 이 정도이면 올해 농사는 풍년이 들겠는걸. 도깨비야, 네 심술이 나를 돕는구나!'

그러면서도 도깨비가 들으라고 눈물을 지으며 투덜거렸지.

㉠"아이고, 도대체 내가 뭘 잘못했다고 누가 이렇게 날 괴롭히지?"

도깨비는 신이 나서 펄쩍펄쩍 뛰었지. 하지만 그해 가을, 풍년이 든 걸 보고서는 자기가 속은 줄 알았어.

'이놈의 농부! 네가 이기나 내가 이기나 두고 보자!'

이제 도깨비는 농부 뒤를 졸졸 따라다니면서 골탕 먹일 일만 생각하였지. 그런데 어느 날, 농부가 밤송이에 찔려 쩔쩔매는 걸 보았어.

- 이상희, 『귀신 도깨비 내 친구』 중에서

3 이 글의 내용으로 알맞은 것은 무엇인가요?

① 도깨비는 농부의 밭에 살고 있었다.
② 농부는 아내와 함께 밭을 갈고 있었다.
③ 도깨비는 농부의 밭에 쇠똥과 거름을 가져다 놓았다.
④ 도깨비는 농부의 밭에 풍년이 든 것을 보고도 속은 줄 몰랐다.
⑤ 농부는 밭에 돌들이 다시 들어와 있는 것을 보고 속으로 무척 화가 났다.

4 농부와 도깨비의 성격으로 알맞은 것을 찾아 선으로 바르게 이어 보세요.

농부 •   • 심술궂다.

도깨비 •   • 지혜롭다.

5 농부와 도깨비 사이에 갈등이 시작된 이유는 무엇인가요?

① 도깨비는 농부가 이유 없이 싫었기 때문에
② 농부가 도깨비의 밭에 농사를 지었기 때문에
③ 농부의 괭이질 소리가 도깨비의 잠을 깨웠기 때문에
④ 도깨비가 농부의 밭에 돌들을 다시 가져다 놓았기 때문에
⑤ 농부가 아내와 함께 행복하게 사는 것을 보고 질투가 났기 때문에

6 농부가 ㉠과 같이 말한 까닭은 무엇인가요?

① 자신의 잘못을 모르는 성격이라서
② 밭이 거름투성이가 된 것이 속상해서
③ 도깨비가 자꾸 장난을 치는 것이 너무 힘들어서
④ 자신을 자꾸만 괴롭히는 사람이 누구인지 궁금해서
⑤ 도깨비가 자신을 도와주었다는 사실을 모르게 하기 위해서

7 이 글 뒤에 바로 이어질 내용을 바르게 상상한 친구를 찾아 ○표 하세요.

호영: 이번에는 농부가 도깨비에게 못된 짓을 할 것 같아.	선유: 도깨비는 아무것도 하지 않고 동굴로 돌아갈 거야.	형준: 도깨비는 농부가 밤송이 때문에 고생하는 것을 보았으니 밤송이로 농부를 괴롭힐 거야.
( )	( )	( )

8 다음은 농부와 도깨비 사이에 일어난 일입니다. 일이 일어난 순서대로 번호를 쓰세요.

(1) 농부의 농사는 풍년이 듦. ( )
(2) 농부가 괭이질로 밭의 돌들을 골라냄. ( )
(3) 도깨비가 골라낸 돌들을 다시 밭에 가져다 놓음. ( )
(4) 도깨비는 돌들을 치우고 쇠똥과 거름을 밭으로 나름. ( )
(5) 농부는 밭에 쇠똥이나 거름 대신 돌을 가져다 놓아 고맙다고 말함. ( )

재미있는 낱말 놀이터

소똥? 쇠똥?

🍎 괄호 안의 낱말 중 바르게 쓴 것을 모두 골라 ○표 하세요.

왜 그럴까?

소와 관련된 낱말은 '소-'나 '쇠-'로 시작합니다. 예를 들어 '소고기'와 '쇠고기', '소똥'과 '쇠똥', '소뼈'와 '쇠뼈', '소머리'와 '쇠머리'는 모두 표준어입니다. '소뿔'과 '쇠뿔'도 표준어이지만 속담 '쇠뿔도 단김에 빼랬다.' 와 같이 오랫동안 쓰임이 굳어진 표현을 쓸 때에는 '소뿔도 단김에 빼랬다.'와 같이 바꾸어 쓰지 않습니다. 속담 '쇠귀에 경 읽기'도 마찬가지입니다.

6 작품 속 인물의 갈등 파악하기 ❸

| 작품 속 인물의 관계 파악하기 | 인물 간 갈등의 원인 파악하기 | 사건의 진행과 갈등의 해결 과정 이해하기 | 공부한 날 | 월 | 일 |

 다음 글을 읽고, 물음에 답해 봅시다.

오늘도 민지네 아파트 반상회는 소란스럽습니다. 항상 사이좋던 이웃들이 얼굴을 붉히며 목소리를 높이게 된 것은 지난달부터입니다. 오래된 상가 건물을 헐고 멋진 상가를 새로 지으면서 그 이름을 짓는 일 때문에 문제가 시작되었습니다.

"아, 낙원상가로 하자고요. 얼마나 듣기 좋고 부르기 좋아요?"

낙원떡집 아주머니는 한 손을 허리에 짚고 한 손은 삿대질을 하며 말씀하십니다.

"장수상가로 하는 게 좋아. 벌써 우리 동네는 그걸로 유명하잖아?"

얼마 전, 장수 노인으로 텔레비전에 나왔던 만수네 할아버지가 타이르듯 말씀하시자,

"㉠고리타분하게 그게 무슨 이름이에요. 동네 이름대로 하자니까요. 선!부!상!가!"

아들이 다음 시장 선거에 출마한다는 103호 아주머니는 선부동의 이름을 따서 짓자고 손뼉으로 박자를 맞추며 외치십니다.

1 이 글에서 인물들 간에 갈등이 생긴 원인이 무엇인지 빈칸에 알맞은 말을 써 보세요.

> 새로 지은 상가의 ☐☐ 을/를 짓는 일 때문에

2 다음 인물의 주장으로 알맞은 것을 찾아 선으로 바르게 이어 보세요.

낙원떡집 아주머니 •   • '장수상가'로 하자.

만수네 할아버지 •   • '낙원상가'로 하자.

103호 아주머니 •   • '선부상가'로 하자.

3 다음 밑줄 친 낱말이 ㉠과 같은 뜻으로 쓰인 것은 무엇인가요?

① 상한 음식의 냄새가 고리타분하다.
② 오래된 김치에서 고리타분한 냄새가 난다.
③ 옆집 할머니는 늘 고리타분하게 옛날이야기만 하신다.
④ 강아지가 방 안에 오줌을 싸서 고리타분한 냄새가 났다.
⑤ 며칠 동안 집을 비웠더니 쓰레기통의 냄새가 고리타분했다.

다음 글을 읽고, 물음에 답해 봅시다.

나를 싫어한 진돗개

가 아버지께서 아침에 일을 나가면서 말씀하셨다.

"오후에 진돗개가 올 거다."

갑자기 가슴이 두근거렸다. 이 년 전에 집을 나간 곰곰이가 우리 집 마지막 개였는데, 이제 새 개가 오게 된 것이다.

나 학교에 갔지만 선생님의 말씀이 귀에 들어오지 않았다. 쉬는 시간에 내 옆에 몰려든 친구들이 나를 부러워하였다. 치와와나 몰티즈같이 작은 개를 키우는 아이들이 몇 있지만, 감히 진돗개와 견줄 수 없는지 기가 죽은 눈치이었다.

다 친구들한테 진돗개를 보여 주기로 약속하고 집으로 왔다. 나는 무엇보다 먼저 진돗개를 찾았다.

"어머니, 왔어요?"

"아직. 엄마가 미숙이랑 나갈 일이 있는데 네가 개를 좀 받아 줄래?"

진돗개를 기다리는 시간은 달팽이보다 더디게 갔다. 누워서 책을 읽다가 시계를 보아도 오 분, 십 분이 지났을 뿐이었다. 책을 내려놓고 천장을 보고 있으려니까 시계 소리가 점점 커졌다.

"빵! 빵!"

자동차 경적 소리가 들렸다. 나는 번개처럼 뛰어나가 대문을 열었다. 작은 트럭 안에 계신 아버지 친구분께서 손을 흔드셨다. 마당에 들어온 트럭이 멎자마자 차 문을 열었는데 진돗개는 보이지 않았다.

라 나는 까치발을 하고 짐칸을 들여다보았다. 트럭 바닥에 조용히 누워 있는 개 한 마리가 보였다. 덩치가 꽤 큰 녀석이었다.

"어여차!"

아저씨께서는 기합 소리를 내며 개를 안아 내린 다음에 깔개 위로 옮기셨다.

"끙, 끙."

개가 신음 소리를 냈다. 눈에는 눈곱이 껴 있고 털도 지저분하였다. 냄새까지 지독하여 나도 모르게 코를 잡았다. 다리를 바들바들 떠는 것을 보니 어디인가 아픈 것 같았다.

"아저씨, 얘 어디 아파요?"

"아프냐고? 아버지께서 말씀 안 하시던?"

내가 고개를 젓자, 아저씨께서 귀를 긁적이며 말씀하셨다.

"이 녀석 중풍을 맞아 몸 반쪽을 못 쓴다. 왼쪽 앞뒤 다리를 못 움직여. 목도 뻣뻣하고."

트럭이 사라질 때까지 나는 입을 열 수 없었다.

마 내가 아는 중풍은 갑자기 쓰러져 몸이 마비되는 병, 깨어나더라도 몸이 이상해지는 무서운 병이었다. 그런데 내 진돗개가 중풍에 걸린 개라고? 걷지도 못하는 개가 우리 개라고? 갑자기 친구들의 얼굴이 떠올랐다.

- 김남중, 『자존심』 중에서

4 이 글의 내용으로 알맞은 것은 무엇인가요?

① '나'는 개를 키운 적이 한 번도 없다.
② 진돗개는 태어난 지 얼마 되지 않았다.
③ '나'는 학교에서도 계속 진돗개를 생각했다.
④ 어머니와 동생은 진돗개를 키우기 싫어하였다.
⑤ 아버지는 진돗개가 중풍에 걸린 사실을 몰랐다.

5 **다**에서 주인공이 번개처럼 뛰어나가 대문을 연 까닭은 무엇인가요?

① 빨리 진돗개를 만나고 싶기 때문에
② 어머니께서 나가면서 부탁을 하셨기 때문에
③ 혼자 있는 집에 누가 온 것이 반가웠기 때문에
④ 자신이 좋아하는 아버지의 친구분께서 오셨기 때문에
⑤ 어머니께서 손님이 오시면 빨리 나가 문을 열라고 하셨기 때문에

6 아래의 상황에 처했을 때 '나'의 마음으로 알맞은 것을 찾아 선으로 바르게 이어 보세요.

아버지께 진돗개가 올 거라는 말을 들음. •	• 실망스럽고 속상한 마음
친구들에게 진돗개가 오면 보여 주기로 약속함. •	• 설레고 기대되는 마음
중풍에 걸린 진돗개를 만남. •	• 자랑스럽고 기쁜 마음

7 **마**에서 중풍에 걸린 개를 본 '나'는 왜 친구들의 얼굴이 떠올랐을까요?

① 중풍에 걸린 진돗개라도 어서 보여 주고 싶어서
② 아픈 진돗개가 올 거라고 말한 친구의 말이 맞아서
③ 친구들에게 자신의 답답한 마음을 털어놓고 싶어서
④ 병에 걸린 진돗개를 길러 본 적이 있는 친구에게 묻고 싶어서
⑤ 친구들에게 진돗개를 자랑하려고 했는데 놀림을 받을 것 같아서

8 앞으로 벌어질 갈등을 바르게 짐작한 친구를 모두 찾아 ○표 하세요.

승아: 제목이 「나를 싫어한 진돗개」인 것으로 보아 주인공 '나'와 진돗개 사이에 갈등이 생길 것을 짐작할 수 있어.	**원재:** 중풍에 걸린 진돗개를 보고 실망한 '나'와 중풍에 걸린 걸 알고도 키우려는 인물 사이에 갈등이 벌어질 것 같아.	**다솜:** 동생은 어떤 동물이든지 사랑하는 성격이야. 그래서 진돗개를 싫어하는 주인공 '나'와 동생이 갈등을 겪을 거야.
( )	( )	( )

9 가~마 중에서 사건이 극적으로 변하는 부분의 기호를 쓰세요.

(　　　　　　　　　　)

재미있는 낱말 놀이터 '하는 일'을 나타내는 '-질'

🌱 '-질' 앞에 붙은 낱말의 뜻을 확인하고, 그것을 바탕으로 '-질'과 합쳐진 낱말의 뜻을 짐작하여 써 보세요.

(1) 삿대 + -질 → 삿대질

└→ 배를 댈 때나 띄울 때, 또는 물이 얕은 곳에서 배를 밀어 나갈 때 쓰는 긴 막대.

뜻:

(2) 부채 + -질 → 부채질

└→ 손으로 흔들어 바람을 일으키는 물건.

뜻:

(3) 곁눈 + -질 → 곁눈질

└→ 얼굴은 돌리지 않고 눈알만 옆으로 굴려서 보는 눈.

뜻:

(4) 입 + -질 → 입질

└→ 생물이 음식이나 먹이를 섭취하는 기관.

뜻:

왜 그럴까?

'-질'은 도구나 신체 일부를 나타내는 낱말 뒤에 붙어 '그것을 이용한 어떤 행위'라는 뜻을 더하는 말입니다. 새로운 뜻이 더해져 비유하는 말로 쓰이는 것도 있습니다. '삿대질'은 삿대를 이용해 배를 밀고 가는 일을 뜻하는데, 말다툼할 때 주먹이나 손가락 따위를 내지르는 것이 긴 삿대를 이리저리 움직이는 모습과 비슷하다고 해서 이러한 행동을 가리키는 말로 굳어졌습니다. '부채질'은 어떤 감정이나 싸움, 상태의 변화 따위를 더욱 부추기는 일을 비유하는 말로도 쓰입니다.

읽기 목표

6 작품 속 인물의 갈등 파악하기 ❹

파이팅!

26일

작품 속 인물의 관계
파악하기

인물 간 갈등의 원인
파악하기

사건의 진행과 갈등의
해결 과정 이해하기

공부한날   월   일

 다음 글을 읽고, 물음에 답해 봅시다.

옛날, 어느 고을에 나이 어린 원님이 있었습니다. 어린 원님은 고을 일도 잘 돌보고 지혜로워서 사람들에게 존경을 받았습니다.

그러나 아전들은 원님이 어리다는 이유로 얕잡아 보기 일쑤였습니다. 인사를 할 때에도 고개를 숙이지 않고 꼿꼿하게 세운 채 건성으로 할 뿐이었습니다.

'내가 어리다고 이럴 수가 있나? 못된 버릇을 당장 고쳐 놓아야지.'

어린 원님은 석수장이를 불렀습니다. 그리고 석수장이에게 돌갓을 여러 개 만들어 오라고 하였습니다.

며칠 뒤, 석수장이가 돌갓을 여러 개 만들어 왔습니다. 원님은 아전들을 불러 점잖게 말하였습니다.

"내가 고을에 부임을 해 보니 인사를 해도 고개를 숙이는 법이 없더구나. 갓이 가벼워서 그런 것 같으니 이제부터는 무거운 이 돌갓을 쓰고 다니도록 하여라."

아전들은 고개를 숙이며 어쩔 줄을 몰라 하였습니다.

"죽을 죄를 지었습니다. 이제부터는 원님을 잘 받들어 모시겠으니 한 번만 용서하여 주십시오."

이런 일이 있은 뒤부터 아전들은 어린 원님을 얕잡아 보지 않게 되었습니다.

1 이 글의 내용으로 알맞은 것은 무엇인가요?

① 원님은 석수장이에게 상을 내렸다.
② 아전들은 돌갓을 정말로 사용하였다.
③ 원님은 아전들에게 화를 내며 말하였다.
④ 원님은 백성들로부터 인정받지 못하였다.
⑤ 아전들은 원님이 어리다고 무시를 하였다.

2 이 글에는 누구와 누구 사이의 갈등이 드러나 있는지 빈칸에 알맞은 말을 쓰세요.

(   )과/와 (   )들

가 "윤지 너, 빨리 티브이 안 꺼? 학원 갈 시간 다 됐잖아!"

엄마가 내 손에서 리모컨을 빼앗으며 말했다.

"잠깐 끄지 마, 엄마! 저 아줌마랑 아저씨 좀 봐. 진짜 멋진 것 같아."

내 말에 엄마는 텔레비전을 끄려다 말고 화면을 쳐다봤다. 텔레비전에서는 백 명의 어린이를 후원하고 있다는 아줌마, 아저씨 부부가 나와 인터뷰를 하고 있었다.

나 "엄마, 저 아줌마랑 아저씨 진짜 멋지다. 그치?"

"그래. 한 달에 삼만 원, 거기다 백 명이면 그게 다 얼마야……. 참 대단하네."

"엄마, 그래서 말인데 우리도 어린이들 후원하자!"

형제가 없는 나에게 다른 나라에 사는 동생이, 더군다나 나와 피부색이 다른 동생이 생긴다는 건 정말 멋진 일이었다. 게다가 그 동생이 나에게 고맙다고 편지를 보내온다면! 생각만 해도 가슴이 설레었다. 친구들도 엄청 부러워할 거였다.

"안 돼. 지금 우리 형편에 누굴 후원할 처지가 아니야."

"에이, 엄마. 딱 한 명만, 응?"

나는 엄마 팔을 붙들며 말했다.

㉠"한 달에 삼만 원, 일 년이면……. 어휴, 그만 떼쓰고 빨리 학원이나 가. 어서!"

나는 엄마에게 등 떠밀려 터덜터덜 집을 나왔다.

골목을 지나는데 아랫집에 사는 지우가 혼자 쭈그리고 앉아 땅바닥에 그림을 그리고 있었다.

"언니, 어디 가? 나도 같이 가."

"안 돼. 학원 가는 길이야."

"그럼 언니 학원 앞에까지만 같이 가."

"안 된다니까! 나 생각할 게 좀 있어."

그렇지 않아도 어떻게 하면 후원을 해서 동생을 만들 수 있을까 생각하느라 머리가 복잡한데, 지우는 그것도 모르고 내 뒤를 졸졸 따라오며 말꼬리를 잡았다.

"무슨 생각?"

"넌 몰라도 돼. 그냥 집에 가라고!"

"싫어. 집에 아무도 없어서 심심하단 말이야."

지우는 그렇게 말하고 입을 삐죽 내밀었다. 나는 지우네 부모님이 두 분 다 일을 해서 아침 일찍 나갔다가 밤이 늦어서야 돌아온다는 걸 알고 있었다. 엄마도 지우와 자주 놀아 주라고 했지만 오늘처럼 무작정 따라올 때면 조금 짜증이 났다.

- 김다미, 『날 좀 내버려 둬』 중에서

텔레비전 방송을 보던 윤지가 어머니께 어린이들을 후원하자고 말씀드린 까닭으로 알맞은 것을 모두 고르세요.

(정답 2개)

① 자신의 용돈을 모아 후원할 수 있기 때문에
② 친구들이 엄청 부러워할 것이라고 생각했기 때문에
③ 어머니께서 평소 후원을 해야 한다고 말씀하셨기 때문에
④ 오랫동안 다른 사람을 후원하고 싶다는 생각을 해 왔기 때문에
⑤ 형제가 없는 자신에게 다른 나라에 사는 동생이 생긴다는 것은 멋진 일이라고 생각했기 때문에

4 ㉠과 같이 말하는 엄마의 마음으로 가장 알맞은 것은 무엇인가요?

① 윤지가 자랑스럽고 대견했을 것이다.
② 윤지가 지우를 동생으로 여기기를 바랐을 것이다.
③ 가정 형편상 후원을 할 수 없어 마음이 안 좋았을 것이다.
④ 후원하는 것보다 학원 가는 일이 중요하다고 여겼을 것이다.
⑤ 후원을 통하여 윤지에게 동생을 만들어 줄 수 있다는 생각에 행복했을 것이다.

5 나 에서 지우가 '나'의 뒤를 졸졸 따라온 까닭은 무엇인가요?

① 항상 같이 다녔기 때문에
② 같은 학원에 다니기 때문에
③ 혼자 있어 외롭고 같이 놀고 싶기 때문에
④ 지우의 부모님이 같이 놀라고 했기 때문에
⑤ 같이 다른 사람을 후원하기로 했기 때문에

6 이 글에서 인물들이 어떤 이유로 갈등을 빚고 있는지 빈칸에 알맞은 인물을 써 넣으세요.

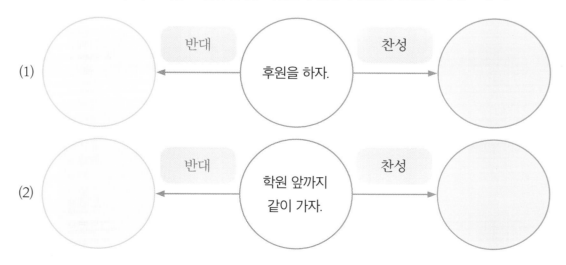

7 이 글의 '나'에게 해 줄 수 있는 말로 가장 알맞은 것은 무엇인가요?

① 어머니께 눈물을 흘리며 좀 더 감정적으로 호소해 봐.

② 후원은 어른이 되어서 하면 되니까 지금은 그만 포기해.

③ 네가 할 수 있는 방법으로 다른 사람을 도울 수 있도록 해 봐.

④ 지우가 해 달라는 대로 다 해 주면 버릇없는 아이가 될 수도 있어.

⑤ 텔레비전에 나온 사람을 보고 따라 하는 것은 어리석은 행동이야.

'설렘'? '설레임'?

🍒 윤지는 지우와 함께 미로 공원에 놀러 갔습니다. 빈칸에 들어갈 낱말을 바르게 쓴 쪽을 따라가 출구를 찾아 보세요.

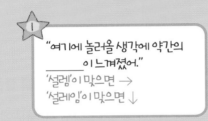
★1 "여기에 놀러올 생각에 약간의 _____이 느껴졌어."
'설렘'이 맞으면 →
'설레임'이 맞으면 ↓

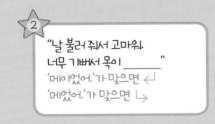
★2 "날 불러 줘서 고마워. 너무 기뻐서 목이 _____"
'메이었어.'가 맞으면 ↵
'메었어.'가 맞으면 ↓

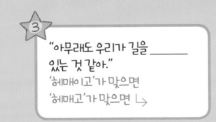
★3 "아무래도 우리가 길을 _____ 있는 것 같아."
'헤매이고'가 맞으면
'헤매고'가 맞으면 ↓

 그럴까?

마음이 가라앉지 아니하고 들떠서 두근거린다는 뜻인 '설레다'의 명사형은 '설레임'이 아니라 '설렘'입니다. 비슷하게 활용되는 낱말로는 '메다', '헤매다', '되뇌다' 등이 있습니다. 이 낱말들의 모양이 변할 때에 '-이-'를 넣어서는 안 됩니다.

파이팅!
읽기 목표

27일

6 작품 속 인물의 갈등 파악하기 ⑤

작품 속 인물의 관계
파악하기

인물 간 갈등의 원인
파악하기

사건의 진행과 갈등의
해결 과정 이해하기

공부한 날 | 월 | 일

 다음 글을 읽고, 물음에 답해 봅시다.

> 옛날, 한 부자 대감이 살고 있었다. 대감은 도자기 두 점을 가지고 있었는데, 어찌나 소중하게 다루는지 함부로 만지지도 못하게 하였다.
>
> 그러던 어느 날, 대감 댁에서 일하는 할멈이 청소를 하다가 그만 도자기 한 점을 깨뜨리고 말았다. 할멈은 이제 자신은 죽은 목숨이라며 울었다. 그 모습을 본 마님은 좋은 수가 있다며 할멈에게 알려 주었다.
>
> 그날 오후, 대감이 집으로 돌아왔다. 대감이 도자기를 찾자 할멈은 자신이 도자기를 깨뜨렸다고 말하였다. 대감은 불같이 화를 냈다.
>
> 그때 할멈이 하나 남은 도자기를 던졌다. 도자기는 산산조각이 났다. 대감은 크게 놀라 주저앉았다. 그러자 할멈은 "앞으로 하나 남은 도자기를 볼 때마다 깨진 도자기가 생각나서 속상하시지 않겠습니까? 또 하나 남은 도자기를 깨면 누군가 죽을 터이니 어차피 죽을 몸인 제가 다 깨어 버린 것입니다."라고 말했다.
>
> 대감은 할멈의 깊은 뜻에 고개를 끄덕였다. 그리고 할멈을 너그럽게 용서하였다.

1 **이 글의 내용으로 알맞은 것은 무엇인가요?**

① 평소 대감은 할멈을 미워하였다.
② 대감은 끝까지 할멈을 용서하지 않았다.
③ 할멈은 일부러 두 점의 도자기를 깨트렸다.
④ 마님은 도자기를 깨트린 할멈에게 화를 냈다.
⑤ 마님은 할멈에게 도자기를 깨뜨린 것을 해결할 좋은 방법을 알려 주었다.

2 **다음은 이 글을 갈등이 일어난 원인과 갈등의 해결을 중심으로 정리한 것입니다. 빈칸에 알맞은 말을 넣어 글을 완성하세요.**

> 대감 댁에서 일하는 할멈이 대감이 무척 아끼던 ☐☐ 한 점을 깨트려서 갈등이 발생합니다.
>
> 그리고 할멈이 남은 도자기를 깨고 난 뒤에 그 이유를 설명하면서 갈등이 ☐☐ 됩니다.

다음 글을 읽고, 물음에 답해 봅시다.

까치의 재판

아주 먼 옛날, 숲을 날아다니던 참새가 파리 한 마리를 잡았다. 파리는 있는 힘을 다하여 빠져나가려고 하였지만 도망칠 수가 없었다. 파리는 화가 나서 참새에게 말하였다.

"야, 참새야. 왜 아무 잘못도 없는 나를 괴롭히니?"

"뭐, 네가 아무 잘못이 없다고? 너는 여기저기 아무 데나 날아다니다가 다리에 더러운 것을 묻혀 가지고 음식 위에 앉아서 병을 옮기잖아? 또, 사람들이 잠을 잘 때면 얼굴 위를 슬슬 기어 다니면서 깨우기도 하고……. 그런데도 네가 잘못한 게 없단 말이니?"

참새의 말을 들은 파리도 지지 않고 말하였다.

"흥, 너는 어떻고? 너는 벼 이삭을 쏙쏙 빼 먹어 사람들이 애써 지어 놓은 벼농사를 망쳐 놓기 일쑤잖아? 그리고 아무런 죄도 없는 벌레들을 하루에도 수없이 잡아먹으면서 뭘 그래?"

둘은 서로 자기에게는 잘못이 없다고 싸우다가 까치에게 재판을 받기로 하였다.

참새와 파리의 말을 다 듣고 나서 까치가 말하였다.

"너희 둘 다 사람들에게 해를 끼치는 것은 마찬가지구나. 하지만 파리는 음식을 몰래 먹는다 해도 아주 조금이고, 지독한 병을 옮기는 것도 아니지. 그런데 참새는 열심히 가꾼 곡식이 채 여물기도 전에 쪼아 먹어 농사를 망치고, 아무런 죄도 없는 벌레를 잡아먹는다니 아무래도 참새가 벌을 받아야 할 것 같군."

이렇게 해서 참새는 재판관인 까치에게 회초리로 장딴지를 맞았다. 지금도 참새는 그때 맞은 장딴지가 아파서 총총거리면서 걷는다고 한다. 그리고 파리는 고마워서 까치에게 앞다리가 닳도록 비벼 대었다. 그 버릇이 지금까지 남아서 파리는 연방 앞다리를 비벼 대는 것이라고 한다.

3 다음은 이 이야기를 갈등이 생겨난 이유와 해결 방법을 중심으로 정리한 것입니다. 빈칸에 들어갈 알맞은 인물을 쓰세요.

> 「까치의 재판」에서 (   )와 (   )는 서로의 잘못이 더 크다며 갈등합니다. (   )는 재판관이 되어 둘 사이의 갈등을 해결해 줍니다.

4 다음 중 파리가 지적한 참새의 잘못에는 '참', 참새가 지적한 파리의 잘못에는 '파'라고 쓰세요.

(1) 벼 이삭을 빼 먹어 벼농사를 망친다.　　　　　　　　　(　　　　)

(2) 죄 없는 벌레들을 수도 없이 잡아먹는다.　　　　　　　(　　　　)

(3) 사람들이 잠을 잘 때 얼굴 위를 기어 다니면서 깨운다.　(　　　　)

(4) 다리에 더러운 것을 묻히고 음식 위에 앉아서 병을 옮긴다.　(　　　　)

까치의 판결에 대한 생각을 바르게 말한 친구를 모두 골라 〇표 하세요.

> 시연: 까치는 참새와 파리의 잘못을 자신의 판단에만 의지하여 말하고 있어서 판결을 받아들이기 어려워.

> 정우: 까치는 파리의 잘못은 작고 참새의 잘못은 크다고 말하였지만 그 이유가 타당하다고 보기는 어려워.

> 진우: 까치는 객관적인 근거를 들어 매우 공정하고 논리적인 판결을 했어.

(   )   (   )   (   )

 참새와 파리에게 해 줄 수 있는 말로 알맞은 것을 모두 고르세요. (정답 2개)

① 파리야, 장딴지를 맞을 때 기분이 어땠니? 그러니까 판결을 좀 더 잘하는 사람을 찾았어야 해.
② 참새야, 사람들이 고생하며 지은 농사를 망쳐서는 안 돼. 농사를 망치지 않고 식량을 구할 방법을 찾아 봐.
③ 파리야, 네가 아무 잘못이 없다고 스스로 말한 것은 잘못이야. 너 때문에 많은 사람들이 병에 걸리기도 하지 않니?
④ 파리야, 참새에게 공격적으로 말한 것은 잘못이야. 너를 놓아 달라고 부탁하려면 좀 더 친절하게 대했어야 하지 않을까?
⑤ 참새야, 너의 말이 맞아. 하지만 파리가 너의 말을 이해하지 못하니 재판을 하기 전에 잡아먹어 버리는 것이 좋았을 거야.

7 이 글과 다음 「토끼의 재판」 중 일부를 비교하며 읽고, 물음에 답해 봅시다.

> 나그네: 토끼님, 토끼님! 재판 좀 해 주세요. 이 궤짝 속에 갇힌 호랑이를 살려 준 나하고, 살려 준 나를 잡아먹으려는 호랑이하고 누가 옳습니까?
>
> 토끼: (귀를 기울이고 한참 생각하다) 누가 누구를 살려 주었어요? 누가 누구를 잡아먹으려고 해요? 아, 당신이 호랑이를 잡아먹으려고 해요?
>
> 나그네: 아니지요. 내가 호랑이를 잡아먹으려 하는 게 아니라, 이 호랑이가 궤짝에 갇혀 있었는데 내가 살려 주었어요.
>
> 토끼: 네, 알았습니다. 그러니까 이 호랑이하고 당신이 궤짝 속에 갇혀 있었다고요?
>
> 나그네: 아니지요. 호랑이가…….
>
> 호랑이: (답답하다는 듯이 화를 내며) 왜 이렇게 말귀를 못 알아듣지? (궤짝 속으로 들어가며) 이 궤짝 속에 내가 이렇게 있었어. 내가 이렇게 갇혀 있었단 말이야. 알았지?
>
> 토끼가 얼른 달려들어 문고리를 걸어 잠근다.
>
>   - 방정환, 「토끼의 재판」 중에서

(1) 「토끼의 재판」에서 이 글의 '까치'와 역할이 비슷한 인물은 누구인지 쓰세요.

(   )

(2) 빈칸에 들어갈 알맞은 말을 보기 에서 골라 다음 글을 완성하세요.

| 보기 | 나그네와 호랑이 | 파리와 참새 |

(   )는 잘한 것과 잘못한 것이 분명하지 않지만, (   )
는 잘한 것과 잘못한 것이 분명하다.

우리 몸을 가리키는 말

🍒 꾀 많은 토끼의 재판 덕분에 겨우 목숨을 구한 나그네는 어디 다친 곳은 없는지 자신의 몸을 살펴
보고 있어요. 빈칸에 들어갈 신체 부위의 이름을 보기 에서 찾아 써 넣으세요.

(1) 긴장했던 탓에 (   )이/가 마구 뛴다.

(2) (   )에 힘이 하나도 없다.

(3) 한참을 쪼그리고 앉아 있었더니 (   )이/가 저리다.

(4) 달리기를 너무 오래 했더니 (   )이/가 땅긴다.

보기

장딴지   오금   손아귀   관자놀이

왜 그럴까?

장딴지는 종아리의 살이 불룩한 부분입니다. 오금은 무릎의 구부러지는 오목한 안쪽 부분입니다. 손아귀는 엄
지손가락과 다른 네 손가락과의 사이라는 뜻이며, 관자놀이는 귀와 눈 사이의 맥박이 뛰는 곳을 가리킵니다.

6 작품 속 인물의 갈등 파악하기 ❻

작품 속 인물의 관계 파악하기　　인물 간 갈등의 원인 파악하기　　사건의 진행과 갈등의 해결 과정 이해하기

공부한 날　월　일

정리 앞에서 배운 '작품 속 인물의 갈등 파악하기'와 관련된 내용을 아래와 같이 정리하려고 합니다. 빈칸에 알맞은 말을 보기 에서 찾아 쓰세요.

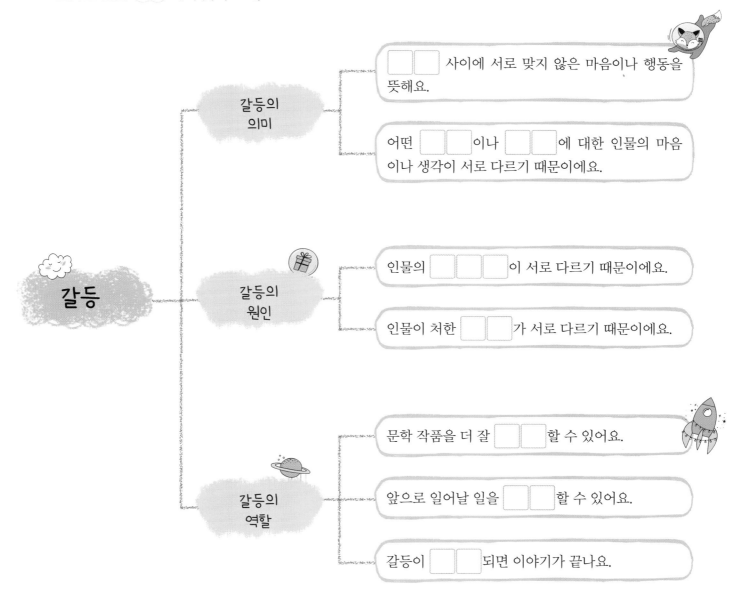

갈등

갈등의 의미
- ☐☐ 사이에 서로 맞지 않은 마음이나 행동을 뜻해요.
- 어떤 ☐☐이나 ☐☐에 대한 인물의 마음이나 생각이 서로 다르기 때문이에요.

갈등의 원인
- 인물의 ☐☐☐이 서로 다르기 때문이에요.
- 인물이 처한 ☐☐가 서로 다르기 때문이에요.

갈등의 역할
- 문학 작품을 더 잘 ☐☐할 수 있어요.
- 앞으로 일어날 일을 ☐☐할 수 있어요.
- 갈등이 ☐☐되면 이야기가 끝나요.

보기　가치관　대상　사건　이해　인물　짐작　처지　해결

아침마다 사라는 어머니와 함께 버스를 탔습니다. ㉠언제나 백인들이 앉는 자리와 구분된 뒷자리에 앉았습니다. ㉡고개를 돌려 자기를 쳐다보는 백인 아이들에게 사라는 얼굴을 찡그렸습니다. 백인 아이들도 얼굴을 찡그리며 웃어 댔습니다. 그러다가 어머니들에게 잔소리를 들은 뒤에야 바로 앉았습니다.

"지금까지 언제나 이래 왔단다. 자리에 앉을 수 있는 것만으로도 만족해야지."

어머니께서는 두 손을 깍지 낀 채 이렇게 말씀하시고는 하였습니다.

어머니께서는 사라보다 먼저 버스에서 내리셨습니다. 사라는 혼자서 학교로 가고, 어머니께서는 백인 가정의 부엌에서 일을 하셨습니다. 어머니를 생각하면 사라는 마음이 아팠습니다. 어머니께서는 주말도 없이 하루 종일 일하셨지만, 신발 한 켤레, 옷 한 벌 사 입으실 형편이 못 되었습니다.

어느 날 아침, 사라는 버스의 앞쪽 자리가 얼마나 좋은 곳인지 알아보기로 마음먹었습니다. 사라는 자리에서 일어나 좁은 통로로 걸어 나갔습니다. 별다른 것도 없어 보였습니다. 창문은 똑같이 지저분하였고, 버스의 시끄러운 소리도 똑같았습니다. 앞쪽 자리가 뭐가 그리 대단하다는 것일까요?

한 백인 아주머니께서 물으셨습니다.

"왜 그리 두리번거리니, 꼬마야?"

"뭐 특별한 게 있는지 알아보고 싶어서요."

아주머니께서 말씀하셨습니다.

㉢"네 자리로 돌아가는 게 좋겠구나."

모두가 사라를 쳐다보았습니다.

사라는 계속 나아갔습니다. 앞쪽 끝까지 가서 운전사 옆자리에 앉았습니다. 사라는 운전사가 기어를 바꾸고 두 손으로 커다란 핸들을 돌리는 것을 지켜보았습니다. ㉣운전사가 성난 얼굴로 사라를 쏘아보았습니다.

"꼬마 아가씨, 뒤로 가서 앉아라. 너도 알다시피 늘 그래 왔잖니?"

사라는 그대로 앉은 채 마음속으로 말하였습니다.

'뒷자리로 돌아갈 아무런 이유가 없어!'

운전사는 뭐라고 중얼거리더니 브레이크를 밟았습니다. ㉤버스가 '끼익' 소리를 내며 갑자기 멈추어 섰습니다.

"규칙을 따르지 못하겠다면 이제부터는 걸어가거라."

운전사가 '덜컹' 소리를 내며 문을 당겨 열었습니다. 사라는 외롭고 무서웠습니다. 사라 생각에 버스에서 내리는 것도, 학교까지 걸어가는 것도 그리 어려운 일은 아니었습니다. 하지만 걷기에는 꽤 먼 길이었습니다.

사라는 작지만 당당한 목소리로 말하였습니다.

"문 닫으셔도 돼요. 저는 학교까지 타고 가겠어요."

- 윌리엄 밀러 글, 박찬석 옮김, 『사라, 버스를 타다』 중에서

① 이 글의 내용으로 알맞은 것은 무엇인가요?

① 버스 운전사는 사라에게 친절하게 대했다.
② 버스에서 내린 사라는 학교까지 걸어갔다.
③ 사라의 어머니께서는 사라를 학교까지 바래다주셨다.
④ 사라와 어머니는 항상 버스의 뒷자리에 앉아야만 했다.
⑤ 버스의 앞자리는 뒷자리와는 달리 깨끗하고 조용하였다.

② ㉠~㉤ 중 사라의 처지를 알 수 있는 문장이 <u>아닌</u> 것은 무엇인가요?

① ㉠   ② ㉡   ③ ㉢
④ ㉣   ⑤ ㉤

③ 사라의 성격으로 알맞은 것을 모두 고르세요. (정답 2개)

① 당당하다.   ② 용기가 있다.   ③ 버릇이 없다.
④ 절약 정신이 강하다.   ⑤ 다른 사람의 눈치를 본다.

④ 사라와 다른 인물들 사이의 갈등 관계와 그 원인을 아래의 표에 정리해 보세요.

갈등하는 사람	사라 ↔ ( ), ( ), ( )
갈등의 원인	

⑤ 다음은 이 글의 줄거리를 정리한 것입니다. 빈칸에 들어갈 알맞은 말을 쓰세요.

□□인 사라는 매일 아침 어머니와 함께 □□을/를 타고 학교에 갑니다. 어머니와 사라는 늘 버스의 □ 자리에 앉아야 했습니다. 어느 날, 사라는 버스의 □ 자리로 갔습니다. 그러자 사람들은 사라에게 원래 자리로 돌아가라고 말하였습니다.

⑥ 다음 중 사라와 생각이 같은 친구는 누구인가요?

① 용석: 사라야, 정해진 규칙은 반드시 지켜야 해.
② 미라: 너의 피부색과 자리는 아무 상관이 없어. 너는 그 자리에 앉아도 된단다.
③ 소율: 사라야, 법에 흑인은 버스 뒷자리에 앉아야 한다고 되어 있어. 너는 법을 지켜야 해.
④ 효원: 사라야, 어머니께서 흑인이 앉아야 할 자리가 어디인지 분명하게 알려 주지 않으셨니?
⑤ 건우: 사라야, 네 자리로 돌아가는 것이 좋겠어. 너 때문에 많은 사람들이 불편을 겪고 있잖아.

7 다음은 이 글 뒤에 이어질 내용을 순서 없이 정리한 것입니다. 일이 일어날 순서에 맞게 번호를 쓰세요.

(1) 법이 바뀌어 사라는 버스의 앞자리에 앉을 수 있게 되었다. ( )

(2) 버스 운전사가 경찰관을 불렀고, 사라는 경찰서에 잡혀갔다. ( )

(3) 경찰서에서 나온 다음 날부터 사라는 어머니와 함께 걸어서 학교에 갔다. ( )

(4) 사람들의 이러한 변화에 놀란 버스 회사와 시장은 법을 바꾸기로 하였다. ( )

(5) 사라의 이야기를 들은 사람들이 사라와 함께 버스를 타지 않고 걸어 다니기 시작했다. ( )

'께서'와 '-시-'는 함께 쓰여요

🍎 사라가 어머니와 함께 버스를 탔던 때의 일을 만화로 그렸습니다. ( ) 안에 들어갈 말로 알맞은 것을 골라 ○표 하세요.

백인 아이들(이 / 께서) 사라를 쳐다보고 얼굴을 찡그리며 (웃었습니다 / 웃으셨습니다).

지금까지 언제나 이래 왔단다.

어머니(가 / 께서) 두 손을 깍지 낀 채 (말했습니다 / 말씀하셨습니다).

어머니(가 / 께서) 사라보다 먼저 버스에서 (내렸습니다 / 내리셨습니다).

사라(께서 / 가) 혼자서 학교로 (갔습니다 / 가셨습니다).

왜 그럴까?

우리말에는 주어임을 나타내는 말 '이/가'가 있습니다. 그리고 주어를 나타내면서 동시에 높임을 나타내는 '께서'가 있습니다. 주어를 높이는 경우에는 서술어 또한 '-시-'를 써서 높여야 합니다. 높임말을 써야 하는 경우에 이를 쓰지 않거나, 주어와 서술어 중 하나만 높이면 어색한 문장이 됩니다.

7 질문 만들며 글 읽기 ❶

질문 만들며 글 읽기의
필요성과 효과 알기

질문 만드는 방법을
알고 적용하며 글 읽기

글을 읽으며 떠올린
질문의 적절성 판단하기

공부한 날　　월　　일

　글을 잘 읽는 방법에는 여러 가지가 있습니다. 그중에서 글의 내용을 잘 이해했는지 관련된 질문을 만들며 읽는 방법도 있습니다. 글에 대한 질문, 자신이 글의 내용을 잘 이해했는가를 물어보는 질문, 글을 쓴 작가에 대한 질문을 만들면서 글을 읽으면 글의 내용을 더 정확하게 이해할 수 있습니다.

　자, 이제 질문을 만들면서 글을 읽어 볼까요?

다음 글을 읽고, 물음에 답해 봅시다.

> 지구 표면은 70퍼센트 이상이 물로 덮여 있다. 그런데 전체 물의 3퍼센트만이 마실 수 있는 민물이고, 그중의 $\frac{3}{4}$ 이상은 남극과 북극 주위에 빙하 상태로 있다. 세계 인구의 40퍼센트를 구성하는 80여 개국이 심각한 물 부족 상태이다. 이들 나라에서 물은 매우 귀중한 자원이다.

 이 글의 내용을 잘 이해했는가를 물어보는 질문을 한 친구는 누구인지 쓰세요.

준서: 3퍼센트의 $\frac{3}{4}$은 정확하게 얼마일까?	채린: 남극과 북극의 차이점은 무엇일까?	수호: 전체 물의 3퍼센트가 민물이라면 민물의 양은 어느 정도가 될까?	하은: 지구 표면의 70퍼센트가 물로 덮여 있는데도 물이 귀중한 자원인 까닭은 무엇일까?

(   )

 이 글을 쓴 사람에게 물어볼 수 있는 질문으로 가장 알맞은 것은 무엇인가요?

① 수학을 잘하시나요?
② 이 글을 쓴 곳은 어디인가요?
③ 이 글을 쓴 의도는 무엇인가요?
④ 물이 부족한 곳에 직접 다녀오셨나요?
⑤ 물이 아닌 다른 자원에는 어떤 것들이 있나요?

③ 이 글을 읽고 다음과 같이 생각한 사람에게 해 줄 충고의 말로 가장 알맞은 것은 무엇인가요?

> 지구 표면의 70퍼센트 이상이 물이라는데, 왜 물이 부족하다는 거지?

① 이 글이 설명문이라는 점을 생각하면 그 답을 찾을 수 있어.
② 민물의 뜻을 알고 있다면 글의 내용을 더 잘 이해할 수 있을 거야.
③ 세계 인구의 $\frac{1}{3}$이 물이 부족한 곳에 살고 있다는 내용을 놓쳤구나.
④ 글쓴이가 자신의 의도를 감춰 두고 있는데 그것을 아직 못 찾았구나.
⑤ 글을 읽고 나서 다른 사람과 이야기를 나누면 글의 내용을 더 잘 알 수 있어.

다음 글을 읽고, 물음에 답해 보세요.

무령왕릉은 백제의 제25대 무령왕과 그 왕비의 무덤이다. 왕과 왕족의 무덤이 모여 있는 송산리 고분군에 있다. 이 왕릉은 1,400여 년 동안 오랜 침묵을 지켜 오다가 1971년 7월 5일에 비로소 그 신비스러운 모습을 드러냈다.

공주 송산리 고분

무령왕릉 내부

출처: 문화재청

㉠백제 사람들은 무령왕릉 내부의 벽과 천장을 모두 벽돌로 쌓아 올렸는데, 네 줄은 눕혀서 쌓고 한 줄은 세워서 쌓아 밋밋하고 단조로운 느낌을 피하였다. 천장은 터널 모양을 하고 있고, 연꽃 모양을 새겨 구운 벽돌은 두 장을 맞대면 한 송이 연꽃이 되도록 하였다.

무령왕릉에서는 약 3,000점의 유물이 발굴되었는데, 특히 왕과 왕비가 쓰던, 불꽃이 타오르는 듯한 모양의 금제관 장식이 유명하다. 또, 왕릉 내부를 밝히기 위하여 등잔을 올려놓았던 복숭아 모양의 공간과 지신으로부터 땅을 구입하여 무덤을 만들었다는 기록을 남긴 지석 등도 특징적인 유물이다.

무령왕릉의 아름다운 내부와 유물은 백제 문화 및 미술의 수준이 얼마나 높았는지 잘 보여 준다.

 이 글의 내용을 잘 이해하기 위해 떠올린 질문으로 가장 알맞은 것은 무엇인가요?

① 백제의 제25대 무령왕의 왕비는 누구였을까?
② 글쓴이는 직접 무령왕릉을 가 본 뒤 글을 썼을까?
③ 잘 모르는 낱말인 '금제관', '지신', '지석'의 뜻은 무엇일까?
④ 무령왕릉에서 발견된 유물들의 값을 매긴다면 모두 얼마일까?
⑤ 서울에서 무령왕릉으로 가려면 어떤 교통수단을 이용해야 할까?

5 ㉠을 읽고 친구들이 다음과 같은 질문을 떠올렸습니다. 누구의 질문이 더 타당한지 그 까닭을 생각하며 빈칸에 알맞은 말을 써 넣으세요.

> 예서: 무령왕릉을 모두 벽돌로 쌓아 올리려면 벽돌이 몇 개 필요할까?

> 찬민: 죽은 사람의 무덤을 쌓으면서 왜 밋밋하고 단조로운 느낌을 피하려고 하였을까?

> 글을 잘 이해할 수 있는 질문인지를 알려면 질문과 글의 내용이 얼마나 [ ] 있는지 생각해야 해.
>
> 질문에 대한 대답을 알았을 때 무령왕릉에 대해 더 자세히 알 수 있는 것은 [ ] (이)의 질문이야.

6 이 글을 읽고, '무령왕릉'에 담긴 백제 사람들의 정신에 대해 더 깊이 있게 이해할 수 있는 질문을 보기 와 같이 만들어 써 보세요.

> 보기 무령왕릉에는 왜 연꽃 모양의 벽돌을 이용하였을까?

  길고 긴 문화재 이름 뜯어보기

🍎 보기 를 참고하여 아래 문화재 이름의 풀이에서 빈칸에 알맞은 말을 넣으세요.

> 보기
>
> • **청자**: 색을 나타내요.
> • **상감**: 기법을 나타내요.
> • **모란국화문**: '문'은 무늬를 뜻해요. 그러니까 모란과 국화꽃 무늬라는 뜻이에요.
> • **과형**: 모양을 나타내요. '과'는 참외를 뜻해요. 그러니까 참외 모양이라는 뜻이에요.
> • **병**: 쓰임을 나타내요.

왜 그럴까?

복잡하고 어려워 보이는 문화재 이름도 이름을 붙이는 순서와 방법을 안다면 왜 그런 이름이 붙었는지 쉽게 이해할 수 있습니다. 이름의 의미를 알면 문화재를 더 잘 감상할 수 있습니다.

읽기 목표

7 질문 만들며 글 읽기 ❷

질문 만들며 글 읽기의
필요성과 효과 알기

질문 만드는 방법을
알고 적용하며 글 읽기

글을 읽으며 떠올린
질문의 적절성 판단하기

공부한 날 | 월 | 일

파이팅!

30일

 다음 글을 읽고, 물음에 답해 봅시다.

거리를 걷다 보면 외국 말을 많이 볼 수 있다. '타임 스퀘어', '센트럴 파크'와 같은 간판을 만나기도 하고, '서머 페스티벌', '패션 월드' 등의 문구도 심심찮게 볼 수 있다. 그만큼 외국 말이 일상생활 속에 많이 들어와 있다는 것을 실감하게 된다.

우리말에 적절한 낱말이 없어서 받아들인 경우도 있겠지만, 외국 말을 아무 생각 없이 섞어 쓸 때도 많다. 가게를 운영하는 사람이나 거리에 게시물을 붙이는 사람들이 어렵고 낯선 외국 말보다 아름다운 우리말을 살려 쓰면 좋겠다.

왜냐하면, 외국 말로 표현된 문구를 우리말로 충분히 바꾸어 쓸 수 있기 때문이다. '타임 스퀘어'는 '시간 광장'으로, '센트럴 파크'는 '중앙 공원'으로, '서머 페스티벌'은 [　　ㄱ　　]로, '패션 월드'는 '옷 세상'으로 바꾸면 부르기도 쉽고 더 정겹다.

1 이 글에서 글쓴이가 생각하는 문제 상황으로 알맞은 것은 무엇인가요?

① 우리말로 쓸 수 있는데 굳이 외국 말로 표현하는 것
② 가게를 운영하는 사람이 거리에 게시물을 붙이는 것
③ 외국 말보다 더 아름다운 우리말을 많이 사용하는 것
④ 우리말에 적절한 낱말이 없어서 외국 말을 받아들이는 것
⑤ 어렵고 낯선 외국 말이 우리말에 쉽게 녹아들지 못하는 것

2 ㄱ에 들어갈 알맞은 말을 써 보세요.

(　　　　　　　　　)

3 다음은 이 글을 읽고 만든 질문입니다. 질문에 대한 자신의 생각을 그 이유와 함께 써 보세요.

글쓴이의 주장에 동의하는가?

• 내 생각: 글쓴이의 주장에 (동의한다. / 동의하지 않는다.)

• 그렇게 생각한 이유: _____

참정권은 나라의 대표자를 뽑거나 중요한 일을 결정하는 국민의 소중한 권리입니다. 우리나라 국민은 만 열아홉 살이 되면 누구나 공평하게 선거나 투표에 참여하는 참정권을 가집니다. 한 나라의 국민이라면 누구나 누려야 하는 권리 중의 하나가 참정권입니다. 고대 그리스 시대의 남성은 지금으로부터 약 2,500년 전에 참정권을 가졌습니다. 그러나 여성이 참정권을 가지고 그들의 대표자를 뽑는 일에 참여하기 시작한 것은 백 년이 조금 넘었습니다.

세계에서 가장 먼저 여성의 참정권을 인정한 나라는 뉴질랜드입니다. 뉴질랜드는 1893년부터 세계 최초로 여성도 투표에 참여하였습니다. ⃞⃞⃞⃞⃞⃞⃞ ㉠ ⃞⃞⃞⃞⃞⃞⃞

처음 영국에서는 세금을 낼 수 있는 재산을 가진 남성만이 참정권을 가지고 있었습니다. 그러다가 재산이 적거나 없는 남성에게도 점차 참정권이 주어졌습니다. 하지만, 여성에게는 여전히 참정권이 주어지지 않았습니다. 많은 사람이 여성은 오로지 아내와 어머니의 역할만 충실히 하면 된다고 생각하였습니다. 대부분 이러한 생각을 하던 시대에 여성에게도 법적으로 동등한 권리를 주어야 한다고 생각한 사람이 있었습니다. 바로 메리 울스턴크래프트입니다.

메리 울스턴크래프트는 1792년 영국에서 출판된 『여성 권리의 옹호』라는 책에서 "여성도 남성과 똑같은 권리를 가져야 한다."라는 주장을 하였습니다. 이처럼 여성에게도 법적으로 남성과 동등한 권리를 주어야 한다는 메리 울스턴크래프트의 주장은 여성들의 큰 호응과 찬사를 받았고, 『여성 권리의 옹호』는 세계 여러 나라 언어로 번역되었습니다. 이 책의 인기는 그동안 여성들이 남성 중심의 사회와 남녀 불평등에 대하여 얼마나 많은 불만을 가지고 있었는지 말하여 줍니다.

그러나 그 당시에는 여성들이 그들의 의견을 대신하여 줄 정치 대표자를 뽑는 일에 참여하는 권리를 가져야 한다는 것은 받아들이기 어려운 주장이었습니다. 수많은 남성이 그에게 비난을 하였습니다. 하지만, 메리 울스턴크래프트는 굴하지 않고 자신의 주장을 펴 나갔습니다. 그러자 그의 뜻을 따르는 후배 여성들이 생겨나기 시작하였습니다. 이들은 여성의 참정권을 얻기 위하여 1903년에 '여성사회정치연합'이라는 단체를 만들었습니다.

여성사회정치연합 회원들은 여성도 남성과 같이 동등한 권리를 가질 때 존경받을 수 있다고 생각하였습니다. 그래서 이들은 사람들이 모이는 곳이면 어디든지 찾아가 여성에게도 참정권이 필요한 까닭을 설명하고 설득하였습니다.

- 이혜진, 『청소년을 위한 양성평등 이야기』 중에서

참정권에 대한 설명으로 알맞지 않은 것은 무엇인가요?

① 돈이 많은 사람에게만 주어지는 권리
② 중요한 일을 결정하는 국민의 소중한 권리
③ 한 나라 국민이라면 누구나 누릴 수 있는 권리
④ 나라의 대표자를 뽑을 때 행사할 수 있는 권리
⑤ 누구나 공평하게 선거나 투표에 참여하는 권리

5 메리 울스턴크래프트의 책이 출판되기 이전의 영국에서 참정권이 어떻게 변화하였는지를 써 보세요.

처음
(   ) 남성에게만 주어졌다.

➡

얼마 지나지 않아
• (   ) 남성에게도 주어졌다.
• (   )에게는 여전히 주어지지 않았다.

6 다음 중 메리 울스턴크래프트가 한 일이 <u>아닌</u> 것은 무엇인가요?

① 여성에게도 남성과 똑같은 권리를 주어야 한다고 생각하였다.
② 『여성 권리의 옹호』라는 글을 써서 여성의 권리를 주장하였다.
③ 여성도 참정권을 가질 수 있도록 하기 위해 정치 대표자가 되었다.
④ 많은 남성이 비난하였지만 그것에 굴하지 않고 자신의 주장을 펼쳤다.
⑤ 다른 후배 여성들과 힘을 모아 '여성사회정치연합'이라는 단체를 만들었다.

7 메리 울스턴크래프트에 대해 평가하고, 그렇게 생각한 까닭을 써 보세요.

나는 메리 울스턴크래프트의 (   )이 (   )고 생각한다.
왜냐하면, _____

_____

_____

8 ㉠에 들어갈 내용을 바르게 추론한 것은 무엇인가요?

① 뉴질랜드와 영국에 대한 자세한 설명이 덧붙여질 것이다.
② 뉴질랜드가 우리나라에 미친 영향에 대해 안내해 줄 것이다.
③ 메리 울스턴크래프트가 뉴질랜드에 언제 갔는지를 소개할 것이다.
④ 다른 나라에서는 여성 참정권이 언제 주어졌는지에 대한 내용이 나올 것이다.
⑤ 영국이 가장 마지막에 여성의 참정권을 인정할 수밖에 없었던 까닭이 드러날 것이다.

9 이 글을 읽으면서 떠올린 질문으로 가장 알맞지 <u>않은</u> 것은 무엇인가요?

① 우리나라는 언제부터 여성의 참정권을 인정하였을까?
② 남성들이 메리 울스턴크래프트를 비난한 이유는 무엇일까?
③ 메리 울스턴크래프트는 참정권을 가질 만큼 재산이 많았을까?
④ '여성사회정치연합'이라는 단체는 어떤 방법으로 여성의 참정권을 얻었을까?
⑤ 남성에게 주었던 참정권을 여성에게는 주지 않으려고 했던 이유는 무엇일까?

10 이 글을 읽고, 보기 를 참고하여 글을 읽으면서 떠올릴 수 있는 질문을 만들어 보세요.

	보기	<자신이 만든 질문>
글의 내용과 관련한 질문	세계에서 가장 먼저 여성의 참정권을 인정한 나라는 어디일까?	
내가 잘 이해했는가와 관련한 질문	메리 울스턴크래프트가 여성의 참정권에 어떤 영향을 주었을까?	
글쓴이와 관련한 질문	글쓴이가 설명하고 싶은 내용은 무엇일까?	

반대의 의미를 가진 낱말

🍎 서로 반대되는 뜻을 가진 낱말을 찾아 '↔' 모양의 선으로 바르게 이어 본 뒤에 아래 제시된 연설문의 빈칸에 알맞은 낱말을 찾아 써 넣으세요.

저는 여성 참정권에 [ ][ ] 합니다. 참정권은 기본적인 [ ][ ] 인데 여성이라는 이유로 참정권을 주지 않는 것은 [ ][ ] 에 해당하기 때문입니다. 여성 참정권을 주장하는 사람들을 [ ][ ] 해 주세요.

왜 그럴까?

'뜨겁다'나 '차갑다'처럼 그 뜻이 완전히 다른 낱말을 반의어라고 합니다. 반의어는 낱말마다 꼭 하나씩만 있는 건 아닙니다. '평등'의 반의어는 '불평등'도 되고 '차별'도 됩니다.

 읽기 목표

7 질문 만들며 글 읽기 ❸

질문 만들며 글 읽기의 필요성과 효과 알기 | 질문 만드는 방법을 알고 적용하며 글 읽기 | 글을 읽으며 떠올린 질문의 적절성 판단하기 | 공부한 날 | 월 | 일

 다음 글을 읽고, 물음에 답해 봅시다.

> 한 도둑이 식구가 잠든 사이에 어느 집의 물건을 훔치려고 들어갔다. 그러나 텅 빈 마루에는 값나가는 물건이라고는 아무것도 없었다. 도둑은 부엌으로 들어섰다. 훔칠 물건이라곤 오래된 가마솥뿐이었다.
>
> '세상에! 이렇게 가난한 집도 있단 말인가? 우리 집도 이렇지는 않은데……'
>
> 도둑은 물건을 훔치겠다는 생각은 잊어버리고 동정심이 생겨서 가지고 있던 돈 닷 냥을 솥 안에 넣어 두고 갔다.
>
> 이튿날, 솥 안에 든 돈을 발견한 부인은 깜짝 놀라며 남편에게 하늘이 내려 준 돈이니 쌀과 나무를 사자고 말하였다. 그러나 남편은 누가 잃어버리고 간 것이 틀림없다며 남의 물건을 가질 수는 없다고 하였다. 그러고는 울타리에 다음과 같이 써 붙였다.

1 이 글의 내용을 잘 이해하기 위해 가장 먼저 떠올려야 하는 질문은 무엇인가요?

① 이 이야기에 등장하는 인물은 누구일까?
② '하늘이 내려 준 돈'이라는 것은 무슨 뜻일까?
③ 남편의 말과 행동으로 보아 남편은 어떤 성격일까?
④ 솥 안에 든 돈을 발견한 부인은 어떤 마음이었을까?
⑤ 도둑이 이 집을 도둑질하기로 결심한 까닭은 무엇일까?

2 도둑이 돈을 솥 안에 두고 간 까닭은 무엇인가요?

① 남편이 어떻게 하는지 지켜보기 위해
② 물건을 훔쳐 미안한 마음이 들었기 때문에
③ 훔쳐 갈 가마솥이 돈 닷 냥만 한 것이었기 때문에
④ 은혜를 갚으려고 노력했던 선비의 집이었기 때문에
⑤ 집이 너무 가난한 것을 보고 안타까운 마음이 생겼기 때문에

3 남편의 성격으로 보아 울타리에 무엇이라고 써 붙였을지 생각해 써 보세요.

옛날, 어느 외딴 산골 오두막에 가난하지만 몹시 의가 좋은 부부가 살고 있었습니다. 가까운 곳에 사는 사람도 없고 길을 지나가는 사람도 드물어 주위는 언제나 한가롭고 조용하였습니다. 아침이면 동쪽에서 해가 떠서 저녁이 되면 서쪽 산으로 넘어가고, 밤이면 달과 별들이 같은 하늘을 지나다니는 것뿐, 변하는 것이 거의 아무것도 없었습니다.

그러나 부부는 산골살이가 조금도 외롭지 않았습니다. 부부에게는 나이가 좀 들어서 얻은 귀한 딸아이 하나가 있었기 때문입니다.

부부는 언제나 귀여운 딸아이의 재롱을 바라보며 즐거운 마음으로 하루하루를 살아가고 있었습니다. 아버지는 날마다 귀여운 딸아이를 생각하며 산에서 부지런히 나무를 해 날랐고, 어머니도 집에 둔 딸아이 생각에 고된 줄 모르고 밭일을 하였습니다. 그래서 집안은 딸아이 때문에 언제나 즐거운 웃음꽃이 피었습니다.

그런데 이 행복한 집안에 뜻하지 않은 불행이 닥쳐왔습니다. 어느 날부터인가 아버지가 이름 모를 열병을 앓다가 자리에 눕게 된 것입니다.

㉠집안이 갑자기 어두운 근심으로 가득 찼습니다. 집이 워낙 외딴 산골이어서 병을 치료할 의원을 찾아갈 수도 없었고, 좋은 치료 약을 구할 수도 없었습니다. 어머니는 산에서 캐어 온 약초를 정성껏 달여 먹이며 병이 어서 낫기만 빌었습니다.

그러나 그 어머니의 정성이나 간절한 소원도 소용이 없었습니다. 아버지는 점점 열이 심해지더니, 어느 날 마침내 힘없이 눈을 감고 마지막 숨을 거두어 먼 곳으로 가 버렸습니다.

어머니는 하늘이 무너지고 땅이 꺼지는 것 같았습니다. 외딴 산골 집에 철모르는 딸아이와 자기만 남겨 두고 혼자 떠나가 버린 아버지가 그토록 원망스러울 수 없었습니다. 아버지를 다시 살려 낼 수만 있다면 ㉡무슨 일이라도 할 수 있을 것 같았습니다.

그런데 그때 어머니에게 문득 ㉢한 가지 생각이 떠올랐습니다. 숨이 금방 끊어진 사람에게 손가락을 깨물어 피를 입에 흘려 넣어 주면 죽었던 사람이 다시 살아난다는 말이었습니다. 어머니는 어렸을 때 어른들에게서 ㉣그런 이야기를 들은 일이 있었습니다.

그렇게 해서 죽었던 사람이 정말로 다시 살아난 일도 있다는 것이었습니다. 쉽사리 믿어지지 않는 이야기였습니다. 그러나 이제는 ㉤그 길밖에 없었습니다. 망설이고 있을 겨를도 없었습니다. 어머니는 곧 결심을 하였습니다. 그리고 힘껏 자신의 손가락 하나를 깨물어 아버지의 입 안에다 따뜻한 피를 방울방울 흘려 넣었습니다. 그러면서 제발 아버지가 다시 살아나게 해 주십사 하고 간절히 하늘에 빌었습니다.

그런데 그 어머니의 정성 어린 사랑과 용기에 하늘이 감동을 하였나 봅니다. 그래서 어머니의 소원을 들어주신 모양이었습니다.

- 이청준, 「사랑의 손가락」 중에서

이 글을 잘 이해하기 위해 떠올린 질문으로 가장 알맞지 <u>않은</u> 것은 무엇인가요?

① '겨를'의 뜻은 무엇일까?
② '어머니의 소원'은 무엇이었을까?
③ 부부가 살고 있는 곳은 어떤 곳일까?
④ 어머니가 산에서 캐어 온 약초는 어떤 것일까?
⑤ 아버지의 병을 고치기 어려웠던 이유는 무엇일까?

이 글에 나온 부부에 대한 설명으로 알맞지 <u>않은</u> 것은 무엇인가요?

① 몹시 의가 좋다.
② 고된 일을 해도 항상 즐거웠다.
③ 외딴 산골 오두막에서 가난하게 산다.
④ 귀한 딸아이가 열병에 걸려 근심이 있다.
⑤ 산골살이가 조금도 외롭지 않다고 생각한다.

 ㉠은 무슨 뜻인가요?

① 갑자기 안 좋은 기억이 떠올랐다.
② 갑자기 산골살이가 너무 외롭게 느껴졌다.
③ 갑자기 아버지가 앞을 보지 못하게 되었다.
④ 갑자기 집에 안 좋은 일이 생겨 큰 걱정이 생겼다.
⑤ 갑자기 집에 불이 들어오지 않아 어둡게 생활해야 했다.

㉡~㉤ 중 가리키는 내용이 나머지와 <u>다른</u> 것을 찾아 기호를 쓰세요.

(   )

아버지의 입 안에다 피를 흘려 넣을 때 어머니의 마음으로 가장 알맞은 것은 무엇인가요?

① 손가락이 아파 괴로운 마음
② 혼자 떠난 아버지에게 화가 난 마음
③ 딸아이와 자신만 남겨져 외롭고 쓸쓸한 마음
④ 아버지가 다시 살아나길 바라는 간절한 마음
⑤ 죽었던 사람이 살아난다는 것이 믿기지 않는 마음

이 이야기의 제목을 '사랑의 손가락'이라고 붙인 까닭은 무엇일까요?

① 아내의 손가락 때문에 사건이 일어났기 때문에
② 손가락에 아내의 마음 변화가 잘 나타나 있기 때문에
③ 부부가 손가락을 걸고 한 약속에 대한 이야기이기 때문에
④ 손가락이 부부의 고된 삶을 잘 나타내 주는 말이기 때문에
⑤ 자신의 손가락을 깨물어 남편을 살린 아내의 아름다운 마음이 담겨 있기 때문에

10 이 글을 바르게 읽었는지를 살피기 위해 떠올린 질문으로 알맞지 <u>않은</u> 것은 무엇인가요?

① 인물의 마음을 짐작하며 읽었나요?

② 인물이 한 일이 무엇인지 파악하며 읽었나요?

③ 일이 일어난 순서를 제대로 파악하며 읽었나요?

④ 이 이야기가 사실인지 아닌지 판단하며 읽었나요?

⑤ 이야기를 읽을 때 낱말의 뜻을 잘못 이해한 부분은 없었나요?

11 이 글 뒤에 이어질 내용을 상상해 써 보세요.

재미있는 낱말 놀이터

여러 가지 관용 표현

🍒 사다리를 타고 내려가 이야기에 쓰인 관용 표현이 어떤 의미인지 살펴보세요.

왜 그럴까?

관용 표현의 뜻은 앞뒤 문맥과 상황을 바탕으로 짐작할 수 있습니다. 예를 들어 '숨을 거두다.'라는 관용어는 '숨'과 '거두다'라는 각각의 낱말이 합쳐져서 '사람이 죽다.'라는 뜻으로 쓰인 것을 알 수 있습니다. 이렇게 관용 표현을 사용하면 짧은 말로 자신의 생각을 표현할 수 있고, 재미있는 표현이어서 듣는 이의 관심을 불러일으킬 수 있습니다.

7 질문 만들며 글 읽기 ❹

질문 만들며 글 읽기의
필요성과 효과 알기

질문 만드는 방법을
알고 적용하며 글 읽기

글을 읽으며 떠올린
질문의 적절성 판단하기

공부한 날	월	일

 다음 글을 읽고, 물음에 답해 봅시다.

> 이성계가 조선을 세울 때 서울 터를 잡아 준 사람이 무학 대사이다. 두 사람은 조선 건국을 함께
> 한 뒤에 더욱 친근하게 지냈고, 격의 없는 농담도 자주 주고받았다.
> 어느날 이성계가 무학 대사와 장기를 두다가 농담을 던졌다.
> "대사, 이제 보니 대사가 꼭 돼지처럼 보이는구려."
> 이 말을 들은 무학 대사는 화를 내기는 커녕 빙그레 웃으며 말하였다.
> "저는 전하가 꼭 부처님처럼 보입니다."
> 이 말을 들은 이성계가 무안해하자, 무학 대사가 호탕하게 웃으며 말하였다.
> ㉠"돼지 눈에는 돼지만 보이고, 부처 눈에는 부처만 보인답니다."

1 이 글에서 무학 대사는 돼지처럼 보인다는 이성계의 농담에 어떤 반응을 보였나요?

① 이성계의 말을 듣고 하찮은 대답을 들었다며 비웃었다.
② 앞으로 이성계와는 이야기를 하지 않겠다고 다짐하였다.
③ 화를 내지 않고 빙그레 웃으며 여유 있는 태도를 보였다.
④ 조선을 세울 때 도와준 자신의 공을 모른다며 섭섭해하였다.
⑤ 조선을 세운 이성계에게 잘못 보일까 봐 두려워하며 아첨하였다.

2 ㉠의 뜻을 생각하며 빈칸에 알맞은 말을 쓰세요.

> 무학 대사는 이성계를 [ ] 에, 자신을 [ ] 에 비유하며 바라보는 기준에 따라 상대가 다르게
> 보일 수 있다는 점을 꼬집고 있습니다.

3 이 글을 읽으면서 떠올린 질문을 하나 쓰고, 그 답도 함께 써 보세요.

>

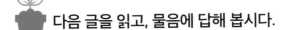

다음 글을 읽고, 물음에 답해 봅시다.

가   김만덕은 1739년에 제주도의 가난한 선비 집안에서 태어났다. 비록 가난하였으나 사랑과 정이 깊은 부모님 밑에서 자랐다. 그러나 열두 살이 되던 해에 심한 흉년과 전염병 때문에 부모님을 차례로 여의고 말았다. 친척 집을 이리저리 옮겨 다니며 살던 김만덕은 기생의 수양딸이 되었다가 스물세 살이 되던 해에 드디어 기생의 신분에서 벗어났다.

  자유의 몸이 된 김만덕은 제주도의 포구에 객주를 열었다. 객주는 상인의 물건을 맡아 팔기도 하고 물건을 사고파는 데 흥정을 붙이기도 하며, 상인들을 먹여 주고 재워 주기도 하는 집을 말하였다. 육지에서 온 상인들은 김만덕의 객주에서 묵어갈 뿐만 아니라 김만덕에게 육지의 물건을 맡기기도 하였다.

  "쌀, 무명이오. 좋은 값에 팔아 주시오."

  김만덕은 육지의 물건을 제주도 사람들에게 팔아 이익을 남길 수 있었다. 또, 김만덕은 녹용, 약초, 귤, 미역, 전복 등 제주도의 특산물에 눈길을 돌렸다. 이러한 물건들을 제주도 사람들에게 사들여 육지 상인들에게 팔았다. 육지 상인들은 제주도의 특산물을 적당한 가격에 사들일 수 있어 김만덕의 객주로 몰려들었다.

  김만덕은 장사를 하면서 세 가지 원칙을 지켰다. 첫째는 이익을 적게 남기고 많이 판다. 둘째는 적당한 가격에 물건을 사고판다. 그리고 셋째는 반드시 신용을 지키고 정직한 거래를 한다. 이러한 세 가지 원칙을 철저히 지켰기 때문에 김만덕의 사업은 나날이 번창하였다.

나   1790년부터 4년 동안 제주도에는 흉년이 계속되었다. 그 바람에 양식이 없어 굶주리는 사람들이 늘어났다. 제주도 사람들은 모두 굶어 죽게 되었다며 근심에 잠겼다. 그러나 다행스럽게도 이듬해에는 농사가 잘되었다. 때맞추어 비가 내려 들판에는 곡식이 익어 갔다. 이대로라면 그해 농사는 대풍년이었다. 그런데 수확을 앞두고 제주도에 태풍이 몰려왔다. 그동안 애써 가꾸어 놓은 농산물이 모두 심한 피해를 입어 제주도 사람들은 이제 꼼짝없이 굶어 죽을 지경에 이르렀다. 제주 목사는 그해 9월에 이러한 사정을 편지로 써서 조정에 알렸다.

  태풍으로 올해 농사를 망쳐 제주도 사람 모두가 굶어 죽을 위기에 처했습니다. 곡식 이만 석을 급히 보내 주십시오.

  정조 임금은 이 편지를 받고 신하들과 회의를 하였다. 그리고 곡식 이만 석을 보내어 제주도 사람들을 살리기로 결정하였다. 임금의 명으로 신하들은 곡식을 여러 배에 나누어 실어 제주도로 보냈다. 하지만 그 배들은 제주도에 닿지 못하였다. 갑자기 태풍이 불어닥쳐 배가 모두 바닷속으로 가라앉아 버린 것이었다.

다   '제주도 사람들을 굶어 죽게 내버려 둘 수는 없다. 내가 나서서 그들을 살려야겠다.'

  김만덕은 전 재산을 들여 육지에서 곡식을 사 오게 하였다. 그 곡식은 총 오백여 석이었다.

  "제가 전 재산을 들여 육지에서 사들인 곡식입니다. 굶주린 사람들에게 나누어 주십시오."

— 신현배, 『5000년 한국 여성 위인전 1』 중에서

4 이 글을 통해 알 수 있는 김만덕에 대한 설명으로 알맞지 <u>않은</u> 것은 무엇인가요?

① 제주도의 선비 집안에서 태어났다.
② 열두 살이 되던 해에 부모님이 돌아가셨다.
③ 스물세 살 때 기생의 신분에서 벗어나게 되었다.
④ 전국 방방곡곡을 돌아다니며 물건을 사고팔았다.
⑤ 부모님이 돌아가신 후 친척 집을 옮겨 다니며 살았다.

5 김만덕이 이익을 남긴 방법을 생각하며 빈칸에 알맞은 말을 쓰세요.

김만덕은 육지의 물건을 [ ][ ] 사람들에게 팔거나, 제주도 [ ][ ] 을/를 육지 사람들에게 팔아 이익을 남겼습니다. 섬이라서 육지와 왕래하기 힘들었던 제주도의 특성을 잘 이용하여 장사를 한 것입니다.

6 1790년부터 5년 동안 제주도에는 어떤 일이 있었나요?

① 5년 동안 계속 풍년이었다.
② 5년 동안 계속 흉년이 들었다.
③ 해마다 태풍으로 농작물이 피해를 입었다.
④ 4년 동안 계속 풍년이었지만 5년째에는 흉년으로 모두 굶주리게 되었다.
⑤ 4년 동안 흉년이 들고 5년째에는 풍년이었지만 태풍으로 농작물이 피해를 입었다.

7 제주 목사가 조정에 편지를 쓴 이유는 무엇인가요?

① 김만덕이 한 일을 알려 상을 받게 하기 위해서
② 제주도에 남아도는 쌀을 조정으로 보내기 위해서
③ 조정에서 곡식을 받아 제주도 사람들에게 나누어 주기 위해서
④ 태풍으로 농사를 망쳤으니 세금을 거두지 말라고 하기 위해서
⑤ 정조 임금에게 흉년이 들지 않도록 하는 제사를 지내 달라고 하기 위해서

8 다음 중 김만덕에 대해 바르게 평가한 친구는 누구인지 ◯표 하세요.

| 승우: 돈을 많이 벌고 오랫동안 장사를 하는 것에 목적이 있었던 사람이야. ☐ | 은주: 머리가 좋아 장사를 아주 잘했지만 다른 장사꾼은 배려하지 않는 욕심이 많은 사람이야. ☐ | 민규: 장사란 돈이나 물건을 주고받는 것뿐만이 아니라 사람들과 신용을 주고받는 것이라고 생각한 사람이야. ☐ |

9 김만덕이 한 일 중 가장 인상 깊은 일을 쓰고, 그것에 대한 자신의 생각을 쓰세요.

김만덕이 한 일	그것에 대한 자신의 생각

10 이 글을 읽고 떠올린 질문으로 가장 알맞지 <u>않은</u> 것은 무엇인가요?

① 김만덕이 장사를 하게 된 이유는 무엇일까?
② 김만덕의 삶에서 본받을 만한 점은 무엇일까?
③ 김만덕이 장사에 있어 가장 중요하게 생각한 것은 무엇이었을까?
④ 정말 김만덕은 자신이 가진 전 재산을 모두 곡식을 사는 데 썼을까?
⑤ 제주도민들에게 곡식을 나누어 준 후 김만덕에게 어떤 일이 생겼을까?

 **두 개의 낱말이 합쳐진 낱말**

다음은 어떤 낱말이 합해진 것인지 짐작하여 보기 와 같이 퍼즐 조각 안에 알맞은 낱말을 쓰세요.

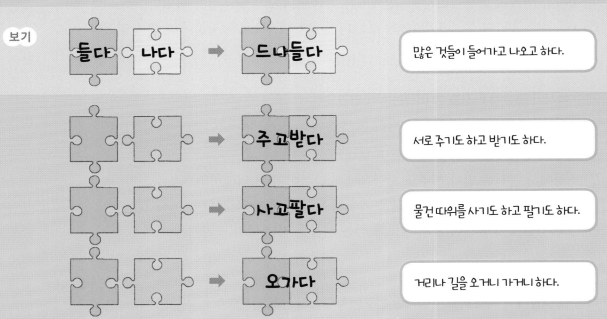

왜 그럴까?

위 낱말처럼 두 개의 낱말이 합쳐져 하나의 낱말이 된 경우에는 붙여 씁니다. 그 말을 오랫동안 사용하면서 하나의 낱말로 굳어졌기 때문입니다. 위에 나온 낱말들은 의미가 반대되는 두 개의 낱말이 합쳐져 하나의 낱말이 된 경우로, '앞뒤', '흑백'도 여기에 해당됩니다.

7 질문 만들며 글 읽기 ❺

질문 만들며 글 읽기의 필요성과 효과 알기 | 질문 만드는 방법을 알고 적용하며 글 읽기 | 글을 읽으며 떠올린 질문의 적절성 판단하기 | 공부한 날　월　일

 다음 광고를 보고, 물음에 답해 봅시다.

출처: 한국방송광고진흥공사(1997)

1 이 광고에서 말하고 싶은 내용은 무엇인가요?

① 돈을 아껴 쓰자.
② 음식물을 남기지 말자.
③ 돈을 깨끗하게 사용하자.
④ 음식을 만드는 데 돈이 많이 든다.
⑤ 음식물 쓰레기를 치우는 데에 돈이 많이 든다.

2 ㉠을 크고 진한 글씨로 표현한 이유는 무엇인지 쓰세요.

3 이 광고의 의도를 파악할 수 있는 질문을 만들고, 그 질문에 대한 답을 쓰세요.

(1) 광고의 의도를 파악할 수 있는 질문: (　　　　　　　　　　　　)
(2) 질문에 대한 답: (　　　　　　　　　　　)

다음 광고를 보고, 물음에 답해 봅시다.

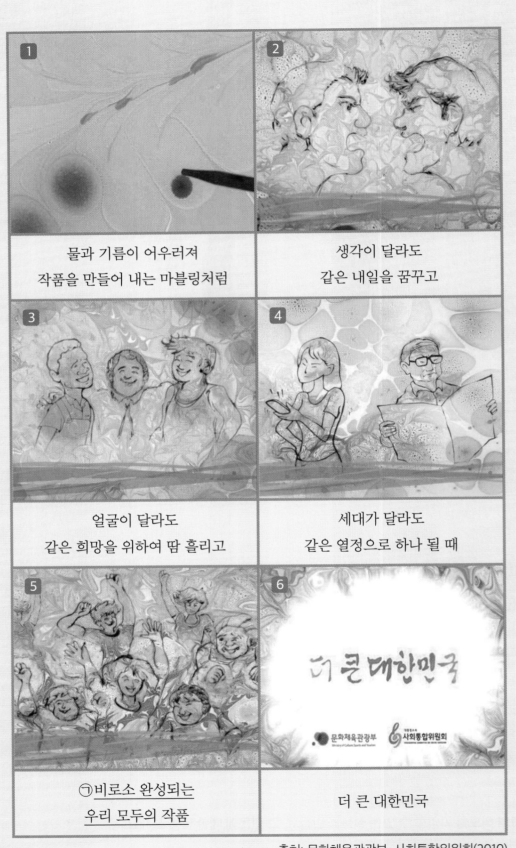

1
물과 기름이 어우러져
작품을 만들어 내는 마블링처럼

2
생각이 달라도
같은 내일을 꿈꾸고

3
얼굴이 달라도
같은 희망을 위하여 땀 흘리고

4
세대가 달라도
같은 열정으로 하나 될 때

5
㉠비로소 완성되는
우리 모두의 작품

6
더 큰 대한민국

출처: 문화체육관광부·사회통합위원회(2010)

4 이 광고에서 다르다고 한 것에는 △표, 서로 같아야 한다고 한 것에는 ○표 하세요.

생각   얼굴   열정

꿈꾸는 내일   세대   희망

5 장면 **5**에 나오는 '우리 모두의 작품'은 어떻게 만들어진다고 하였나요?

① 서로 다른 희망을 꿈꿀 때
② 서로 섞이지 않는 점을 유지할 때
③ 다른 점을 모두 없애고 같은 생각만을 강조할 때
④ 서로 다른 점을 바탕으로 각자 자신의 생각을 주장할 때
⑤ 서로 다른 점을 이해하고 같은 점을 위해 더욱 노력할 때

6 ㉠이 뜻하는 것으로 가장 알맞은 것은 무엇일까요?

① 아름다운 색으로 꾸민 미술 작품
② 전 세계 사람들이 하나 되는 모습
③ 마블링 기법을 활용하여 완성한 작품
④ 여러 사람이 모여 함께 만든 모자이크 작품
⑤ 다양성을 인정하고 함께 힘을 모은 대한민국

7 이 광고의 장면을 표현한 방법에 대해 바르게 말한 친구를 찾아 ○표 하세요.

수찬: 선명한 사진을 이용하여 이미지를 생생하게 전달하고 있어.	형신: 물과 기름이 잘 섞이지 않는 성질을 이용한 미술 기법으로 표현하고 있어.	윤호: 흑과 백의 선명한 구조를 이용하여 사람들의 마음을 장면으로 표현하고 있어.
( )	( )	( )

8 이 광고를 보고, 다음 목적에 맞는 질문을 하나씩 만들어 보세요.

광고의 내용을 묻는 질문	
광고의 의도를 묻는 질문	

9 이 광고를 만든 이가 바라는 것은 무엇일까요?

① 나라의 영토를 넓히기 위해 우리 모두 힘을 모으자.
② 대한민국 국민이 모두 건강해질 수 있도록 열심히 운동하자.
③ 다양성을 인정하고 다 함께 힘을 모아 대한민국을 발전시키자.
④ 대한민국 국민 누구나 작품을 완성할 수 있도록 미술 교육에 힘쓰자.
⑤ 지금부터라도 서로에게서 공통점을 찾아 이를 공유할 수 있도록 노력하자.

띄어 쓰고 붙여 쓰고

🍎 앞의 광고를 보고 다음과 같은 안내문을 만들어 붙였습니다. 괄호 안의 낱말 중 바르게 쓴 것에 ○표 하세요.

왜 그럴까?

백분위를 나타내는 단위인 '퍼센트'나 '원', '그릇'처럼 단위를 나타내는 말은 앞말과 띄어 씁니다. 다만 순서를 나타내는 경우나 숫자와 함께 쓰이는 경우에는 붙여 쓸 수 있어요. 오학년, 삼층, 3동 705호 등이 그 예입니다.

읽기 목표

7 질문 만들며 글 읽기 ❻

질문 만들며 글 읽기의
필요성과 효과 알기

질문 만드는 방법을
알고 적용하며 글 읽기

글을 읽으며 떠올린
질문의 적절성 판단하기

공부한 날 | 월 | 일

 정리 앞에서 배운 '질문 만들며 글 읽기'와 관련된 내용을 아래와 같이 정리하였습니다. 빈칸에 들어가기에 알맞은 말을 보기 에서 찾아 쓰세요.

그 사람이 어떤 ☐을 하였는가에 대한 질문

어떤 일이 ☐☐, ☐ 일어났는가에 대한 질문

그 일을 한 ☐☐이 누구인가에 대한 질문

이후 그 일이 어떻게 ☐☐되었는가에 대한 질문

글의 내용과 관련된 질문 만들기

질문 만들기

글의 내용 중 ☐☐할 만한 내용에 대한 질문

작가에 대한 질문 만들기

글을 잘 읽고 있는지에 대한 질문 만들기

글쓴이가 주제에 대해 가지는 ☐☐에 대한 질문

글쓴이의 ☐☐에 대한 질문

글의 내용 중 잘 모르는 ☐☐에 대한 질문

보기 | 관점 낱말 사람 언제 의도 의심 일 왜 진행

자르는 선 대로 자르세요

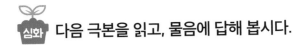 다음 극본을 읽고, 물음에 답해 봅시다.

- 때: 오전
- 곳: 학교
- 등장인물: 다연, 은아, 하닙, 선생님, 학생들

화장실에서 무엇인가를 손에 들고 살펴보고 있는 하닙이에게 은아가 다가온다.

은아: (하닙이에게) 야, 예쁘다. 이거 네 거야?

하닙: 으응, 있잖아. 그냥 주웠어.

은아: 주운 거라면 선생님께 드려야지.

하닙: 뭘, 우리 반 애 것도 아닌데…….

은아: 네가 그걸 어떻게 아니?

하닙: 우리 반 교실에서 주운 게 아니니까 그렇지. 아침에 교문 근처에서 주웠거든. 정말 예쁘지?

은아: 정말 예쁘다. 그런데 이걸 잃어버린 사람은 얼마나 속상할까?

교탁 옆에서 다연이가 선생님께 말씀드리고 있다.

다연: 선생님, 꼭 좀 찾아 주세요.

선생님: 속상하겠군요. 우리 같이 한번 찾아보기로 해요.

다연: 네, 감사합니다. (복도로 나간다.)

선생님: 여러분, 모두 자리에 앉으세요.

하닙이와 은아는 교실로 들어와서 실뜨기를 하고 있다가 선생님을 쳐다본다.

선생님: 자, 잘 들어 봐요. 다연이가 오늘 아침에 학교 오다가 반지를 잃어버렸다고 하는데, 혹시 반지를 본 사람이 있나요? 주운 사람은 선생님한테 가져오세요. 알겠지요?

학생들: 네.

다연: (우유 상자를 교실로 들여놓고 자리로 오다가 하닙이가 끼고 있는 반지를 본다.) ㉠하닙아, 이거 어디서 났니? 못 보던 건데…….

하닙: (뜨끔하여) 으응, 이거? 예쁘지?

다연: 내가 아침에 잃어버린 거랑 똑같네. 이거 어디서 났어?

하닙: (긴장을 하며) 어디서 나기는. 내 생일 때 선물받은 거야.

다연: (의심을 하며) 응, 그랬구나.

하닙: (눈치를 챈 뒤 혼잣말로) 다연이 거였구나. 이걸 어떻게 하지?

이튿날 아침이 되었다.

하닙: (교실 문을 열고 들어오며) 가장 빨리 오니까 기분 좋다. (반지를 꺼내어 바라보며) 내가 가지고 싶지만 내 것이 아니니까……. (다연이 책상 속에 넣어 둔다.)

- 오판진, 「반지의 주인」 중에서

1. 이와 같은 글에 대한 설명으로 알맞은 것은 무엇인가요?

① 무대에서 공연하기 위해 쓴 연극의 대본
② 책의 내용과 특징을 소개하거나 책의 가치를 평가한 글
③ 어떤 지식이나 정보를 읽는 이에게 전달하기 위해 쓴 글
④ 어떤 인물의 생애와 업적 등을 사실에 바탕하여 기록한 글
⑤ 특정한 장소를 견학한 뒤에 알게 된 정보를 중심으로 보고 듣고 느낀 것을 기록한 글

2. 이 사건을 생각하며 빈칸에 알맞은 말을 쓰세요.

| | | (이)가 잃어버린 | | 을/를 | | (이)가 주운 일

3. 하닙이가 주운 반지를 그냥 가진 이유는 무엇인가요?

① 선생님께 반지를 가져도 좋다고 허락을 받았기 때문에
② 학교에 일찍 등교해서 받은 선물이라고 생각했기 때문에
③ 반지의 주인인 다연이를 골탕 먹일 기회라고 생각했기 때문에
④ 곁에 있던 은아가 주운 반지는 그냥 가져도 된다고 하였기 때문에
⑤ 교문 근처에서 주워서 잃어버린 사람을 알 수 없다고 생각했기 때문에

4. 다연이가 하닙이에게 ㉠과 같이 물은 까닭은 무엇인가요?

① 하닙이가 생일 선물로 받은 반지를 생일 선물로 받고 싶어서
② 하닙이가 주운 반지를 가지고 있다는 이야기를 은아에게서 들어서
③ 자신이 잃어버렸던 반지보다 하닙이가 가지고 있는 반지가 더 예뻐서
④ 자신이 잃어버렸던 반지와 똑같은 반지를 어디서 살 수 있는지 알고 싶어서
⑤ 자신이 가지고 있던 반지와 똑같은 반지를 가지고 있는 하닙이가 의심스러워서

5. 이 이야기로 보아 하닙이는 어떤 성격이라고 할 수 있나요?

① 다른 사람 앞에서 자랑하기를 좋아하는 성격
② 자신이 가지고 싶은 것은 수단과 방법을 가리지 않고 가지려는 성격
③ 호기심에 나쁜 행동을 하지만 곧 자신의 행동을 반성할 줄 아는 성격
④ 다른 사람을 쉽게 의심하고 미워하면서 자신만 돋보이려고 하는 성격
⑤ 자신의 생각을 다른 사람에게 잘 표현하지 못하고 혼자서 고민하는 성격

6 이 이야기를 읽고 현수와 민희가 다음과 같은 질문을 떠올렸습니다. 누구의 질문이 더 타당한지 그 까닭을 생각하며 빈칸에 알맞은 말을 써 넣으세요.

> 현수: 하님이가 다연이에게 자신의 생일 때 선물 받은 반지라고 거짓말을 한 이유는 무엇일까?

> 민희: 다연이의 반지가 정말 하님이의 손가락에 꼭 맞을까?

☐☐ 의 질문이 더 타당하다고 생각합니다. 왜냐하면, 글을 읽으면서 떠올려야 하는 질문은 글과 관련이 되어 있어서 ☐ 을 읽는 데 도움이 되는 것이어야 하기 때문입니다.

☐☐ 의 질문은 이 글을 읽고 이해하는 데 도움이 되는 질문이 아닙니다.

7 이 이야기에 이어질 내용을 상상하여 써 보세요.

 재미있는 **낱말 놀이터** ## 마음을 표현하는 말

🍎 그림을 보고 말풍선 안에 적힌 낱말을 넣어 연극 대본의 지문이나 대사를 완성해 보세요.

> 짱구와 봉구가 서로 밀치며 장난을 치다가, 짱구가 은아의 물통을 건드려 그림 위로 물이 쏟아졌다.
> 은아: (망친 그림을 보며 울면서) 겨우 완성한 그림을 너희 때문에 다 망쳤잖아! _____
> 봉구: (_____)
> 미, 미안……. 어, 어떡하지…….
> 짱구: (_____)
> 은아야, 우리가 일부러 그런 건 절대로 아니야! 너도 알지?

왜 그럴까?

'즐겁다', '행복하다', '기쁘다', '슬프다', '화가 난다' 등과 같이 우리말에는 마음을 표현하는 말이 많이 있습니다. '애가 타다', '서운하다', '갑갑하다', '지루하다', '쩔쩔매다', '아리송하다', '꺼림칙하다', '짠하다', '먹먹하다', '우쭐하다', '황홀하다' 등과 같은 여러 가지 표현을 알면 기분을 더 잘 표현할 수 있습니다.

8 글쓴이의 관점 파악하기 ❶

글에 나타난 글쓴이의 관점 파악하기

같은 제재에 대한 서로 다른 관점 파악하기

글쓴이의 관점에 대한 나의 관점 정리하기

공부한 날   월   일

글에는 글쓴이가 글을 쓴 의도와 대상에 대한 생각이나 방향을 담은 관점이 담겨 있습니다. 그래서 같은 사물이나 현상에 대한 글을 쓰더라도 글쓴이와 관점에 따라 글의 내용도 달라집니다. 글쓴이의 관점이나 의도를 파악하며 읽으면 글의 내용을 더 깊이 있게 이해할 수 있습니다. 또, 내 생각을 글쓴이의 생각과 비교하면서 보다 비판적으로 글을 읽을 수 있습니다.

자, 이제 글쓴이의 의도와 관점을 파악하는 방법을 알고 그 방법을 적용하여 글을 읽어 볼까요?

다음 글을 읽고, 물음에 답해 봅시다.

○○ 신문
20○○년 7월 8일

"종이책은 죽었다."

어느 학자의 말이다. 그는 종이의 시대가 곧 끝날 것이며, 종이 신문도 5년 안에 사라질 것이라고 전망하였다. 세계적인 미래학자로 알려진 그의 발언은 종이책의 미래에 대하여 생각하게 한다.

실제로 전자책에 대한 관심은 갈수록 점점 높아지고 있다. 많은 사람은 매체의 발달과 함께 전자책의 시대가 열릴 것이라고 예상하고 있다. 전자책은 종이책과는 달리 문자나 그림은 물론 소리까지 담고 있다. 또, 종이책보다 값싸게 구입할 수 있고 부피도 작아서 손쉽게 들고 다니기도 한다.

백과사전을 만드는 한 회사에서는 종이책 백과사전 출판을 중단하고 전자책 백과사전을 판매하기 시작하였다. 종이책 백과사전보다 전자책 백과사전을 찾는 사람들이 점점 늘어나고 있기 때문이었다. 종이책과 비교하여 볼 때, 전자책은 만드는 비용이 훨씬 저렴하여 판매 수익도 높았다. 어떤 신문에서는 앞으로 10년 이내에 전체 도서 중에서 종이책의 비율이 $\frac{1}{4}$ 수준에 머무를 것이라고 전망하기도 하였다.

---

1 이 글에서 글쓴이가 이야기하고 있는 것은 무엇인가요?

① 컴퓨터의 발달
② 종이책의 미래
③ 전자 신문의 좋은 점
④ 세계의 유명한 학자의 공부법
⑤ 백과사전을 활용할 때 지켜야 할 수칙

2 전자책의 특징으로 알맞지 <u>않은</u> 것은 무엇인가요?

① 소리를 담을 수 있다.
② 종이책처럼 문자나 그림을 담을 수 있다.
③ 부피가 커서 들고 다니기가 어렵다.
④ 종이책에 비해 값싸게 구입할 수 있다.
⑤ 종이책에 비해 만드는 비용이 저렴하다.

3 종이책에 대해 글쓴이와 같은 생각을 가진 친구는 누구인가요?

① **영호**: 종이책은 우리 삶에 꼭 필요해.
② **시원**: 전자책은 우리 건강에 몹시 해로워.
③ **지아**: 종이책은 앞으로 점점 사라지게 될 거야.
④ **호진**: 종이책은 앞으로 더욱 발전될 것으로 보여.
⑤ **보라**: 종이책은 전자책에 비해 편리하고 몹시 유익해.

4 다음 빈칸에 공통으로 들어갈 알맞은 말을 쓰세요.

> 어떤 대상에 대해 글쓴이가 생각하는 방향이나 태도를 [   ](이)라고 합니다. [   ]에 따라 글의 내용이 달라집니다.

(   )

다음 글을 읽고, 물음에 답해 봅시다.

㉠나는 조금 다를 뿐입니다

나는 여러분과 조금 다릅니다. 태어나면서부터 다리를 저는 장애인이지요. 그래서 여러분처럼 행동이 자유롭지는 못합니다. 하지만, 그것 말고는 여러분과 똑같은 사람입니다. 나에게는 여러분과 같은 꿈이 있고, 하고 싶은 것도 많습니다. 친구들과 이야기하는 것을 좋아하고, 가수를 보고 열광하기도 합니다. 사실 잘 뛰지는 못하지만 축구도 좋아합니다.

그런데 여러분은 나를 외계인처럼 특별한 사람으로 취급합니다. 이상한 눈으로 흘깃거리기도 합니다. 그런 태도는 저를 불편하게 합니다. 여러분도 제 입장이 되었다고 생각하여 보세요. 누군가 여러분을 이상한 눈으로 바라본다면 기분이 어떨까요? 그것은 결코 기분 좋은 경험이 아닐 것입니다. 친구들이 자신을 제쳐 둔 채 자기들끼리만 어울린다면 얼마나 외롭고 슬플지 상상하여 보세요.

여러분, 장애는 누구에게나 올 수 있습니다. 나처럼 태어나면서부터 장애를 가진 사람이 있는가 하면, 해마다 많은 사람이 사고로 장애인이 되기도 합니다. 2016년만 해도 22만여 건의 사고로 33만여 명이 부상을 당하였습니다. 그중에서 많은 사람이 장애를 안고 살아가야 합니다. 결국 우리 모두는 장애의 위험 속에 있는 것입니다. 그러므로 이제는 장애인에 대한 ㉡고정 관념을 버리고 모두가 친구라는 생각을 가져야 합니다. 그럴 때 진정으로 행복한 사회가 될 수 있을 것입니다.

5 글쓴이가 이 글을 쓴 까닭은 무엇인가요?

① 다리가 불편한 장애인이 많다는 사실을 전하려고
② 장애인들의 일자리가 부족하다는 것을 호소하려고
③ 장애인에 대한 고정 관념을 버릴 것을 호소하려고
④ 장애인에게 경제적인 도움이 필요하다고 요구하려고
⑤ 많은 사람들이 사고로 인한 장애의 위험 속에 있다고 경고하려고

6 ㉠의 뜻으로 가장 알맞은 것은 무엇인가요?

① 장애를 가졌다는 것은 매우 힘든 일이다.
② 장애인은 꿈이 없고 하고 싶은 일도 없다.
③ 장애인은 장애가 없는 사람과 어울리기 어렵다.
④ 장애인도 장애가 없는 사람과 별반 다르지 않다.
⑤ 장애가 없는 사람은 장애인을 절대로 이해할 수 없다.

7 ㉡의 뜻으로 알맞은 것은 무엇인가요?

① 다른 것에 의지하여 생활하는 특성   ② 주도적 입장에 서는 성질이나 특성
③ 새로운 일이나 사건에 맞서는 생각이나 태도   ④ 물건 또는 시간을 알뜰하게 절약하려는 생각
⑤ 잘 변하지 않는, 행동을 주로 결정하는 강한 생각이나 의식

8 다음 대화를 읽고, 장애인에 대한 글쓴이의 관점을 바르게 파악한 사람의 이름을 써 보세요. (   )

> 수연: 장애인은 연예인을 좋아하거나 운동을 좋아하기 힘들어.
> 호영: 장애인은 우리와 완전히 다르므로 특별한 대우를 해 주어야 해.
> 종희: 장애인은 우리와 다른 교육을 받아야 하고, 따로 보호를 받으며 살아야 해.
> 영서: 단지 장애를 가졌다는 이유로 특별한 사람 취급을 하거나, 이상하게 바라보지 않아야 해.

고유어 · 외래어 · 외국어

🍎 다음 보기 의 낱말을 '고유어, 외래어, 외국어'로 분류하여 아래의 바구니에 써 넣으세요.

보기

| 버스 | 하늘 | 선데이 | 바다 | 다운로드 | 컴퓨터 | 밀크 | 소쿠리 | 디지털 |

고유어는 순수한 우리말이야.

외래어란 다른 나라 말을 빌려 와서 우리말처럼 쓰는 말이야.

외국어는 외국의 말을 가져다 쓴 말로 아직 국어로 정착되지 않은 다른 나라의 말이야.

왜 그럴까?

고유어는 우리말에 본디부터 있던 말이나 그것에 기초하여 새롭게 만든 말로 '어머니', '시나브로' 등이 있습니다. 외래어는 다른 나라의 말을 빌려 와서 쓰다가 우리말처럼 된 말로 '컴퓨터', '텔레비전', '라디오' 등이 있습니다. 외국어는 다른 나라의 말로 '굿 모닝', '핸섬', '러브' 등이 있습니다. 외국어는 다른 나라의 말로 우리말로 바꾸어 쓸 수 있지만, 외래어는 처음에는 다른 나라 말이었지만 지금은 우리말이 된 말로 그 말을 대신할 고유어나 한자어가 없습니다.

읽기 목표

8 글쓴이의 관점 파악하기 ❷

글에 나타난 글쓴이의
관점 파악하기

같은 제재에 대한 서로
다른 관점 파악하기

글쓴이의 관점에 대한
나의 관점 정리하기

공부한날	월	일

 다음 대화를 읽고, 물음에 답해 봅시다.

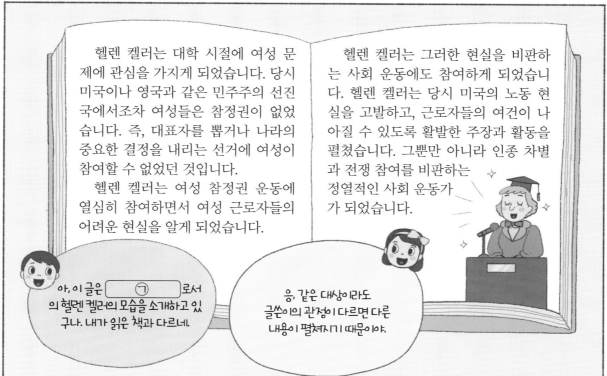

1. 두 사람은 누구에 대하여 대화를 나누고 있나요?

① 노벨　　　　② 설리번　　　　③ 슈바이처　　　　④ 헬렌 켈러　　　　⑤ 루즈벨트

2. ㉠에 들어갈 알맞은 말은 무엇인가요?

① 과학자　　　② 발명가　　　③ 운동선수　　　④ 사회 운동가　　　⑤ 장애를 극복한 사람

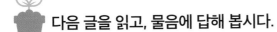
가　인공위성은 특정한 목적을 달성하기 위하여 지구에서 쏘아 올려 지구 둘레를 일정한 주기로 도는 인공의 장치이다. 발사된 인공위성은 지구 둘레를 끝없이 돌며 일하는 것이 아니다. 수명을 다한 인공위성은 지구로 다시 떨어지거나 우주 쓰레기가 되어 우주 공간을 떠돈다.

오늘날, 지구의 궤도를 돌고 있는 인공 물체는 15,000개가 넘지만 이 가운데 작동하고 있는 인공위성은 약 5퍼센트에 불과하다. 나머지는 수명을 다한 인공위성이거나 로켓의 잔해물 및 우주 물체의 충돌에서 발생한 파편들이다. 인공위성을 발사하는 데 사용된 뒤에 버려진 로켓 부품이나 오래된 위성의 잔해, 심지어 우주인들이 쓰다 놓쳐 버린 연장 등 수많은 우주 쓰레기가 지구의 궤도를 빠른 속도로 돌고 있다.

때때로 수명을 다한 인공위성들이 작동 중인 인공위성들과 충돌하여 고장을 일으키기도 한다. 또, 이것들은 우주 탐사선이나 우주 여객선의 비행을 방해하기도 하여 인류가 우주를 개발하는 데 큰 　　⊙　　이 될 것으로 예상된다. 그래서 최근에는 이러한 우주 쓰레기를 인공위성 궤도의 바깥쪽으로 밀어내는 '청소 위성' 개발 계획이 발표되기도 하였다. 이 계획에 참여한 과학자들은 '청소 위성'이 깨끗한 우주 환경을 유지하는 데 도움이 될 것이라고 설명하였다.

- 서울신문 2010년 3월 30일자 기사 중에서

나　지난 2009년 2월, 러시아의 시베리아 상공에서 인공위성 두 대가 충돌하는 사고가 일어났다. 러시아의 통신 위성이 미국 통신 위성의 옆쪽을 들이받은 역사상 최초의 '우주 교통사고'였다. 러시아의 통신 위성은 지구의 궤도에 버려진 '수명을 다한 인공위성'이나 다름없었다. 이 사고가 난 뒤, 과학자들은 이러한 인공 물체를 수거하거나 유도탄으로 파괴하는 방법에 관심을 가지게 되었다.

하지만, 일부 과학자들은 우주에 떠도는 인공 물체 중에는 역사적 가치가 높은 것이 많다고 주장하고 있다. 그래서 지구 궤도를 돌고 있는 인공 물체 중에서 역사적으로 가치가 있는 것을 골라 그대로 보존하여야 한다고 주장하고 있다. ⓒ미국의 한 지역에서는 최초로 달을 탐사한 닐 암스트롱의 달 탐사 뒤에 남겨진 쓰레기 더미를 역사 유산으로 지정하기도 하였다. 달 탐사가 활발해질 때에 이 유산을 관광 자원으로 이용하겠다는 취지이다.

대부분 인공위성은 지구 중력과 희박한 대기와의 마찰 때문에 서서히 지구로 추락한다. 인공위성의 수명은 3개월에서 15년 이상까지 다양하다. 수명을 다한 인공위성은 대개 수십 년에서 수백 년 동안 지구 주위를 돌다 서서히 지구 대기권으로 재진입하여 불에 타서 사라지게 된다. 지구로부터 멀리 떨어진 일부 인공위성들은 영원히 우주 궤도에 머무를 수도 있다. 만약, 우주여행이 대중화된다면 역사적 가치가 있는 인공위성은 새로운 관광 자원이 되는 셈이다.

- 한국항공우주연구원, 『푸른 하늘-우주 쓰레기 다시 보기』 중에서

3　**가**와 **나**에서 공통으로 설명하는 대상은 무엇입니까?

① 우주의 블랙홀　　　　② 태양과 우주여행　　　　③ 수명을 다한 인공위성

④ 새롭게 개발된 인공위성　　　　⑤ 우주인과 우주선의 모습

4 ㉠에 들어가기에 알맞은 말은 무엇인가요?

① 디딤돌　　　　② 걸림돌　　　　③ 주춧돌　　　　④ 머릿돌　　　　⑤ 이음돌

5 '청소 위성'이 하는 일은 무엇인가요?

① 우주 쓰레기를 흡입하여 버리는 일
② 우주 쓰레기를 지구로 가져오는 일
③ 인공위성 내부를 청소하여 깨끗이 하는 일
④ 지구의 쓰레기를 흔적 없이 깨끗이 청소해 주는 일
⑤ 우주 쓰레기를 인공위성 궤도의 바깥쪽으로 밀어내는 일

6 글쓴이가 **나**를 쓴 의도에 해당하는 것은 무엇인가요?

① 인공위성은 우리의 삶에 많은 도움을 준다.
② 인공위성을 만드는 과정은 매우 복잡하다.
③ 인공위성으로 인한 우주 교통사고 문제가 심각하다.
④ 수명을 다한 인공위성은 도움이 되지 않으므로 없애야 한다.
⑤ 수명을 다한 인공위성도 역사적 가치가 있으므로 보존하여야 한다.

7 ㉡과 같이 한 까닭은 무엇인가요?

① 인공위성을 지구로 가져오기 위해서
② 우주여행을 할 때 연료로 사용될 수 있기 때문에
③ 우주 오염의 원인을 파악하는 자료가 되기 때문에
④ 쓰레기 더미 속에 많은 천연자원이 들어 있기 때문에
⑤ 달 탐사가 활발해질 때에 이 유산을 관광 자원으로 이용하기 위해서

8 **가**와 **나**의 관점을 보기 에서 찾아 기호를 쓰세요.

> 보기
>
> ㉮ 수명을 다한 인공위성은 우주 쓰레기이다.
> ㉯ 수명을 다한 인공위성은 역사적 가치를 지닌다.

가: (　　　　　　　　　) **나**: (　　　　　　　　　)

9 다음 빈칸에 알맞은 낱말을 보기 에서 골라 문장을 완성해 보세요.

보기	관점	정서	대조	근거

　　가와 **나**에서 설명하는 대상이 같지만 글의 내용이 다른 까닭은 글쓴이가 대상을 바라보는 □□ 이(가) 다르기 때문입니다.

10 다음 중 글쓴이의 관점에 대하여 바르게 설명한 친구의 답에 ○표 하세요.

| 희진: 같은 대상에 대하여 쓴 글의 관점은 모두 같아. ☐ | 예원: 글에는 글쓴이의 관점이나 글을 쓴 의도가 나타나 있어. ☐ | 수영: 글쓴이의 관점을 파악하는 것은 글을 이해하는 데 도움이 되지 않아. ☐ |

재미있는 **낱말 놀이터**

계절과 관련된 속담

🍎 인공위성이 지구 주위를 돌듯 지구는 태양 주위를 돌며 계절의 변화를 만듭니다. 다음 속담이 나타내는 계절에 맞는 지구의 위치를 찾아 번호를 쓰세요.

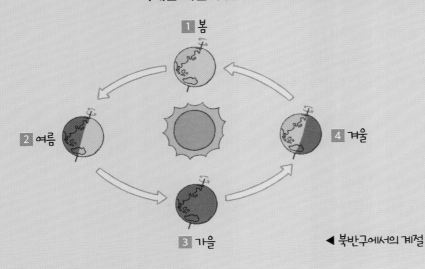

1 봄
2 여름
3 가을
4 겨울
◀ 북반구에서의 계절

☐☐ 안개에는 풍년 든다.	안개는 보통 맑은 날 낀다. 이 계절에 맑은 날이 많으면 햇빛이 많이 내리쬐어 벼가 잘 익게 되므로 풍년이 든다는 뜻이다.	☐
산이 울면 눈이 내린다.	강한 바람이 산맥을 타고 넘을 때 '우우웅' 소리를 내면 그 바람은 서쪽에서 불어오는 찬 바람이니 곧 눈이 내릴 것이라는 뜻이다.	☐
☐비는 쌀 비다.	건조한 계절인 이때에 비가 넉넉히 오면 그해엔 벼농사 짓기가 쉬워 풍년이 든다는 뜻이다.	☐
오뉴월 장마는 개똥장마다.	논과 밭에 거름이 되는 개똥처럼 좋은 장마라는 말로, 가뭄에 시달리던 농촌에 큰 도움이 된다는 뜻이다.	☐

왜 그럴까?

속담은 조상들의 삶의 모습을 반영하고 있기 때문에 속담을 살펴보면 조상들의 삶을 짐작하여 볼 수 있습니다. 특히 계절과 관련된 속담에는 농업에 기반을 둔 삶을 살았던 조상들의 모습이 담겨 있습니다. 여러 속담을 찾아보고 그 속에 담긴 조상들의 삶의 모습을 살펴봅시다.

공부한 날	월	일

 다음 글을 읽고, 물음에 답해 봅시다.

○○ 신문

20○○년 4월 3일

⊙

정부 기관의 조사에서 나타난 대표적인 스마트폰 중독 증상은 '스마트폰이 없으면 불안하다.', '스마트폰 사용에 많은 시간을 보내는 것이 습관화되었다.', '스마트폰을 그만해야겠다고 생각하면서도 계속한다.', '수시로 스마트폰을 사용하다 지적을 받았다.' 등이다.

지나친 스마트폰 사용은 학업이나 일상생활에 지장을 줄 뿐만 아니라 가정 내 갈등 및 대화 단절, 대인 관계 문제까지 유발할 수 있다. 10대 청소년이 스마트폰에 빠지게 되면 통합적 사고력 및 자기 조절력이 충분히 발달하지 못할 위험이 있다.

한 센터 관계자는 "스마트폰은 언제 어디에서든 바로 사용할 수 있고 통제가 어렵다는 특성이 있다. 청소년의 스마트폰 중독 위험군 비율이 가파르게 증가하는 것은 심각한 문제이다."라고 지적하였다. 또, "이에 정부와 각급 학교는 앞장서서 10대 청소년의 스마트폰 사용을 제한하는 등의 방안을 강구하고, 학생 지도 등 교육적 노력을 적극 펼쳐야 할 것이다."라고 강조하였다.

---

1 ⊙에 들어갈 이 글의 제목으로 알맞은 것은 무엇인가요?

① 스마트폰을 이용하는 방법   ② 스마트폰과 컴퓨터의 공통점

③ 삶의 편리함을 주는 스마트폰   ④ 스마트폰으로 쉽게 할 수 있는 일

⑤ 10대 청소년 가운데 상당수 스마트폰 중독

2 이 글에 담긴 글쓴이의 관점이나 의도로 알맞은 것은 무엇인가요?

① 스마트폰은 많은 재미를 준다.   ② 스마트폰은 현대인에게 꼭 필요하다.

③ 스마트폰으로 쉽고 편리하게 생활할 수 있다.   ④ 스마트폰을 자주 사용하는 자세가 필요하다.

⑤ 스마트폰 중독이 심각하여 대책 마련이 시급하다.

3 다음 빈칸에 알맞은 말을 넣어 문장을 완성해 보세요.

> 글쓴이의 관점을 파악하려면 글을 통해 알 수 있는 ☐☐ , 글쓴이의 생각이 나타나는 ☐☐ 등을 살펴보아야 한다.

가 | ⓐ |

　이번 현지 조사를 시작하면서 ㉠우리는 먼저 그들의 생활 모습을 직접 관찰하였다. 가장 먼저 눈에 띈 것은 ○○ 나라 사람들은 대부분 신발을 신지 않은 채로 매우 자연스럽게 생활하고 있다는 것이었다. 그들은 오래전부터 땅을 직접 발로 밟고 살아왔기 때문에 신발 없이 메마른 땅바닥을 걸어다닐 수 있을 정도로 단련된 발을 가지고 있었다. 그들은 발에 생기는 작은 상처들을 대수롭지 않게 여겼고, 상처가 나고 살이 굳기를 반복하면서 그들의 발은 점점 단련이 되어 가고 있었다. 심지어 어린이들도 맨발로 공을 차며 뛰어놀았다.

　우리가 ○○ 나라 사람들에게 우리 회사의 신발을 보여 주었을 때 그들은 낯선 물건에 대한 거부 반응을 보였다. 그들은 그것이 왜 필요하냐는 듯한 표정으로 우리를 쳐다보았다. 그들에게 신발은 편안함을 주는 필수품이 아니라 오히려 거추장스러운 물건에 지나지 않는다고 말하며 자리를 뜨는 사람도 있었다. 수백 년에 걸쳐 문화로 굳어진 ㉡그들의 생활 양식을 바꾸는 것은 우리에게 역부족이라고 판단된다. ㉢그들은 변하지 않을 것이다.

　㉣'○○ 나라에 신발 수출하기'라는 우리 회사의 올해 목표는 수정되어야 한다. 우리 회사가 ㉤○○ 나라에 신발을 수출한다고 해도 판매 가능성은 거의 없기 때문이다.

나 | ⓑ |

　우리는 이번 현지 조사를 통하여 ○○ 나라 사람들의 생활 모습을 관찰하면서 ○○ 나라 사람들은 대부분 신발을 신지 않고 생활한다는 것에 집중하였다. 우리가 먼저 알아보고자 한 것은 그들이 신발을 신지 않고 생활하는 까닭이었다. 우리가 조사한 바에 따르면 그들이 맨발로 살아온 까닭은 맨발로 다니는 것이 좋아서가 아니었다. 그들은 신발을 신는 것이 더 안전하고, 더 잘 달릴 수 있고, 더 편하다는 사실을 몰랐다. 맨발로 사는 것이 수백 년을 이어 온 생활 양식으로 굳어졌을 뿐이며, 새로운 문화로서의 신발이 소개되지 않았기 때문이었다.

　우리가 ○○ 나라 사람들에게 신발을 보여 주었을 때 그들의 일부는 의심스러운 눈빛을 보이기도 하였지만 대부분의 사람이 [　　㉥　　] 눈빛으로 바라보았다. 그들에게 단계적으로 접근하여 먼저 신발의 편리함과 안전성을 홍보하고 직접 신어 보는 체험의 기회를 준다면, 당장은 아닐지라도 맨발로 다니는 원주민들의 마음을 차츰 변화시킬 수 있을 것이다.

　따라서, 대부분이 맨발로 생활하는 ○○ 나라 원주민 모두가 우리 회사의 큰 고객이다. 우리는 하루빨리 ○○ 나라에 신발을 수출하여야 한다. ○○ 나라는 우리의 새로운 신발 시장이 될 수 있기 때문이다.

 가와 **나**에서 글쓴이가 현지 조사를 한 까닭은 무엇인가요?

① ○○ 나라 사람들의 취미를 알아보려고　　　② ○○ 나라 어린이들의 학교생활이 궁금해서
③ ○○ 나라에서 생산되는 자원을 수입하기 위해　　④ ○○ 나라에 신발 수출 가능성을 알아보기 위해
⑤ ○○ 나라 사람들이 좋아하는 음식을 알아보기 위해

5 가에서 ○○ 나라 사람들이 신발에 대해 보인 반응으로 알맞은 것은 무엇인가요?

① 새로운 물건을 본 들뜬 반응
② 낯선 물건에 대한 거부 반응
③ 비싼 물건을 보는 신기한 반응
④ 익숙한 물건에 대한 시큰둥한 반응
⑤ 값비싼 물건에 대한 부정적인 반응

6 가의 ㉠~㉤ 중 글쓴이의 관점이 드러난 표현이 <u>아닌</u> 것은 무엇인가요?　　　　　　　　　(　　　)

> ㉠ 우리는 먼저 그들의 생활 모습을 직접 관찰하였다.
> ㉡ 그들의 생활 양식을 바꾸는 것은 우리에게 역부족이라고 판단된다.
> ㉢ 그들은 변하지 않을 것이다.
> ㉣ '○○ 나라에 신발 수출하기'라는 우리 회사의 올해 목표는 수정되어야 한다.
> ㉤ ○○ 나라에 신발을 수출한다고 해도 판매 가능성은 거의 없기 때문이다.

7 나에서 글쓴이가 알려 주는 내용이 <u>아닌</u> 것은 무엇인가요?

① ○○ 나라 사람들은 신발이 너무 비싸다고 생각하고 있었다.
② ○○ 나라 사람들은 대부분 신발을 신지 않고 생활하고 있었다.
③ ○○ 나라 사람들은 신발을 신으면 더 편하다는 사실을 몰랐다.
④ ○○ 나라 사람들은 신발을 신으면 더 안전하다는 사실을 몰랐다.
⑤ ○○ 나라 사람들은 신발을 신으면 더 잘 달릴 수 있다는 사실을 몰랐다.

8 ㉤에 들어갈 알맞은 말은 무엇인가요?

① 날카로운　　　　② 비웃는 듯한　　　　③ 무관심한
④ 불만이 가득한　　　⑤ 호기심이 가득한

9 가와 나에 담긴 글쓴이의 관점을 찾아 선으로 바르게 이어 보세요.

(1) 가 •　　　　　　　　　• ○○ 나라는 신발 수출 가능성이 매우 낮다.

(2) 나 •　　　　　　　　　• ○○ 나라는 우리 회사의 새로운 신발 시장이 될 것이다.

10 ⓐ와 ⓑ에 들어갈 **가**와 **나**의 제목을 알맞게 제시한 친구의 이름을 쓰세요. ( )

> 민주: **가**에는 '신발 수출 가능성 열려'라는 제목이 어울려.
> 영호: **나**에는 '우리 회사의 새로운 신발 시장'이라는 제목이 적절할 것 같아.
> 시원: **가**, **나**에는 공통으로 '시장에서 신발을 판매할 때의 문제점'이라는 제목이 적절해.

 재미있는 낱말 놀이터

'간'이 들어간 관용 표현

🌱 '간'과 관련된 관용 표현과 그 뜻을 짐작하여 선으로 바르게 이어 보세요.

간에 붙었다 쓸개에 붙었다 한다.	•	•	몹시 두려워지거나 무서워지다.
간에 기별도 안 간다.	•	•	겁이 없고 대담하다.
간이 크다.	•	•	먹은 것이 너무 적어 먹으나 마나 하다.
간이 콩알만 해지다.	•	•	이익을 좇아 이편에 붙었다 저편에 붙었다 한다.

왜 그럴까?

우리말에는 신체와 관련된 관용 표현이 많습니다. '간에 붙었다 쓸개에 붙었다 한다.'는 속담은 이로운 일이라면 아무에게나 아첨하는 걸 가리킬 때에, '간에 기별도 안 간다.'라는 관용구는 음식을 조금밖에 먹지 못하여 양에 차지 않을 때에 씁니다. '간이 크다.'라는 관용구는 겁이 없고 대담하다는 뜻이고, '간이 콩알만 해지다.'라는 관용구는 몹시 두려울 때 사용합니다.

8 글쓴이의 관점 파악하기 ❹

글에 나타난 글쓴이의 관점 파악하기 | 같은 제재에 대한 서로 다른 관점 파악하기 | 글쓴이의 관점에 대한 나의 관점 정리하기

공부한날 | 월 | 일

 다음 글을 읽고, 물음에 답해 봅시다.

○○ 신문

20○○년 5월 25일

부자가 행복하다?

최근 경제협력개발기구(OECD)가 세계 여러 나라의 '행복 지수'를 조사하여 순위를 발표하였다. 행복 지수는 소득과 같은 경제적 가치뿐만 아니라 일과 생활의 균형, 교육, 건강 상태 등 11개 항목을 조사한 뒤, 그것이 삶에 주는 영향을 짐작하여 수치로 나타낸 지표를 말한다.

이번 조사 결과를 통하여 세계 여러 나라에 살고 있는 사람들이 스스로 '행복하다'고 느끼는 정도가 다르다는 것을 확인할 수 있었다. 재미있는 것은 그 나라가 경제적으로 부유하다고 하여 '행복하다'고 느끼는 사람이 많지는 않다는 점이었다.

그 까닭은 간단하다. 그것은 바로 행복이 주관적인 것이기 때문이다. 흔히 겉으로 보아 돈이 많고 좋은 직업을 가진 사람은 행복할 것이라고 짐작한다. 하지만 이런 부나 사회적인 지위를 얻기 위하여 아주 치열한 경쟁을 벌이는 과정에서 극심한 스트레스를 받아 '나는 불행하다.'라고 생각하는 사람이 많다고 한다. 즉, 부나 사회적 지위가 무조건적인 행복을 보장해 주지는 않는다는 것이다.

부탄 국민을 예로 들면, 이 나라는 실제 1인당 국민 소득이 우리나라의 10분의 1도 안 되는 수준으로, 경제적으로는 부유하지 못한 나라이지만 오히려 국민의 97퍼센트가 '행복하다'고 응답하였다고 한다. 이러한 사실을 살펴보았을 때 진정한 행복은 부나 사회적 지위와 무관하다고 생각한다.

---

1 행복 지수를 조사할 때 사용되는 항목이 <u>아닌</u> 것은 무엇인가요?

① 교육 ② 건강 상태 ③ 경제적 가치
④ 시간적 여유 ⑤ 일과 생활의 균형

2 이 글을 쓴 글쓴이의 관점으로 알맞은 것은 무엇인가요?

① 사람마다 행복을 느낄 때는 항상 같다.
② 사회적 지위가 높을수록 행복 지수가 높다.
③ 진정한 행복은 부나 사회적 지위와 관계가 없다.
④ 경제적으로 부유한 사람들일수록 더욱 행복하다.
⑤ 가난한 나라 사람들은 모두 불행하다고 생각한다.

다음 글을 읽고, 물음에 답해 봅시다.

가   ⓐ

수확이 한창인 어느 가을날의 들녘입니다. 그림에 전체적으로 쏟아지는 밝은 빛이 수확의 즐거움과 기쁨을 표현하고 있습니다. 뒤쪽의 볏짚 더미 역시 가을의 풍요로움을 더하여 줍니다.

▲ 장 프랑수아 밀레, 「이삭 줍는 사람들」

수확이 끝난 밭에서는 세 명의 여인이 떨어진 이삭을 줍고 있습니다. 이삭을 줍는 세 여인의 모습이 무척이나 힘차 보입니다. 그것은 이삭을 줍는 일이 쉽지 않은 노동이지만 세 여인 역시 수확의 기쁨을 느끼고 있기 때문이겠지요. 세 여인의 표정은 잘 드러나지 않지만 이삭을 줍는 손길에서 생동감이 느껴집니다.

그림에 칠해진 따뜻한 느낌의 색깔이 전체적으로 ㉠온화한 분위기를 풍기고, 아름다운 전원의 모습이 잘 표현되어 더욱 깊은 감동을 줍니다. 이 그림은 이처럼 가을날의 풍요로운 시골 풍경을 생동감 있게 잘 표현한 그림입니다.

- 우도윤

나 세 여인의 고된 땀방울

㉡드넓은 들판에 세 명의 여인이 허리를 숙여 이삭을 줍고 있습니다. 거두어들인 곡식을 쌓느라 흥겨운 저 뒤의 사람들에 비하면 이 여인들은 동네에서 가장 가난한 사람들임에 틀림없습니다. 떨어진 이삭을 줍는 일은 가진 것이 없는 사람들의 몫이니까요.

이렇게 이삭을 줍는 것도 자기 마음대로 할 수 있는 일은 아니에요. 관청이나 이웃의 허락을 받은 사람만이 추수가 끝난 들판에 나가 이삭을 주울 수 있습니다. 이 여인들은 이나마도 감지덕지하며 이삭을 줍고 있는 거지요.

여인들이 얼마나 가난한지는 옷차림을 보아도 금세 알 수 있습니다. 게다가 ㉢무척 고되고 지쳐 보이기까지 하는군요. ㉣세 여인의 표정은 굳어 있고, 허리에 올린 여인의 손에서 노동의 고됨이 느껴집니다.

그럼에도 이 여인들은 인간으로서의 존귀함을 결코 잃지 않고 있습니다. 그것은 이들이 가난하나마 열심히 일하여 자신들의 삶을 지켜 가고 있기 때문입니다. 이 그림은 이렇게 ㉤가난한 세 여인의 고된 땀방울을 잘 표현한 그림입니다.

- 이주현, 『느낌 있는 그림 이야기』 중에서

3 그림에 나온 세 여인들이 무엇을 하고 있다고 했는지 네 글자로 써 보세요.

☐ ☐ ☐ ☐

4 가의 글쓴이는 그림이 어떤 것을 표현하였다고 생각하였나요?

① 힘들게 일하는 가난한 세 여인의 모습
② 일하지 않고 그늘에 앉아 있는 사람들의 모습
③ 가을이 되어 사람들이 배불리 먹고 마시는 모습
④ 아이들이 떨어진 이삭을 주워 끼니를 이어 가는 모습
⑤ 풍요로운 가을 시골 들판에서 수확의 즐거움을 느끼며 일하는 사람들의 모습

5 ㉠의 뜻으로 알맞은 것은 무엇인가요?

① 드세고 거친
② 차갑고 냉정한
③ 어둡고 우울한
④ 조용하고 쓸쓸한
⑤ 조용하고 평화로운

6 가에 나온 다음 문장 중 글쓴이의 관점을 알 수 있는 표현이 <u>아닌</u> 것은 무엇인가요?　　　　　(　　　　　)

> ㈀ 수확이 한창인 어느 가을날의 들녘입니다.
> ㈁ 이삭을 줍는 세 여인의 모습이 무척이나 힘차 보입니다.
> ㈂ 세 여인 역시 수확의 기쁨을 느끼고 있기 때문이겠지요.
> ㈃ 이삭을 줍는 손길에서 생동감이 느껴집니다.

7 ⓐ에 들어갈 가의 제목으로 가장 알맞은 것은 무엇인가요?

① 시골 여인들의 옷차림
② 하얀 눈이 내리는 들녘
③ 가난한 세 여인의 눈물
④ 풍요로운 가을날의 풍경
⑤ 이삭줍기로 재미있는 놀이하기

8 나를 읽고 난 뒤에 그 내용을 바르게 이야기하지 <u>않은</u> 친구는 누구인가요?　　　　　(　　　　　)

> 승연: 제목에서 글쓴이가 생각하는 여인들의 고된 노동이 느껴져.
> 수정: 이삭을 줍는 세 여인의 모습이 밝고 힘차서 생동감이 느껴져.
> 태은: 글쓴이는 여인들의 옷차림이나 이삭 줍는 모습을 보고 세 여인들이 몹시 가난할 것이라고 생각했어.

9 나의 ㉡~㉤의 내용 중 글쓴이의 생각을 알 수 있는 부분이 <u>아닌</u> 것을 찾아 기호를 쓰세요.

（　　　　　）

10 가와 나에 담긴 글쓴이의 관점으로 알맞은 것을 찾아 선으로 바르게 이어 보세요.

(1) 가 •
• 가난한 여인들의 고된 땀방울을 잘 표현한 그림이다.

(2) 나 •
• 가을날의 풍요로움을 생동감 있게 잘 표현한 그림이다.

11 같은 그림을 보고 쓴 글이지만, 가와 나처럼 생각이 다른 까닭은 무엇일까요?

① 그림을 본 곳이 서로 다르기 때문에　　　② 글쓴이의 취미가 서로 다르기 때문에
③ 글쓴이가 서로 다른 곳에 살고 있기 때문에　　④ 글쓴이의 성격이 서로 다르기 때문에
⑤ 그림에 대한 생각이나 방향이 글쓴이에 따라 다르기 때문에

재미있는 낱말 놀이터 음식 맛을 나타내는 우리말

🍎 밑줄 친 낱말이 표현하는 맛을 만들어 내기 위해 필요한 낱말을 두 개씩 골라 그 기호를 쓰세요.

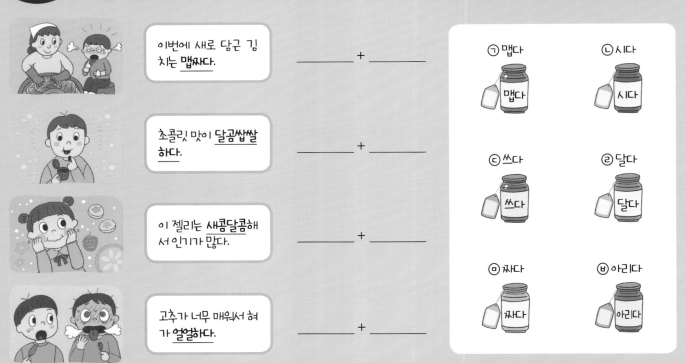

이번에 새로 담근 김치는 **맵짜다**.	_____ + _____	㉠ 맵다　　㉡ 시다
초콜릿 맛이 **달콤쌉쌀하다**.	_____ + _____	㉢ 쓰다　　㉣ 달다
이 젤리는 **새콤달콤**해서 인기가 많다.	_____ + _____	㉤ 짜다　　㉥ 아리다
고추가 너무 매워서 혀가 **얼얼하다**.	_____ + _____	

왜 그럴까?

우리말에는 음식의 맛을 나타내는 다양한 말이 있습니다. 자주 쓰이는 '달다', '쓰다', '짜다', '시다', '맵다' 등의 낱말뿐 아니라 맛의 섬세한 차이를 나타내는 여러 낱말을 사용하여 맛을 보다 풍부하게 표현할 수 있습니다. '달곰쌉쌀하다'는 조금 달면서 약간 쓴맛을 나타내고, '얼얼하다'는 매워서 혀끝이 아리는 느낌이 있다는 뜻입니다.

8 글쓴이의 관점 파악하기 ❺

글에 나타난 글쓴이의 관점 파악하기	같은 제재에 대한 서로 다른 관점 파악하기	글쓴이의 관점에 대한 나의 관점 정리하기	공부한 날	월	일

 다음 글을 읽고, 물음에 답해 봅시다.

진정한 금메달

2004년 아테네 올림픽 마라톤 경기의 금메달은 이탈리아의 스테파노 발디니 선수에게로 돌아갔다. 발디니 선수는 강인한 체력과 기량을 보이며 승리의 기쁨을 안았다. 그런데 3위로 들어온 브라질의 반데를레이 리마 선수도 발디니 선수 못지않은 큰 박수갈채를 받았다.

리마 선수는 결승점 통과를 앞둔 30킬로미터 후반까지 줄곧 일 등으로 달렸다. 그러나 1위를 굳히는 37킬로미터 지점에서 한 사람이 갑자기 달려들어 리마 선수를 관중이 모여 있는 길 쪽으로 밀쳤다. 떠밀린 리마 선수는 관중이 서 있던 인도로 넘어졌다. 다시 일어나 달렸지만 그 뒤에도 자전거에 부딪히는 등 계속되는 사고로 경기의 흐름을 완전히 잃고 말았다.

결국 리마 선수는 뒤따라오던 선수들에게 선두의 자리를 내줄 수밖에 없었다. 그렇지만 리마 선수는 고통에 얼굴을 찡그리면서도 경기를 포기하지 않고 끝까지 달렸다. 관중은 그런 리마 선수의 모습을 안타까운 마음으로 지켜보았다.

우승의 자리를 내준 리마 선수가 경기를 포기하지 않고 달려 3위로 들어오자, 관중은 일제히 일어나 박수를 쳤다. 결승점을 향하여 달려오던 리마 선수는 관중을 향하여 환한 미소를 보냈다. 그는 비행기처럼 양팔을 벌리며 완주의 기쁨을 표시하였다. 관중은 그러한 리마 선수를 보며 충격과 감동에 휩싸였다. 자칫 오명으로 얼룩질 뻔하였던 아테네 올림픽 대회 마라톤 경기였지만, 리마 선수의 올림픽 정신이 있었기에 지금까지도 사람들에게 감동을 준다.

올림픽은 누가 더 좋은 결과를 얻었는지도 중요하지만, 그 과정에서 얼마나 최선을 다하여 경기하였는지가 더 중요하다.

1 글쓴이가 '진정한 금메달'이라는 제목을 붙인 까닭을 바르게 말한 친구는 누구인가요? ( )

> 새롬: 올림픽에서는 금메달을 따는 것이 가장 중요하기 때문이야.
> 은지: 올림픽에서 금메달을 따는 것보다 최선을 다하는 것이 더 중요하기 때문이야.
> 한결: 올림픽에서 진정한 금메달은 다른 사람에게 메달을 기꺼이 양보하는 것이기 때문이야.

2 자신이 생각하는 '진정한 금메달'이란 무엇인지 그렇게 생각하는 까닭과 함께 쓰세요.

(1) 진정한 금메달이란: _____

(2) 그렇게 생각하는 까닭: _____

　　과연 콜럼버스가 아메리카 대륙을 발견하였다고 할 수 있을까? '발견'은 아무도 살지 않는 비어 있는 땅을 처음 알아내고 상륙하여 개척하였을 때 사용할 수 있는 낱말이다. 그렇다면 콜럼버스가 항해했던 그 시대, 아메리카 대륙은 아무도 살고 있지 않은 비어 있는 땅이었을까?

　　콜럼버스가 살던 무렵, 유럽은 큰 변화를 겪고 있었다. 여러 국가에서 강력한 왕이 나타나 갈라져 있던 영토를 통일하고 나라의 힘을 크게 키우고 있었다. 상업이 크게 발달하고 돈과 무역에 대한 사람들의 관심도 커졌다.

　　유럽의 여러 국가는 새로운 항로와 새로운 땅을 찾기 위하여 경쟁적으로 탐험대를 파견하였다. 당시 유럽에서는 인도나 중국에서 사막을 거쳐 지중해로 들어오는 향신료와 비단, 보석 등이 큰 인기였다. 특히, 인도는 향신료와 금, 보석, 비단 등을 쉽게 구할 수 있는 꿈의 세계였다. 그래서 유럽 사람들은 이 물건들을 인도에서 직접 뱃길로 들여오면 큰돈을 벌 수 있으리라고 생각하였다.

　　포르투갈에서도 일찌감치 아프리카를 돌아 인도로 가는 뱃길을 찾고 있었다. 그런데 이탈리아 사람 콜럼버스는 다른 방향으로 항해하여 인도로 가려는 계획을 세웠다. 땅과 땅의 중간에 다른 대륙이 있으리라고는 아무도 상상하지 못하였으므로 콜럼버스는 대서양을 반대 방향으로 돌아 항해하려고 하였다.

　　콜럼버스는 이러한 계획을 가지고 먼저 포르투갈을 찾아갔지만, 포르투갈 왕실은 관심을 보이지 않았다. 콜럼버스는 다시 에스파냐를 찾아갔다. 에스파냐 왕실은 포르투갈에 뒤질세라 콜럼버스를 지원하였고, 이렇게 해서 콜럼버스의 항해가 이루어졌다. 1492년 8월 3일, 콜럼버스는 산타 마리아 호를 비롯한 배 세 척과 선원 구십 명을 이끌고 에스파냐의 파로스 항을 떠났다.

　　두 달이 넘게 항해한 끝에 어느 섬에 도착하였다. 콜럼버스는 마침내 인도에 도착하였다고 믿고, 신께 감사드리는 뜻으로 이곳을 '산살바도르 섬'이라고 이름 붙였다. 그리고 죽을 때까지 이곳이 인도라고 믿었다.

　　몇 년 뒤, 이탈리아 사람 아메리고 베스푸치는 콜럼버스가 발견한 곳이 인도가 아니라 유럽 사람들이 몰랐던 다른 땅이라는 사실을 밝혔다. ㉠이 땅이 오늘날의 아메리카 대륙이다. '아메리카'는 그의 이름 '아메리고'에서 딴 것이다.

　　그러나 우리가 알고 있는 것과는 달리, 콜럼버스가 항해 끝에 도착한 아메리카 대륙에는 적어도 수백만 명에서 수천만 명으로 추정되는 많은 사람이 다양하고 수준 높은 문화를 누리면서 넓은 땅 곳곳에 살고 있었다. 그들이 바로 인디언들, 아니 아메리카 원주민들이었다. '인디언'이라는 말은 콜럼버스가 발견한 대륙을 인도라고 믿었기 때문에 붙여진 이름이다. 요즈음에는 '아메리카 원주민'이라고 고쳐 부른다.

　　이렇게 그들만의 문화를 형성하며 아메리카 대륙에서 대대손손 살아온 원주민들의 처지에서 보면, ㉡콜럼버스는 초대하지 않은 손님이었다. 초대하지 않은 손님이 갑자기 나타나면서 약탈과 정복이 시작되었다. 콜럼버스와 그 뒤에 밀려든 유럽 사람들은 원주민들의 것을 약탈하였고, ㉢정복을 위해 원주민들의 목숨을 앗아 가는 일도 서슴지 않았다. 결국 콜럼버스의 항해는 ㉣전통과 문화를 가꾸며 살아오던 원주민들의 삶을 송두리째 앗아 갔다.

　　이처럼 콜럼버스의 항해는 '신대륙 발견'이 아니라 원주민이 살고 있던 곳을 침범한 '　㉤　'이었다.

- 정범진·허용우, 『두 얼굴의 나라 미국 이야기』 중에서

3 콜럼버스가 살던 시대의 유럽 국가들에 대한 설명으로 알맞지 <u>않은</u> 것은 무엇인가요?

① 상업이 크게 발달하였다.
② 중국과 인도가 위험하다고 생각하였다.
③ 돈과 무역에 대한 사람들의 관심이 매우 높았다.
④ 강력한 왕이 영토를 통일하고 나라의 힘을 키웠다.
⑤ 새로운 항로와 땅을 찾기 위해 경쟁적으로 탐험대를 파견하였다.

4 콜럼버스가 살던 무렵, 유럽에서 인도를 '꿈의 세계'로 생각한 까닭은 무엇인지 쓰세요.

( )

5 콜럼버스의 항해가 아메리카 원주민들에게 끼친 영향으로 알맞은 것은 무엇인가요?

① 유럽의 문물을 전파하여 편리하게 살 수 있도록 하였다.
② 전통과 문화를 망가뜨리고 원주민의 목숨을 앗아 가기도 하였다.
③ 새로운 말과 글을 가르쳐 주어 새로운 문화를 받아들이도록 하였다.
④ 사람들을 하나로 뭉치게 만들어서 통일된 나라를 세울 수 있도록 도왔다.
⑤ 문화의 발전을 이루어 아메리카 원주민들이 큰 부자가 될 수 있도록 하였다.

6 ㉠~㉣ 중 콜럼버스의 항해에 대한 글쓴이의 생각을 알 수 있는 표현이 <u>아닌</u> 것의 기호를 쓰세요.

㉠ 이 땅이 오늘날의 아메리카 대륙이다.
㉡ 콜럼버스는 초대하지 않은 손님이었다.
㉢ 정복을 위해 원주민들의 목숨을 앗아 가는 일도 서슴지 않았다.
㉣ 전통과 문화를 가꾸며 살아오던 원주민들의 삶을 송두리째 앗아 갔다.

( )

7 ㉤에 들어갈 알맞은 말은 어느 것인가요?

① 나라의 통일   ② 구대륙 침략   ③ 신대륙 개척
④ 신대륙 평화   ⑤ 문화의 발전

8 이 글을 통해 글쓴이가 알려 주는 내용이 <u>아닌</u> 것은 무엇인가요?

① 콜럼버스가 살던 당시 유럽의 상황
② 콜럼버스가 인도를 찾아 떠나게 된 까닭
③ 포르투갈 왕실에서 콜럼버스의 항해를 지원해 주지 않은 까닭
④ 콜럼버스가 도착한 아메리카 대륙에 원주민이 이미 살고 있었다는 사실
⑤ '신대륙 발견'이라고 알려진 콜럼버스의 항해가 '신대륙 발견'이 아닌 까닭

9 콜럼버스의 항해에 대한 글쓴이 관점을 나타내는 표현으로 알맞은 것을 모두 고르세요. (정답 2개)

① 개척   ② 정복   ③ 발견   ④ 침범   ⑤ 문화

10 이 글의 제목으로 가장 알맞은 것은 무엇인가요?

① 콜럼버스 항해의 진실　② 콜럼버스가 위대한 점　③ 콜럼버스 항해의 영향
④ 콜럼버스의 도전과 업적　⑤ 콜럼버스의 구대륙 발견

11 '콜럼버스의 항해'에 대한 글쓴이의 관점에 대해 자신의 생각을 쓰고, 그렇게 생각한 까닭도 써 보세요.

(1) 내 생각: _____

(2) 그렇게 생각하는 까닭: _____

오래된 것과 새것을 가리키는 말

🍎 '구-'와 '신-'은 낱말 앞에 붙어 각각 '오래된'과 '새로운'이라는 뜻을 더해 줍니다. 방향키의 각 위치에 반대말이 오도록 빈칸에 알맞은 말을 쓰세요.

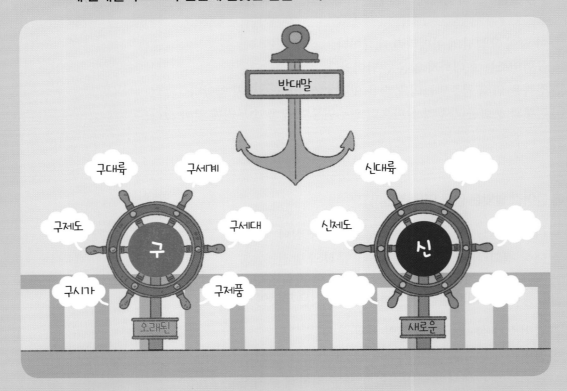

왜 그럴까?

낱말의 앞에 붙어 특정한 뜻을 더함으로써 새로운 낱말을 만드는 기능을 하는 한자어가 있습니다. '구제도', '구제품'처럼 '구(舊-)'는 '묵은' 또는 '낡은'의 뜻을 더하는 말이고, '신세계', '신기록'처럼 '신(新-)'은 '새로운'이라는 뜻을 더하는 말입니다.

읽기 목표

8 글쓴이의 관점 파악하기 ❻

| 글에 나타난 글쓴이의 관점 파악하기 | 같은 제재에 대한 서로 다른 관점 파악하기 | 글쓴이의 관점에 대한 나의 관점 정리하기 | 공부한날 | 월 | 일 |

 정리 앞에서 배운 '글쓴이의 관점 파악하기'의 내용을 떠올려 보고, 다음에 제시된 문장이 맞으면 ○표, 틀리면 ×표 하세요.

글에는 글을 쓴 글쓴이의 관점이 나타난다. □

글쓴이가 사물이나 현상을 바라보는 시각이나 생각, 태도나 방향을 글쓴이의 관점이라고 한다. □

어떤 대상에 대한 관점은 한 가지만 있다. □

글쓴이의 관점을 파악하는 것은 글을 이해하는 데 방해가 된다. □

글쓴이의 관점을 파악하려면 글쓴이가 어떤 표현을 써서 대상을 나타내는지 살펴보는 것이 좋다. □

대체로 글의 제목에는 글쓴이의 관점이 드러나지 않는다. □

글쓴이의 관점을 파악하려면 글쓴이가 글에서 알려 주는 내용을 잘 살펴보아야 한다. □

 같은 대상에 관해 쓴 글의 경우 글쓴이의 관점이 달라도 글의 내용이 비슷하다. □

글쓴이의 관점에 대한 내 생각을 말할 때에는 무조건 글쓴이의 관점과 반대되는 입장이어야 한다. □

다음 광고를 보고, 물음에 답해 봅시다.

도시의 별 헤는 밤을 되찾아 주세요.

별을 지표로 삼는 철새들이 길을 잃고,
식물들도 낮과 밤을 구별하지 못하고,
도시의 밤하늘에서 별이 보이지 않는 이유는,
바로 빛 공해 때문입니다.

$\boxed{\qquad\qquad ㉠ \qquad\qquad}$, 별빛이 켜집니다.

- 출처: 한국방송광고진흥공사(2013)

㉡한 장이 아닙니다. 두 장입니다.

종이의 한 면만을 사용하는 것은 종이 생산으로 베어
진 나무들의 절반을 버리는 것입니다.

$\boxed{\qquad\qquad ㉢ \qquad\qquad}$

자원과 자연을 모두 아낄 수 있습니다.

- 출처: 한국방송광고진흥공사(2008)

 가 에서 제기하는 문제 상황은 무엇인가요?

① 전기를 지나치게 낭비하고 있다.
② 대기 오염으로 밤하늘의 별을 볼 수 없다.
③ 환경 오염이 심각하여 철새들이 떠나고 있다.
④ 나무가 적어서 지구 온난화가 심해지고 있다.
⑤ 지나치게 많은 빛으로 인해 빛 공해에 시달리고 있다.

2 ①에 들어갈 알맞은 말은 무엇인가요?

① 스위치를 켜면
② 스위치를 내리면
③ 스위치를 새로 만들면
④ 대기 오염이 개선되면
⑤ 나무를 많이 심어 숲이 우거지면

3 가의 관점과 비슷한 생각을 가진 친구의 이름을 써 보세요.

> 민주: 전등이 있어서 밤에도 밝게 지낼 수 있어. 정말 편리하고 좋아.
> 호정: 그런데 밤에도 꺼지지 않는 빛 때문에 동식물도 피해를 입고 피로가 계속 쌓이는 것 같아.

(   )

4 나에서 ⓒ이 뜻하는 내용은 무엇인가요?

① 종이는 한 면만 사용해도 된다.
② 종이는 양면 모두 사용할 수 있다.
③ 종이를 사용할 때는 접어서 사용해야 한다.
④ 종이를 만드는 나무를 많이 심는 것이 중요하다.
⑤ 종이를 사용할 때는 필요한 만큼 잘라서 사용한다.

5 나를 제작한 의도가 잘 드러나도록 광고 문구를 넣으려고 합니다. ⓒ에 들어갈 말로 알맞은 것은 무엇인가요?

① 자연을 아끼고 보호하는 자세를 가집시다.
② 비싼 종이 말고 값싼 종이를 구해서 씁시다.
③ 종이의 양면을 모두 사용하는 습관을 가집시다.
④ 종이가 꼭 필요할 때 외에는 종이를 쓰지 맙시다.
⑤ 종이를 아끼기 위해서 전자책을 많이 사용합시다.

6 나에서 전하고자 하는 바에 대한 자신의 생각과 그렇게 생각하는 까닭을 써 보세요.

(1) 나의 생각: _____
(2) 그렇게 생각하는 까닭: _____

7 영호와 민주가 글쓴이의 관점에 관해 이야기하고 있습니다. (ㄱ)~(ㄷ)에 들어갈 알맞은 말을 보기 에서 찾아 쓰세요.

보기	제목	내용	표현	인물	감정

> 영호: 글쓴이의 관점을 파악하려면 글쓴이가 ___(ㄱ)___ 을 그렇게 붙인 까닭, 글에서 알려 주고 있는 ___(ㄴ)___ 을 살펴봐야 해.
>
> 민주: 글쓴이의 생각을 나타내는 ___(ㄷ)___ 등을 생각해 보아야 한다.

(ㄱ): (　　　　　　　　)　　(ㄴ): (　　　　　　　　)　　(ㄷ): (　　　　　　　　)

색을 나타내는 우리말

🍎 도시의 밤하늘에 불꽃놀이가 벌어졌습니다. 하양, 노랑, 파랑, 빨강을 나타내는 낱말에 각각 △, ☆, ○, □ 표시를 하세요.

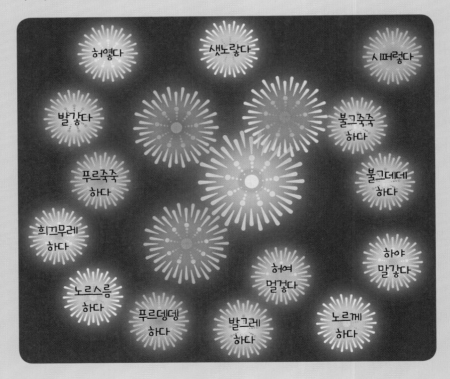

왜 그럴까?

우리말에는 색을 나타내는 다양한 말이 있습니다. 빨간색을 표현할 때는 '발갛다', '벌겋다', '빨갛다', '불그레하다', '발그레하다', '불그스름하다', '붉다', '불그죽죽하다', '불그데데하다' 같은 말이 있습니다. 이와 마찬가지로 노란색, 파란색, 흰색의 경우도 그 정도를 표현하는 색의 표현이 몹시 다양합니다. 각각의 표현이 어떤 색을 나타내는지 살펴봅시다.

9 한글 맞춤법, 띄어쓰기에 유의하며 글 읽기 ❶

| 한글 맞춤법, 띄어쓰기에 유의하며 글 읽기 | 혼동되는 낱말의 뜻을 구분하고 정확히 익히기 | 띄어쓰기와 관련한 주요 규정 알기 | 공부한 날 | 월 | 일 |

우리말에는 글자 모양과 발음이 비슷하여 혼동하기 쉬운 낱말들이 있어요. 발음과 표기가 혼동되는 낱말에는 어떤 것들이 있는지 알고, 각 낱말이 어떤 뜻인지 또 어떻게 쓰이는지 잘 기억해서 적절하게 사용해야 합니다.

또, 글을 쓸 때에 각 낱말을 띄어 쓰는 것을 띄어쓰기라고 합니다. 띄어쓰기를 바르게 해야 자신이 전하고자 하는 뜻을 정확하게 전할 수 있어요.

자, 이제 한글 맞춤법에 맞게 표기하는 방법과 띄어쓰기에 유의하며 글을 읽어 볼까요?

다음 일기를 읽고, 물음에 답해 봅시다.

20○○년 3월 20일 화요일	날씨: 맑음

오늘 점심시간에는 내가 가장 먹기 싫은 반찬이 나왔다. 집에서도 항상 저만치 반찬 그릇을 멀리 두고 젓가락 한번 대지 않았던 그 녀석이다.

줄을 서고 기다리다가 드디어 식판을 들고 내가 음식을 받을 순서가 되었다. 나는 눈치껏, 그리고 몰래 그 녀석을 내 식판에 담지 ㉠않으려고 피하였다. 성공하려는 찰나에 뒤에서 들려오는 선생님의 나지막한 목소리.

"건강한 우리 반 학생들은 먹고 싶은 음식만 먹지 ㉡안습니다."

어쩔 수 없이 그 녀석을 소중한내식판 위에 담아야만 하였다. 나는 정말 그 반찬을 ㉢않 먹고 싶었다.

1 '나'는 왜 먹기 싫은 반찬을 어쩔 수 없이 가져왔나요?

① 줄을 오래 기다리기 싫어서
② 젓가락 한번 댄 적이 없어서
③ 나의 식판이 소중하기 때문에
④ 선생님께서 편식하지 말라고 말씀하셔서
⑤ 반찬을 남기면 선생님께 혼이 나기 때문에

2 ㉠~㉢ 중에서 잘못 쓴 것을 두 개 골라 바르게 고쳐 보세요.

	➡	
	➡	

3 다음은 하민이가 '안'과 '않-'의 올바른 표기를 정리한 것입니다. ㉮와 ㉯에 들어갈 알맞은 말을 각각 쓰세요.

'안'과 '않-'은 부정이나 반대의 뜻을 나타내는 낱말이지만, 쓰이는 경우는 아주 다릅니다. '㉮ 먹다', '㉮ 높다'와 같이 서술어를 꾸며 줄 때에는 '㉮'을 쓰고, '먹지 ㉯다', '높지 ㉯다'에서 보듯이 '-지'와 함께 서술어를 이룰 때에는 '㉯다'를 씁니다.

㉮: _____ ㉯: _____

4 빨간색으로 쓴 부분을 알맞게 띄어 쓰세요.

소중한내식판

( )

다음 대화를 읽고, 물음에 답해 봅시다.

오늘은 일요일입니다. 2박 3일간의 수련회를 마치고 이제 막 집 앞에 도착한 미정이는 피곤한 몸을 이끌고 문 앞에 섰습니다.

미정: 역시 집이 최고야. (가방을 뒤적일 때 나는 부스럭거리는 소리) 어? 분명 떠나는 날 열쇠를 챙겼는데, 어디로 갔지? 안 되겠다. 집에 누가 있으려나? (초인종 버튼을 누르지만, 초인종 소리가 나지 않는다.)

미정: 어, 초인종 버튼이 잘 눌러지지 않네. 고장 났나 봐.

미정이는 열쇠를 잃어버려서 잠긴 문을 열 수도 없는데 엎친 데 덮친 격으로 초인종까지 고장 난 것입니다. 그때 마침 오빠에게서 휴대 전화 문자 메시지가 왔습니다.

오빠: (문자 수신 효과음) '올 때가 되었는데 어디에 있는 거니?'

미정: 오빠다! (문자 메시지 버튼을 누르는 소리) '문이 다쳤어.'

오빠: (문자 수신 효과음) '그래? 문이 많이 아프겠네.'

미정: (문자 메시지 버튼을 누르는 소리) '무슨 소리야? 문이 다쳤다니까. 초인종도 고장 났나 봐.'

오빠: (문자 수신 효과음) '어이쿠, 그럼 초인종도 같이 병원에 데리고 가야겠구나.'

미정: (문자 메시지 버튼을 누르는 소리) '장난 그만하고 어서 문 열어 줘.'

곧 오빠가 현관문을 열어 주었습니다.

오빠: (키득거리며) 내가 무슨 장난을 했다고 그래. 나는 네가 보낸 문자 메시지대로 대답했을 뿐이야.

미정: 그게 도대체 무슨 말이야?

오빠: 정말 모르겠어?

 다음 중 미정이가 바로 집에 들어갈 수 없었던 까닭이 <u>아닌</u> 것을 모두 고르세요. (정답 2개)

① 열쇠를 잃어버려서
② 초인종이 고장 나서
③ 집에 아무도 없어서
④ 오빠가 수련회에 가서
⑤ 표기를 혼동하여 문자를 보내서

 빨간색으로 쓴 낱말을 바르게 고쳐 쓰세요.

(1) 다쳤어. ➡ _____.
(2) 다쳤다니까. ➡ _____.

7 미정이처럼 낱말의 표기를 바르게 하지 않을 때 불편한 점을 한 가지 써 보세요.

 똑같이 읽지만, 다르게 쓰는 낱말

🍎 현민이가 인공 지능 스피커에 음성 명령을 내렸는데, 인공 지능 스피커가 낱말을 잘못 알아들었어요. 이처럼 발음은 같은데 뜻이 다른 낱말이 있습니다. 아래 제시된 낱말의 뜻을 바르게 이어 보세요.

현민: 내게 '닫히다[다치다]' 뜻을 알려 줘.

네. '다치다' 말씀이시군요. '부딪치거나 맞거나 하여 몸에 상처가 생기다.'라는 뜻입니다.

현민: 그런 뜻이 아닌데, '문이 저절로 닫혔다.'라는 문장에 쓰이는 '닫히다' 말이야.

아, 그건 '닫히다'입니다. '열린 문짝, 서랍, 뚜껑 등이 제자리에 가게 하여 막다.'라는 뜻입니다.

반듯이 • • 틀림없이 꼭.

반드시 • • 비뚤어지거나 기울거나 굽지 아니하고 바르게.

낳은 • • 병이 고쳐진. 더 좋은.

나은 • • 배 속의 아이, 새끼, 알을 몸 밖으로 내놓은.

왜 그럴까?

'낳다'는 [나ː타]로, '낫다'는 [낟ː따]로 소리 나므로 표기와 발음에서 구분됩니다. 그런데 '낳은'과 '나은'은 발음이 [나은]으로 같습니다. 이 둘은 여러 가지 뜻을 가지는 데다 발음까지 같으니 문장의 앞뒤를 살펴 어떤 뜻으로 쓰였는지 알아야 합니다. 자주 혼동하는 말은 발음과 뜻을 잘 기억해 두세요.

9 한글 맞춤법, 띄어쓰기에 유의하며 글 읽기 ❷

| 한글 맞춤법, 띄어쓰기에 유의하며 글 읽기 | 혼동되는 낱말의 뜻을 구분하고 정확히 익히기 | 띄어쓰기와 관련한 주요 규정 알기 | 공부한 날 | 월 | 일 |

 다음 글을 읽고, 물음에 답해 봅시다.

학교에 가려고 내가 가장 좋아하던 치마를 꺼내 입었습니다. 그런데 작년까지 잘 입었던 치마가 오늘 입어 보니 짧은 것이었습니다.

"엄마! 저 키가 컸나 봐요."

나는 울상을 지으며 말했습니다.

어머니께서 제가 입은 치마를 보시더니 빙그레 미소를 지으셨습니다.

"네가 작년보다 키가 컸나 보다. 예쁜 천을 덧대어서 치마를 ⟨ ㉠ ⟩ 주마."

손재주가 좋으신 어머니께서 재봉틀을 꺼내어 치마를 손보기 시작하셨습니다. 어느새 뚝딱 치마가 길어졌습니다. 어머니께서는 다리미를 가져오셔서 치마를 쓰윽쓰윽 ⟨ ㉡ ⟩ 주셨습니다. 나는 새것처럼 변신한 치마를 입어 보았습니다. 옷이 날개라는 말이 왜 나왔는지 알 것 같았습니다.

"엄마, 고맙습니다. 옷에서 환한 ㉢빛이 나오는 것만 같아요."

나는 엄마의 목을 꼬옥 끌어안았습니다.

1 '나'는 왜 울상을 지었나요?

① 키가 커져서
② 치마가 짧아져서
③ 다리미질이 안 되어서
④ 좋아하는 치마가 없어서
⑤ 엄마께서 치마 모양을 바꾸셔서

2 ㉠과 ㉡에 들어갈 낱말이 바르게 짝 지어진 것은 무엇인가요?

① 늘여, 다려
② 늘려, 다려
③ 늘여, 달여
④ 늘려, 달여
⑤ 늘려, 달려

3 ㉢을 바르게 읽은 친구는 누구인지 쓰세요.

| 상우: '빛이'는 [비치]라고 읽어야 해. | 하진: '빛이'는 [비시]라고 읽어야 해. |

( )

"세린아, 오늘 도서관 가는 길에 우리 집에 잠깐 〔 ㉠ 〕. 나 소포랑 수첩 가져와야 해."

수업을 〔 ㉡ 〕 종이 울리자마자 성훈이는 가방을 등에 〔 ㉢ 〕. 오늘은 세린이와 함께 사회 숙제를 하러 도서관에 가기로 하였는데 집에도 다녀와야 하고 우체국도 가야 해서 시간이 촉박합니다.

"시간 없다. 우리 학교 담 〔 ㉣ 〕 가자."

"담을? 선생님께 들키면 혼나!"

"오늘은 너무 바쁘니까 눈 딱 감고 한 번만, 응? 얼른 내 뒤 〔 ㉤ 〕!"

성훈이가 담 위로 올라가려고 한 발을 걸쳤을 때였습니다.

"거기 누굽니까? 어서 내려오세요. 위험합니다!"

마침 지나가시던 선생님께서 성훈이를 보고 서둘러 달려오셨습니다.

"학생, 안전 교육을 제대로 다시 받아야겠군요. 오늘 내가 생활 안전이 무엇인지 철저히 〔 ㉥ 〕 주겠습니다."

"죄송합니다. 다시는 그러지 않겠습니다."

성훈이는 선생님께 다시는 위험한 행동을 하지 않겠다고 단단히 약속을 하고서야 집으로 돌아갈 수 있었습니다.

"그것 봐. 내가 뭐라고 했어."

세린이는 고개를 절레절레 흔들며 성훈이를 나무랐습니다.

"맘이 급하니까 잘못된 생각을 했다. 내가 잘못했어."

성훈이는 머리를 긁적거리며 현관문을 열었습니다.

"어! 집에 엄마 계셨네? 오늘 시장에 다녀오신다고 하셨잖아요?"

"벌써 장 보고 와서 지금 나물 〔 ㉦ 〕 있단다. 맛 좀 볼래?"

"우와! 맛있어요. 이따 저녁에 이 나물에 밥 비벼 먹을래요. 저 이 소포 먼저 〔 ㉧ 〕 난 다음에 세린이랑 도서관에 가서 숙제하고 바로 돌아올게요. 다녀오겠습니다."

성훈이는 세린이와 신나는 발걸음으로 우체국으로 향했습니다. 맛있는 저녁밥이 기다린다는 생각에 발걸음이 가벼웠습니다.

 성훈이가 오늘 하루 간 곳을 순서대로 바르게 정리한 것은 무엇인가요?

① 학교 → 우체국 → 도서관 → 세린이네 집

② 학교 → 도서관 → 우체국 → 세린이네 집

③ 학교 → 세린이네 집 → 우체국 → 도서관

④ 학교 → 성훈이네 집 → 도서관 → 우체국

⑤ 학교 → 성훈이네 집 → 우체국 → 도서관

5

이 글의 내용으로 알맞지 <u>않은</u> 것은 무엇인가요?

① 성훈이는 소포를 보내야 한다.
② 성훈이의 어머니는 시장에 다녀오셨다.
③ 세린이가 담을 넘다가 선생님께 혼이 났다.
④ 세린이는 도서관에 가서 숙제를 하기로 했다.
⑤ 성훈이와 세린이는 사회 숙제를 함께 하기로 했다.

6

㉠~㉢에 들어가기에 알맞은 말을 찾아 ○표 하세요.

• ㉠: (들르자 / 들리자).
• ㉡: (맞추고 / 맞히고 / 마치고)
• ㉢: (맸습니다 / 멨습니다).

7

다음 낱말의 뜻을 찾아 선으로 바르게 이어 보고, ㉣, ㉤에 들어가기에 알맞은 낱말을 찾아 쓰세요.

넘어 •		• 남의 말이나 뜻을 따라와.
너머 •		• 어떤 대상의 뒤를 급히 따라와.
좇아와 •		• 높은 부분의 위를 지나가는 동작.
쫓아와 •		• 높이나 경계로 가로막은 사물의 저쪽. 또는 그 공간.

• ㉣에 들어갈 말: (   )   • ㉤에 들어갈 말: (   )

8

㉥에 들어갈 알맞은 말은 무엇인가요?

① 가르쳐   ② 가리켜   ③ 가르켜
④ 가리쳐   ⑤ 갈이쳐

⑨ ⓢ과 ⓞ에 들어갈 알맞은 말을 보기 에서 찾아 쓰세요.

보기

무치고   묻이고   묻치고   묻히고   부치고   붙이고   붙치고   붙히고

· ⓢ: (   )
· ⓞ: (   )

 재미있는 낱말 놀이터

잃다? 잊다?

🍎 괄호 안에 들어갈 알맞은 말을 골라 ○표 하세요.

앗, 오늘 미술 준비물을 가져와야 하는 걸 깜박 (잊어버렸다 / 잃어버렸다)! 어떡해 해.

윽, 나는 분명히 신발주머니에 붓을 넣었는데 오다가 (잊어버렸나 봐 / 잃어버렸나 봐)!

선생님이 1층 복도에서 주웠는데, 혹시 이 붓을 (잃어버린 / 잊어버린) 사람 있나요?

그건 그렇고, 오늘 미술 준비물이 있는 것을 (잊어버리고 / 잃어버리고) 안 가져 온 사람은 앞으로 나오세요.

왜 그럴까?

'잃다'는 '가졌던 물건이 없어져 갖지 않게 되다.', '잊다'는 '기억하지 못하거나 생각해 내지 못하다.'라는 뜻입니다. '잃다'와 '잊다'는 혼동하여 쓰는 경우가 많아 자주 틀리는 말이니 둘의 차이를 꼭 기억해 두고 바르게 써야 합니다.

파이팅!

43일

9 한글 맞춤법, 띄어쓰기에 유의하며 글 읽기 ❸

| 한글 맞춤법, 띄어쓰기에 유의하며 글 읽기 | 혼동되는 낱말의 뜻을 구분하고 정확히 익히기 | 띄어쓰기와 관련한 주요 규정 알기 | 공부한 날 | 월 | 일 |

다음 글을 읽고, 물음에 답해 봅시다.

오늘 저녁 식사 후, 예정되었던 가족회의를 시작하였다. 우리는 ㉠서재 겸 회의실로 쓰이는 방에 모여 다 함께 머리를 맞대고 이번 방학에 어디로 여행을 가면 좋을지 의견을 주고받았다.

나보다 ㉡세 살 어린 여동생 서연이가 먼저 말을 꺼냈다.

"저는 제주도에 가고 싶어요. 오빠는 예전에 수련회 갈 때 비행기를 타 보았지만, 저는 아직 비행기를 타 ㉢본 적이 없기 때문에 꼭 비행기를 타고 여행을 가고 싶어요."

"아, 그렇구나. 훈석아, 너는 어디로 가고 싶니? 네 의견도 내어 보렴."

"제주도 좋은데요. 저도 제주도 가고 싶어요. 한 번 가 본 곳이지만, 제주도 내에서도 아직 못 가 본 곳이 더 많으니, 또 가고 싶어요."

나는 동생의 기대에 찬 눈빛을 보며 그렇게 말했다. 제주도는 한 번 가 본 곳이라 이번 방학에는 외갓집에 갈 때처럼 기차를 타고 강원도로 여행을 가고 싶었지만, 동생의 간절하게 원하는 마음을 알고 있어 거짓말을 ㉣할수 밖에 없었다.

부모님께서도 우리의 의견을 흔쾌히 받아들여 주셔서 이번 방학에는 제주도로 여행 가기로 결정하였다. 다음으로는 각자 가족 여행 준비를 위해 역할을 나누었다. 나는 제주도의 토속 음식, 맛집을 조사하기로 하였고, 서연이는 우수한 역사적 유적지, 유명 ㉤관광지 등을 조사하기로 하였다.

1. 이 글에서 서연이와 훈석이가 가고 싶은 여행지를 각각 찾아 쓰세요.

• 서연: (   )   • 훈석: (   )

2. '나'에 관한 설명으로 알맞은 것은 무엇인가요?

① 제주도를 여러 번 가 보았다.   ② 기차를 한 번도 타 보지 못했다.
③ 비행기를 한 번도 타 보지 못했다.   ④ 제주도의 맛집을 조사하기로 하였다.
⑤ 제주도의 관광지를 조사하기로 하였다.

3. ㉠~㉤ 중에서 띄어쓰기가 잘못된 것을 골라 기호를 쓰고 바르게 고쳐 쓰세요.

(1) 띄어쓰기가 잘못된 것: (   )   (2) 바르게 고쳐 쓰기: (   )

가 　화폐에는 그 화폐를 발행한 나라의 고유한 특색이 담겨 있습니다. 우리나라 화폐에서도 우리의 문화를 ㉠찾을수 있습니다. 특히 지폐에는 역사를 빛낸 위대한 인물과 그 인물과 관련된 그림이 그려져 있습니다.

　오천 원짜리 지폐에는 어떤 그림이 있을까요? 앞면의 오른쪽에는 신사임당의 아들인 이이가 그려져 있습니다. 이이는 조선 시대의 뛰어난 학자입니다.

　오천 원짜리 지폐의 한가운데에는 집이 ㉡한채 그려져 있습니다. 그곳은 이이가 태어난 곳인데, 신사임당이 이곳에서 용꿈을 꾸고 이이를 낳았다고 하여 몽룡실로 불립니다. 몽룡실 뒤쪽으로는 대나무 숲이 그려져 있습니다. 이것은 이이가 태어난 오죽헌을 표현한 것입니다.

　오천 원짜리 지폐의 뒷면에는 신사임당이 그린 「신사임당초충도병」이 들어가 있습니다. 이 그림은 원래 ㉢여덟폭 병풍에 그려진 그림으로, 오천 원짜리 지폐에 들어간 것은 그 가운데에 '수박과 여치', '맨드라미와 개구리' 두 폭입니다.

나 　"왜앵."

　정연이는 귀를 간질이는 소리에 퍼뜩 잠에서 깼습니다.

　'모기다!'

　모기가 틀림없었습니다. 정연이는 벌떡 일어나 불을 켰습니다. 졸린 눈을 비비며 시계를 보니 새벽 ㉣한시 십분이었습니다. 어제저녁에도 이렇게 모기 소리에 잠이 들지 못하고 잡은 모기가 두 마리나 되었지요. 그때 다 잡지 못한 녀석이 남은 것 같았습니다. 팔을 보니 벌써 ㉤세 곳이나 물려 빨갛게 부어올랐습니다.

　정연이는 화가 나서 어디에 모기가 숨어 있는지 찾기 시작했습니다. 천장에 한 마리를 발견했습니다. 배가 통통한 것을 보니 방금 문 것이 이 녀석인 것 같습니다. 정연이는 재빠르게 파리채를 가져와 날쌔게 휘둘렀습니다. 잡았습니다! 정연이는 쾌재를 불렀습니다. 이제 두 발 뻗고 편히 잘 수 있다는 사실이 마냥 ㉥기쁠뿐이었습니다.

　정연이는 기분 좋게 다시 잠자리에 들었습니다.

 가 에서 설명하고 있는 것은 무엇인가요?

① 율곡 이이의 일생과 업적
② 화폐에 그려진 여러 인물
③ 세계 여러 나라 화폐의 특색
④ 우리나라 화폐에 숨겨진 문화
⑤ 오천 원짜리 지폐에 그려진 그림

5 오천 원짜리 지폐에 그려진 그림이 <u>아닌</u> 것은 무엇인가요?

① 이이
② 몽룡실
③ 신사임당
④ 대나무 숲
⑤ 신사임당초충도병

6 다음은 무엇에 대한 설명인지 글에서 찾아 쓰세요.

> 율곡 이이의 어머니가 그린 8폭의 유색 병풍으로, 오천 원짜리 지폐의 뒷면에 들어 있는 그림

(   )

7 ㉠~㉢을 띄어쓰기에 맞게 바르게 고쳐 쓰세요.

- ㉠: 찾을수 → (   )
- ㉡: 한채   → (   )
- ㉢: 여덟폭 → (   )

8 ㉠~㉢과 관련 있는 띄어쓰기 규정을 찾아 번호를 쓰세요.

> ① 단위를 나타내는 낱말은 띄어 씁니다.
> ② 꾸며 주는 말 없이 혼자 쓰일 수 없는 낱말은 그 앞에서 띄어 씁니다.
> ③ 여러 가지 예나 사실을 늘어놓거나 두 말을 이어 줄 때에 쓰는 낱말은 띄어 씁니다.

- ㉠: (   )   • ㉡: (   )   • ㉢: (   )

9 ㉣~㉫ 중에서 띄어쓰기가 <u>잘못된</u> 것을 골라 기호를 쓰고, 바르게 고쳐 쓰세요.

(1) 잘못된 것: (   )

(2) 바르게 고쳐 쓰기: (   )

10 다음은 ㉤에 적용되는 띄어쓰기 규정입니다. 빈칸에 알맞은 말을 쓰세요.

[   ]을/를 나타내는 낱말은 띄어 써야 합니다.

(   )

재미있는 낱말 놀이터 — 띄어쓰기

🍒 밑줄 친 부분에서 띄어쓰기가 잘못된 곳을 찾아 보기의 교정 부호를 이용해 바르게 고쳐 보세요.

보기

교정 부호	쓰임
∨	띄어 쓸 때
⌒	붙여 쓸 때

메신저창

(1) 아빠: 여보, 나 뭐, 더 챙길 거 없어?
엄마: "당신 도자기 지갑이랑 두터운 옷이랑 잘 챙겨요."

경고문

(2) "양변 기가막힙니다. 휴지를 넣지 마세요."

알림 푯말

(3) "여기는 준비물이 아무것도 필요 없습니다.
몸 만들어오면 됩니다. 즐겁게 관람하시기 바랍니다."

왜 그럴까?

띄어쓰기를 잘못하면 전혀 다른 뜻이 되는 경우가 있으므로, 의미가 바르게 전달되도록 띄어쓰기를 정확히 해야 합니다. 교정 부호의 쓰임도 함께 익혀 보세요.

읽기 목표

9 한글 맞춤법, 띄어쓰기에 유의하며 글 읽기 ④

한글 맞춤법, 띄어쓰기에 유의하며 글 읽기 / 혼동되는 낱말의 뜻을 구분하고 정확히 익히기 / 띄어쓰기와 관련한 주요 규정 알기

공부한 날	월	일

 정리 앞에서 배운 '한글 맞춤법과 띄어쓰기'와 관련하여 아래와 같이 정리하였습니다. 알맞은 표기에 ○표 하고, 빈칸에 들어갈 적절한 말을 보기 에서 찾아 써 보세요.

우리 가족은 지금보다 넓은 평수로 (늘려 / 늘여) 이사했다.

할머니께서는 간장을 (다려 / 달여) 맛난 게장을 만들어 주셨다.

선생님께서 내신 문제를 (맞힌 / 맞춘) 사람은 나뿐이었다.

고개 (너머 / 넘어)에는 무엇이 있을까?

맞춤법에 맞는 표기

낱말을 맞춤법에 맞지 않게 표기했을 때의 불편한 점

자신이 생각하는 것을 정확하게 □□할 수 없다.

전혀 다른 □□로 전달될 수 있다.

상대에게 □□를 살 수 있다.

여러 가지 예나 사실을 늘어놓거나 두 말을 이어 줄 때에 쓰는 말은 띄어 쓴다.
㉠ 우리는 대구, 광주, 부산 등을 여행했다.

□□를 나타내는 낱말은 띄어 쓴다.
㉠ 우리 집 개가 강아지를 다섯 마리나 낳았다.

띄어쓰기

꾸며 주는 말 없이 □□ 쓰일 수 없는 낱말은 그 앞에서 띄어 쓴다.
㉠ 아버지께서 실망하실까 봐 사실대로 말할 수밖에 없었다.

다만, 순서를 나타내는 경우나 □□와 함께 쓰이는 경우에는 붙여 쓸 수 있다.
㉠ 나는 올해 오학년이 되어 3층에 있는 교실로 올라갔다.

보기	단위	숫자	오해	의미	전달	혼자

다음 글을 읽고, 물음에 답해 보세요.

가 황해도 봉산군 무릉골의 한 서당에서 아이들이 우르르 몰려나왔어요. 공부를 마치고 나온 아이들은 한껏 신이 났어요. 다 같이 덜렁봉에 올라갈 참이거든요. 덜렁봉은 무릉골에서 가장 높은 봉우리예요.

드디어 상호가 덜렁봉 꼭대기에 도착했어요. 그런데 하늘은 덜렁봉보다 까마득히 높은 곳에 있었어요. 지금껏 올라온 높이의 몇 배를 더 올라도 닿을 수 없을 만큼 높아 보였지요.

"내가 잘못 알았구나. 하늘이 덜렁봉에 걸려 있는 게 아니었어. 내 눈에 그렇게 보인 것뿐이지."

상호는 고개를 한껏 치켜들고 하늘을 바라봤어요. 까마득히 높은 하늘을 보고 있자니 마음까지 막막해지는 것 같았어요.

'아니야, 그래도 올라와 보길 잘했어. 여기까지 오지 않았다면, 아직도 덜렁봉이 하늘보다 높은 줄 알았을 거야. 세상이 이렇게 큰지도 몰랐겠지!'

상호는 아쉬운 마음을 뒤로하고 덜렁봉을 내려왔어요.

상호는 국어학자 주시경의 어릴 때 이름이에요. 1876년 ㉠12월22일에 태어난 주시경은 어려서부터 훈장님인 아버지 밑에서 한문을 공부했어요.

주시경이 ㉡열두살이던 무렵이었어요. 서울에서 장사를 하는 큰아버지가 찾아왔어요. 병으로 자식을 모두 잃은 큰아버지는 조카 ㉢한명을 데려가 아들로 키우려고 했어요.

"맏이를 보낼 수는 없으니 둘째를 보내는 것이 좋겠어요."

부모님은 곰곰이 의논한 끝에 둘째 아들인 주시경을 큰집에 보내기로 했어요. 주시경은 가족과 헤어지는 것이 무척 슬펐지만 부모님의 뜻에 따라 서울 큰아버지 댁으로 갔어요.

서울에 온 뒤 주시경은 큰아버지 댁 근처에 사는 이회종 진사에게 한문을 배웠어요.

- 이은정, 『주시경』 중에서

나 유엔의 창설 목적을 한마디로 말하면 '국제 평화와 안전 유지'예요. 국가 간에 친목을 도모하고, 경제적·사회적으로 협력하자는 것이지요. 이라크가 쿠웨이트를 침공했을 때도 유엔은 전쟁을 중단하기 위해 중재자 역할을 톡톡히 하였어요.

지구상의 모든 나라가 평화를 이루려면 전쟁은 반드시 사라져야 해요. 그래서 전쟁이 일어날 위험이 있는 지역에서 안전 유지를 위해 힘쓰는 것은 아주 중요한 일이에요.

흔히 전쟁이라고 하면 다른 나라의 영토를 빼앗기 위해 무력으로 싸우는 것을 생각할지 모르지만 오늘날의 전쟁은 그것만을 의미하지 안아요. 우리가 살아가는 데 필요한 것들을 얻기 위해 크고 작은 다툼들이 세계 곳곳에서 수시로 일어나고 있지요. 곡식을 비롯한 식량 전쟁을 벌이기도 하고, 에너지나 환경 전쟁을 일으키기도 해요. 그런 상황에서 지구의 평화와 안전을 ㉣유지하는것이 바로 유엔의 역할이에요.

유엔은 산하에 ㉤수십개의 기구를 두고 전 세계의 각 분야에서 일어나는 다양한 일에 관여합니다. 유엔은 규모가 크기 때문에 운영비도 많이 드는데, 회원국들이 내는 분담금(회비)으로 운영되요. 분담금은 각 나라의 국민 소득에 따라 정해지므로 잘사는 나라는 많이 내고, 가난한 나라는 적게 내지요. 분담금은 주로 평화 유지 활동에 쓰여요. 평화 유지를 위해 세계 곳곳에서 약 7만 명의 군인이 임무를 수행하고 있는데, 여기에 가장 많은 돈을 쓰고 있어요. 2008년 기준으로 평화 유지 관련 회비를 가장 많이 부담하는 10개국은 미국, 일본, 독일, 영국, 프랑스, 이탈리아, 중국, 캐나다, 스페인, 그리고 대한민국이에요.

- 박동석, 『세계를 움직이는 국제기구』 중에서

1 가를 읽고 주시경에 대해 알게 된 내용으로 알맞지 <u>않은</u> 것은 무엇인가요?

① 권위 있는 한문학자이다.
② 어릴 때 이름은 상호였다.
③ 어려서부터 한문을 배웠다.
④ 큰아버지 댁에 양자로 들어갔다.
⑤ 황해도 봉산군 무릉골의 한 서당에 다녔다.

2 나에서 설명한 유엔의 창설 목적은 무엇인가요?

① 회비 부담 순위 책정
② 국제 평화와 안전 유지
③ 회원국 분담금 강제 징수
④ 전쟁 지역 영토 우선 확보
⑤ 식량 전쟁과 환경 전쟁 발발

3 나에서 유엔에 대해 설명한 내용으로 알맞은 것은 무엇인가요?

① 산하에 다섯 개의 기구가 있다.
② 이라크의 침략을 돕는 중재자 역할을 하였다.
③ 영토 분쟁 시에만 역할을 하도록 규정되어 있다.
④ 운영비는 잘사는 회원국들의 회비만으로 운영된다.
⑤ 우리나라는 평화 유지 관련 회비를 많이 부담하는 10개국 중 하나이다.

4 ㉠~㉤을 바르게 띄어 쓴 것은 무엇인가요?

① ㉠ → 12월 22일에
② ㉡ → 열 두살이던
③ ㉢ → 한명 을
④ ㉣ → 유지 하는것이
⑤ ㉤ → 수 십개의

5 빨간색으로 쓴 글자 중에서 표기가 <u>잘못된</u> 것을 두 개 골라 바르게 고쳐 쓰세요.

• (   ) ➡ (   )   • (   ) ➡ (   )

6 다음과 관련 있는 띄어쓰기 규정을 찾아 번호를 쓰세요.

(1) 공굴리기, 줄다리기, 장애물 달리기, 박 터뜨리기 등을 한 결과 백군이 2 대 1로 청군을 이겼다.
(2) 이모께서는 오리를 이십 마리나 키우신다.
(3) 형이 합격했다는 소식을 들으니 그저 기쁠 따름이다.

① 단위를 나타내는 낱말은 띄어 씁니다.
② 꾸며 주는 말 없이 혼자 쓰일 수 없는 낱말은 그 앞에서 띄어 씁니다.
③ 여러 가지 예나 사실을 늘어놓거나 두 말을 이어 줄 때에 쓰는 낱말은 띄어 씁니다.

(1): (　　　　　　　) 　　　(2): (　　　　　　　) 　　　(3): (　　　　　　　)

 재미있는 **낱말 놀이터**

~던지? ~든지?

🍎 국어사전에 실을 문장을 수집하고 있습니다. 빈칸에 알맞은 글자를 골라 선으로 바르게 이어 보세요.

던 •

• 여기 과일이 많이 있어. 귤이□지 사과□지 마음대로 먹으렴.

• 어젯밤에 누가 왔□지 생각이 납니까? 잘 생각해 보세요.

• 가□지 오□지 편한 대로 해. 나는 괜찮으니까.

든 •

• 지난 여름엔 왜 그렇게 덥□지. 정말 힘들었다니까.

왜 그럴까?

'-던'은 지난 일을 나타낼 때 씁니다. 대상 가운데 어느 것을 선택해도 차이가 없을 때에는 '-든지'나 '-든지'의 준말인 '-든'을 씁니다.

10 제목 정하기 ❶

제목은 글의 내용을 대표하는 것으로, 제목에는 글의 방향이나 중심이 되는 내용이 담겨 있어야 합니다.

제목은 글의 내용을 잘 담아내야 하기 때문에 글을 제대로 이해하지 못하면 제목 정하기가 어렵습니다.

제목은 글 전체를 포함할 수 있는 가장 중요한 내용으로 정해야 하므로, 먼저 글을 충분히 이해한 뒤에 중심 글감이나 중심 내용을 파악해야 합니다. 그다음엔 중심 글감이나 중심 내용이 담기도록 간단한 구나 문장으로 만들어야 합니다. 제목은 비교적 자유롭게 표현할 수 있습니다.

자, 이제 글을 읽고 글에 알맞은 제목을 정해 볼까요?

다음 글을 읽고, 물음에 답해 봅시다.

┌───┐
│   ㉠   │
└───┘

　　옛 사람들은 숯을 생활 곳곳에서 사용하였는데, 그 쓰임새 하나하나를 살펴보면 매우 놀랍다. 우물을 팔 때에는 언제나 바닥에 숯을 묻어 두었는데, 그렇게 하면 물맛이 꿀처럼 달았다고 한다. 숯의 성분 때문에 물맛이 좋아진 것이다. 게다가 숯에 있는 미세한 구멍들이 더러운 물질을 빨아들여 물이 깨끗해진다. 그런데 그보다 중요한 사실은 숯이 우물물을 썩지 않게 한다는 점이다. 어머니들이 간장이나 된장을 담글 때, 커다란 장독에다 으레 물에 씻은 숯 서너 덩이를 넣는 이유도 바로 숯의 이러한 효과 때문이다. 숯은 사람에게 해로운 균을 없애 주고 좋은 미생물을 번식하게 한다. 숯에 들어 있는 성분은 간장이나 된장의 영양분을 풍부하게 한다.

　　또, 숯은 썩는 것을 막는 성질이 있어 음식과 함께 놓아두기만 해도 음식을 쉽게 썩지 않게 해 준다. 그래서 옛 사람들은 광에 숯을 넣어 두었다. 며칠씩 준비한 제사 음식을 광에서 신선하게 보관할 수 있었던 비결이 바로 여기에 있다.

　　그리고 숯은 습기를 없애는 기능도 한다. 옛날에는 습기를 없애기 위하여 기초 공사를 할 때에 집터에 숯을 묻었으며, 숯의 이러한 성질을 이용하여 문화유산도 보호하였다. 750여 년의 역사를 가지고 있는 해인사의 팔만대장경이 현대 과학으로도 이해되지 않으리만큼 훌륭한 상태로 보존된 것은 숯과 소금 덕분이라고 한다.

1 이 글에 나온 숯을 생활에서 이용한 사례가 <u>아닌</u> 것은 무엇인가요?

① 집터에 숯을 묻었다.　　　　　　　　　　② 집을 짓는 재료에 숯을 섞었다.
③ 간장이나 된장을 담글 때 숯을 넣었다.　　④ 음식을 보관하는 광에 함께 넣어 두었다.
⑤ 우물을 팔 때 바닥에 숯을 묻어 두었다.

2 ㉠에 들어갈 이 글의 제목으로 알맞은 것은 어느 것인가요?

① 숯의 성분　　　　　　② 숯과 음식　　　　　　③ 문화유산과 숯
④ 옛 사람들의 생활　　　⑤ 숯의 다양한 쓰임새

3 글의 제목을 붙이는 방법을 <u>잘못</u> 말한 친구는 누구인가요?

① **준서**: 제목은 다른 사람의 호기심만 끌면 돼.
② **성윤**: 제목은 중심 내용을 생각하며 정해야 해.
③ **연서**: 제목은 글의 내용을 대표할 수 있어야 해.
④ **지아**: 제목은 글에 담긴 주제와 관련이 있어야 해.
⑤ **윤후**: 제목은 글에 담긴 정보들이 서로 관련되도록 정해야 해.

다음 글을 읽고, 물음에 답해 봅시다.

⊙

줄다리기는 줄을 당길 때보다 줄다리기를 준비하는 과정에 더 많은 뜻이 담겨 있습니다. 영산 줄다리기는 어른들보다 아이들이 먼저 겨룹니다. 작은 줄을 만들어 어른들이 하는 것처럼 아이들이 시합을 벌이지요. 아이들 줄다리기가 끝나고 어느 편이 이겼다는 소리가 돌면 그제야 장정들이 나섭니다. 장정들은 집집을 돌면서 짚을 모아 마을 사람들과 함께 줄을 만들지요. 음력 정월은 농한기라서 마을 사람들이 모두 모여 줄을 만드는 일에만 매달릴 수 있어요.

줄다리기하는 모습을 실제로 본 적 있나요? 줄다리기에 쓰이는 줄은 엄청나게 굵답니다. 옛날에는 어른이 줄 위에 걸터앉으면 발이 땅에 닿지 않을 정도였다고 해요. 요즈음 영산 줄다리기에 쓰는 줄은 예전에 비하여 훨씬 가늘고 짧아졌는데도 굵기가 1.5미터, 길이가 40미터가 넘습니다. 또, 암줄, 수줄로 나누어져 있지요.

줄을 다 만들면 여러 마을에서 모인 농악대가 앞장을 서고, 그 뒤로 수백 명의 장정이 줄을 어깨에 메고서 줄다리기할 곳으로 줄을 옮깁니다. 그리고 노인들과 아이들, 여자들이 행렬 끝에 서서 쫓아갑니다. 이렇게 줄을 메고 가는 모습을 멀리서 보면, 마치 용이 꿈틀거리는 것 같답니다.

드디어 줄을 당길 장소에 다다르면 양편에서는 상대의 기를 누르려고 있는 힘을 다하여 함성을 질러요. 이 소리에 영산 지방 전체가 쩌렁쩌렁 울릴 정도이지요.

그렇지만 장소에 도착하자마자 줄을 당기는 것은 아닙니다. 한동안 암줄과 수줄을 합하지 않고 어르기만 하다가 어느 정도 시간이 지난 뒤에야 암줄에 수줄을 끼우고 비녀목을 지릅니다. 그러고 나서 양편에서 서로 힘차게 줄을 당겨서 승부를 가리지요. 이때 모두 신이 나서 자기편을 응원합니다.

- 문화재청 엮음, 『어린이 문화재 박물관 2』 중에서

4 영산 줄다리기에 쓰이는 줄을 옮기는 행렬에 참가하는 사람들의 위치를 생각하며 빈칸에 알맞은 낱말을 쓰세요.

앞 ———————————————— 뒤

여러 마을에서 모인 ☐
☐☐

줄을 어깨에 멘 ☐☐

☐☐들과 아이들, 여자들

5 영산 줄다리기를 진행하는 과정에 맞게 차례대로 번호를 쓰세요.

| 작은 줄을 만들어 아이들이 시합을 한다. ☐ | 줄을 어깨에 메고 줄다리기할 곳으로 옮긴다. ☐ | 암줄에 수줄을 끼우고 비녀목을 지른 후 줄다리기를 한다. ☐ | 장정들이 집집을 돌면서 짚을 모아 마을 사람들과 함께 줄을 만든다. ☐ |

6　이 글의 중심 내용은 무엇인가요?

① 줄다리기 시합을 하는 과정은 다소 복잡하다.
② 줄다리기 시합을 하려면 많은 사람들이 필요하다.
③ 우리나라 전통 놀이인 줄다리기가 영산 지방에서만 이어지고 있다.
④ 우리 조상이 즐기던 줄다리기는 오늘날의 줄다리기와 차이가 있다.
⑤ 줄다기리는 줄을 당길 때보다 줄다리기를 준비하는 과정에 많은 뜻이 담겨 있다.

7　㉠에 들어갈 이 글의 제목으로 가장 알맞은 것은 무엇인가요?

① 줄다리기 시합의 규칙　　② 줄다리기 시합의 변화　　③ 줄다리기를 준비하는 과정
④ 줄다리기에 담긴 조상의 슬기　⑤ 줄다리기를 위한 줄을 만드는 방법

'지르다'의 여러 가지 뜻

🍎 다음 문장에서 밑줄 친 '지르다'가 어떤 뜻으로 쓰였는지 선으로 바르게 이어 보세요.

(1) 상대편의 기를 누르려고 있는 힘을 다 해 함성을 <u>질렀다</u>.

(2) 지름길로 가기 위해 들판을 가로로 질 <u>렀다</u>.

(3) 짝꿍이 내 옆구리를 냅다 쿡 <u>지르는</u> 바 람에 깜짝 놀랐다.

지름길로 가깝게 가다.

팔이나 다리를 내뻗치어 대상물을 힘껏 건드리다.

목청을 높여 소리를 크게 내다.

 그럴까?

'지르다'는 소리가 같지만 뜻이 다른 동음이의어입니다. '지름길로 가깝게 가다.'라는 뜻 외에도 '팔다리나 막 대기 따위를 내뻗치어 대상물을 힘껏 건드리다.' 또는 '목청을 높여 소리를 크게 내다.' 등의 뜻으로도 쓰이지 요. 국어사전에서는 어깨번호로 '지르다01, 지르다02, 지르다03'과 같이 제시합니다.

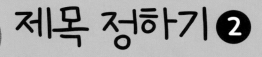

| 글을 읽고 중심 내용 파악하기 | 글의 중심 내용을 담아 제목 정하기 | 글의 제목을 정하는 다양한 방법 알기 | 공부한 날 | 월 | 일 |

 다음 글을 읽고, 물음에 답해 봅시다.

1936년 8월 9일 오후 3시, 출발 총성과 함께 손기정 선수도 달려 나갔다. 10킬로미터, 20킬로미터, 30킬로미터를 지나 혼자 선두를 이루었다. 결승점인 스타디움에는 12만 명의 관중이 일어서서 1위로 들어오는 선수를 기다리고 있었다. 손기정 선수는 '2시간 29분 19초 2'라는 세계 신기록으로 당당하게 올림픽 금메달을 차지하였다. 시상식에서 머리에 승리의 월계관이 쓰이는 순간, 12만 관중의 열화와 같은 박수갈채가 베를린 저녁 하늘을 뒤덮었다. 그러나 손기정은 들고 있던 월계수 화분으로 가슴에 달린 일장기를 몰래 가렸다.

8월 25일, 동아일보가 일본의 한 신문에 실렸던 월계관을 머리에 쓰고 시상대에 오른 손기정 선수의 사진을 신문에 실었다. 그런데 가슴에 달려 있던 일장기가 보이지 않았다. 사진을 신문에 실으면서 유니폼 가슴 부분의 일장기를 지워 버린 것이다.

올림픽 우승 이후, 일본은 손기정 선수를 무서운 눈초리로 감시하였다. 훈련을 제대로 할 수 없어 더 이상 경기에 출전하기는 어려웠다. 결국 선수 생활을 은퇴하게 되었다. 올림픽 우승과 세계 기록까지 세운 위대한 마라톤 선수가 사라지게 된 것이다.

- 주경희, 『위대한 마라톤 영웅-손기정』 중에서

1 손기정 선수가 한 일을 생각하며 빈칸에 알맞은 말을 쓰세요.

1936년 ☐☐☐ (에)서 개최된 올림픽의 마라톤 종목에서 ☐☐☐ 을/를 차지하였고, 시상대에 오른 그는 ☐☐☐☐ (으)로 가슴에 달린 일장기를 몰래 가렸다.

2 손기정 선수가 올림픽에서 금메달을 따고도 더 이상 경기에 출전하지 못한 이유는 무엇인가요?

① 훈련이 힘들어서
② 마라톤에 싫증이 나서
③ 일본의 대표로 출전해야 해서
④ 올림픽에서 우승한 것을 후회해서
⑤ 일본의 감시가 심해 훈련을 할 수 없어서

3 이 글의 제목은 '위대한 마라톤 영웅-손기정'입니다. 무엇을 중심으로 제목을 붙인 것일까요?

① 인물의 업적
② 비슷한 경험
③ 인물의 성격
④ 인물의 성장 과정
⑤ 인물이 살았던 시대적 배경

다음 글을 읽고, 물음에 답해 봅시다.

2009년 9월, 미국의 로스앤젤레스 코리아타운에 김영옥 대령의 이름을 붙인 중학교가 생겼다. 2009년 7월에 열린 로스앤젤레스 교육 위원회에서 코리아타운에 문을 여는 '센트럴 로스앤젤레스 중학교 3번'의 이름을 '김영옥 중학교'로 해 달라는 요청에 대하여 전체 위원이 찬성을 하였기 때문이다. 미국에 세워진 학교에 한국인 이름을 붙인 것은 이번이 두 번째로, 그동안 초등학교가 한 군데 있었지만 중학교는 처음이다.

김영옥 대령은 한국인 2세로 제2차 세계 대전과 6·25 전쟁에서 큰 공을 세운 영웅이자 위대한 인도주의자이었다. 김영옥 대령이 여러 나라 사람으로부터 존경받는 것은 전쟁에 대한 공로 때문만은 아니다. 전쟁은 언제나 많은 사람을 죽게 하고 고통스럽게 한다. 전쟁의 비참하고 끔찍한 모습을 잘 아는 그는 6·25 전쟁으로 부모를 잃고 힘들게 살아가는 고아들을 돌보았다. 그가 정성껏 돌보았던 전쟁고아 약 500명은 뒷날 학자, 교육자, 과학자, 예술가, 사업가 등으로 자라났다.

김영옥 대령은 군을 떠난 다음에는 미국에서 입양아, 빈민, 청소년, 노인, 장애인과 가정 폭력을 당한 여성들을 도왔다. 그의 봉사 활동은 우리나라 사람들뿐만 아니라 다른 나라 사람들을 대상으로 폭넓게 이루어졌다. ㉠이같이 다양한 봉사 활동을 해 왔지만, 그는 자신의 이름을 한 번도 내세우지 않았다. 그저 조용히 자신이 할 일을 묵묵히 할 뿐이었다. 그 때문에 그의 아름다운 공적은 알려지지 않았었다.

[㉡] 그의 봉사 활동이 계속되면서 항상 자신보다 다른 사람들을 먼저 생각하는 김영옥 대령에 대하여 사람들이 알게 되었고, 미국에 사는 한국인들은 물론 일본을 비롯한 많은 다른 나라 출신 미국인들도 그의 삶에 감동을 느꼈다. 그래서 이들은 김영옥 대령의 정신이 영원히 이어질 수 있는 방법을 찾기 시작하였다. 그 결과, 그의 이름을 붙여 학교 이름을 짓기로 하고, 그 학교로는 '센트럴 로스앤젤레스 중학교 3번'이 좋겠다고 의견을 모았다. 이들이 주민 회의에서 그러한 생각을 밝히자 주민들도 대대적으로 환영하였다.

이들은 그동안 김영옥 대령을 소개한 책과 자료, 그리고 영상물을 모았으며, 많은 사람에게 지지 서명을 받았다. 로스앤젤레스 교육 위원회가 열렸을 때, 센트럴 로스앤젤레스 중학교 3번의 교장 선생님과 많은 사람이 그동안 모은 자료와 서명도 같이 보여 주면서 학교 이름을 '김영옥 중학교'로 하자고 요청하였다. 그러자 교육 위원회도 학교 이름을 '김영옥 중학교'로 정하는 것을 만장일치로 의결하였다. 김영옥 대령의 정신이 이어질 수 있도록 그의 이름을 붙여 학교 이름을 지으면 학생들도 그처럼 훌륭한 사람으로 자라날 것이라고 믿었기 때문이었다.

 김영옥 대령이 사람들로부터 존경받는 까닭으로 알맞지 않은 것은 무엇인가요?

① 자신의 이름을 붙인 학교가 생겼기 때문에
② 6·25 전쟁으로 부모를 잃은 고아들을 돌보았기 때문에
③ 제2차 세계 대전과 6·25 전쟁에서 큰 공을 세웠기 때문에
④ 인간의 존엄성을 최고의 가치로 여기는 인도주의자였기 때문에
⑤ 입양아, 빈민, 청소년, 노인, 장애인, 가정 폭력을 당한 여성들을 도왔기 때문에

5 ⊙에 제시된 김영옥 대령의 행동에 어울리는 말로 알맞은 것은 무엇인가요?

① 천릿길도 한 걸음부터
② 구르는 돌은 이끼가 안 낀다.
③ 인내는 쓰지만 그 열매는 달다.
④ 오른손이 한 일을 왼손이 모르게 하라.
⑤ 물고기를 잡아 주지 말고 잡는 방법을 가르쳐라.

6 ⓒ에 들어갈 알맞은 말은 어느 것인가요?

① 먼저   ② 또한   ③ 그러나
④ 그래서   ⑤ 그러므로

7 미국에 세워진 학교에 김영옥 대령의 이름을 붙인 까닭을 쓰세요.

8 이 글의 중심 내용으로 가장 알맞은 것은 무엇인가요?

① 사람들은 김영옥 대령을 존경하였다.
② 김영옥 대령은 봉사 활동을 하며 유명해졌다.
③ 김영옥 대령은 어려운 사람들을 정성껏 도왔다.
④ 미국에 김영옥 대령의 이름을 붙인 학교가 생겼다.
⑤ 미국에는 한국인의 이름을 붙인 학교가 여러 개 있다.

9 **8**에서 답한 내용으로 보아, 이 글의 제목으로 가장 알맞은 것은 무엇인가요?

① 김영옥 대령의 삶과 고난
② 미국에 세워진 한국인 이름의 중학교
③ 김영옥 대령이 키워 낸 훌륭한 아이들
④ 미국 사회에 유명인이 된 김영옥 대령
⑤ 서로 화합하며 사는 한국인 김영옥 대령

10 8번에 답한 내용을 참고하여 보기 의 낱말이 4개 이상 들어가도록 하여 이 글의 제목을 바꾸어 써 보세요.

보기

김영옥 대령 미국 정신 중학교 이름

'-이'가 맞을까, '-히'가 맞을까?

🍎 바른 표기에 ○표 하세요.

(1) 배가 많이 고팠구나? 식판을 정말 (깨끗이 / 깨끗히) 비웠네.

(2) 정연이는 조용히 아이들의 이야기를 (묵묵이 / 묵묵히) 듣고만 있었다.

(3) (솔직이 / 솔직히) 말해서 난 노래보다는 춤추는 게 좋아.

왜 그럴까?

끝음절이 '이'로 소리 나는 것은 '-이'로 적고, '히'로만 소리 나거나 '이'나 '히'로 소리 나는 것은 '-히'로 적습니다. '묵묵히'는 '히'로 소리 나기 때문에 '묵묵이'가 아니라 '묵묵히'로 써야 맞습니다. 정확하게 쓰는 방법을 알려면 낱말의 정확한 발음도 알아야 합니다.

읽기 목표
10 제목 정하기 ❸

글을 읽고 중심 내용 파악하기 글의 중심 내용을 담아 제목 정하기 글의 제목을 정하는 다양한 방법 알기

파이팅!

47일

공부한 날   월   일

🌱 다음 시를 읽고, 물음에 답해 봅시다.

⊙

최종득

오른발
왼발
오른발
왼발

벌써 한 시간째
인라인스케이트 타는 법을
아버지한테 가르쳐 주고 있다.

내가 손을 놓자마자
아버지는 얼마 못 가서
또 땅바닥에 넘어진다.

"아버지는 누굴 닮아서
그렇게 운동을 못해요?"

나도 모르게
튀어나온 말.
아버지도 놀라고
나도 놀라고.

1 이 시에서 말하는 이는 무엇을 하는 중인가요?

① 빠르게 걷는 연습을 하고 있다.
② 아버지와 인라인스케이트를 타고 있다.
③ 아버지께 인라인 스케이트를 배우고 있다.
④ 인라인스케이트 타는 법을 연습하고 있다.
⑤ 아버지께 인라인스케이트 타는 법을 가르쳐 드리고 있다.

2 이 시에서 말하는 이의 솔직한 마음이 가장 잘 드러난 연은 어느 것인가요?

① 1연   ② 2연   ③ 3연   ④ 4연   ⑤ 5연

3 말하는 이의 마음이 드러나도록 ⊙에 들어갈 시의 제목을 지어 봅시다.

다음 광고를 보고, 물음에 답해 봅시다.

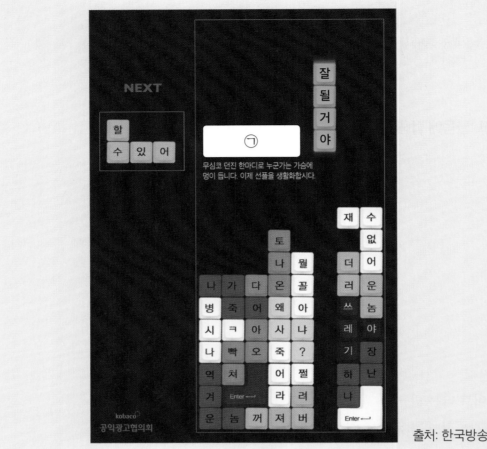

출처: 한국방송광고진흥공사(2014)

 이 광고에 대한 설명으로 알맞지 <u>않은</u> 것을 모두 고르세요. (정답 2개)

① 국민 전체를 대상으로 하여 만든 광고이다.
② 인터넷 언어 예절에 대한 내용을 담고 있다.
③ 스마트폰 사용을 자제하자는 내용의 광고이다.
④ 다른 사람이 올린 글을 긍정적으로 평가한 내용의 댓글은 나와 있지 않다.
⑤ 아래쪽에 다른 사람이 올린 글을 비방하거나 험담하는 내용의 댓글이 나와 있다.

 이 광고에 나온 다음 말들은 각각 무엇에 해당하는지 선으로 바르게 이어 보세요.

재수 없어. •

잘 될 거야. •

할 수 있어. •

장난하냐? •

• 무심코 던진 한마디

• 착한 댓글

6 이 광고의 내용을 표현하기에 가장 알맞은 속담은 무엇인가요?

① 말이 씨가 된다.

② 말이 많으면 쓸 말이 적다.

③ 말 한마디에 천 냥 빚도 갚는다.

④ 화살은 쏘고 주워도 말은 하고 못 줍는다.

⑤ 가루는 칠수록 고와지고 말은 할수록 거칠어진다.

7 이 광고의 중심 생각은 무엇인가요?

① 저축을 생활화하자.

② 작은 거짓말도 하지 말자.

③ 대화는 혼자서 할 수 없다.

④ 인터넷에서도 고운 말을 쓰자.

⑤ 인터넷 게임에 중독되지 않도록 노력하자.

8 이 광고에 제시된 문구의 내용과 같은 의미가 되도록 다음 빈칸에 적절한 말을 써 보세요.

무심코 던진 한마디로 누군가는 가슴에 멍이 듭니다.
이제 선플을 생활화합시다.

무심코 던진 (   )로 누군가는 가슴에 (   ).
이제 (   )을/를 (   ).

9 7에서 답한 광고의 중심 생각이 잘 드러날 수 있도록 ㉠에 들어갈 이 광고의 제목을 정해 봅시다.

10 이 광고를 본 생각이나 느낌을 바르게 말한 친구에 ◯표 하세요.

선우: 무심코 던지는 말이 남에게 상처가 될 수 있어. 댓글을 쓸 때에는 거친 표현을 쓰지 말고 상대방을 고려하면서 써야겠어.

지민: 선플을 달아야 하지만 때로는 악플이 필요하기도 해. 둘 다 필요하다는 생각엔 변함 없어. 그래도 선플을 다는 것이 좋은 일이기는 하겠지.

해영: 사람은 표현의 자유가 있어. 무조건 고운 말을 쓰라고 하는 것은 자유를 침해하는 일이야. 말이 좀 거칠어도 나와 친한 사람들은 다 이해해 줄 거야.

 재미있는 낱말 놀이터

'-째'가 붙으면 무슨 뜻을 더할까?

🍎 '-째'가 어떤 뜻으로 쓰였는지 선으로 바르게 이어 보세요.

(1) 벌써 세 바퀴째 돌고 있어요.

(2) 과일은 껍질째 먹는 것이 건강에 좋아요.

(3) 이것은 칠면조를 통째로 구워 만든 요리입니다.

전부   차례   그대로

왜 그럴까?

'-째'는 '첫째, 사흘째, 며칠째, 두 잔째'와 같이 수량이나 기간을 나타내는 낱말이나 수를 나타내는 낱말 뒤에 붙어 차례의 의미를 더해 주는 말입니다. 이 밖에도 '통째, 송두리째'와 같이 '전부'라는 뜻을 더하거나, '뿌리째, 껍질째'와 같이 '그대로'라는 뜻을 더해 주는 말이기도 합니다.

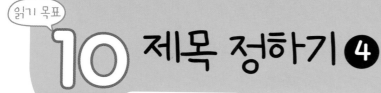

글을 읽고 중심 내용 파악하기　　글의 중심 내용을 담아 제목 정하기　　글의 제목을 정하는 다양한 방법 알기

공부한 날	월	일

 다음 글을 읽고, 물음에 답해 봅시다.

　　진달래 마을에 들어선 행운 가게. '행운돼지'라는 이상한 간판을 내건 이 가게는 "당신에게 커다란 행운을 공짜로 나누어 드립니다."라며 사람들을 모읍니다. 세탁소를 하는 고래고래 아저씨도, 다 잡아 경찰관도 행운 가게에서 자신에게 필요한 행운의 물건을 받습니다. 그런데 행운 가게에서 물건을 받은 사람들은 점점 돼지로 변합니다. 결국 주인공의 아빠, 엄마도 행운돼지의 물건을 받고 돼지로 변하고 맙니다. 주인공은 행운돼지의 저주에서 풀려날 방법을 찾게 되고, 마침내 스스로 행운의 물건을 부수어 버려야 한다는 것을 알게 됩니다.

　　그러나 이 동화책에는 주인공이 아빠, 엄마를 다시 사람으로 바꾸기 위하여 모험을 떠난다든지, 행운돼지와 결투를 벌인다든지 하지는 않습니다. 그래서 이야기가 끝났다는 생각이 들지 않을 수도 있습니다. 어쩌면 이야기의 끝이 조금 싱겁다고 느낄 수도 있습니다.

　　동화책『길모퉁이 행운돼지』는 다른 동화책과는 다른 그림을 선보입니다. 책의 양옆, 위아래, 가운데 등 여러 곳에 그림이 등장합니다. 특히, 하늘로 치솟는 듯한 새로운 그림 형태는 돼지로 변한 사람들의 위태위태한 마음을 잘 드러내고 있습니다. 살아 움직이는 듯한 그림과 적절한 콜라주가 볼거리를 더하여 주면서 글의 내용을 더 잘 표현하고 있습니다. 그렇지만 그림이 어렵게 느껴질 수도 있습니다.

　　동화책『길모퉁이 행운돼지』는 진정한 행운이란 과연 무엇인지에 대하여 우리 스스로 생각하여 보게 합니다. 행운을 얻고 싶어 하는 친구가 있다면 그 친구에게 이 책을 권합니다.

1 이 글이 쓰인 목적을 생각하여 빈칸에 알맞은 내용을 써 보세요.

『길모퉁이 행운돼지』라는 책의 [　　　] 와 [　　] 에 관해 소개하며 평가하는 글입니다.

2 이 글에서 책『길모퉁이 행운돼지』에 대해 평가한 내용으로 알맞지 <u>않은</u> 것은 무엇인가요?

① 그림이 어렵게 느껴질 수도 있다.
② 이야기가 끝났다는 생각이 들지 않을 수 있다.
③ 이야기의 끝이 상당히 재미있다고 느낄 수 있다.
④ 진정한 행운이란 과연 무엇인지에 대하여 스스로 생각하게 한다.
⑤ 살아 움직이는 듯한 그림과 적절한 콜라주가 볼거리를 더하면서 글의 내용을 더 잘 표현하고 있다.

3 책에 대한 글쓴이의 평가를 생각하며 이 글의 제목을 바꾼 것으로 가장 알맞은 것은 무엇인가요?

① 길모퉁이 행운돼지 ② 한번 읽어 보세요 ③ 돼지로 변한 사람들
④ 진정한 행운은 무엇인가 ⑤ 쉽게 느껴지는 그림책을 추천해요

 다음 글을 읽고, 물음에 답해 봅시다.

　　요즈음 우리의 전통 음식보다는 외국에서 유래한 햄버거나 피자 등을 더 좋아하는 어린이의 모습을 쉽게 볼 수 있습니다. 이러한 음식은 지나치게 많이 먹으면 건강이 나빠지기도 합니다. 그에 비하여 우리의 전통 음식은 오랜 세월에 걸쳐 전하여 오면서 우리 입맛과 체질에 맞게 발전하여 왔기 때문에 여러 가지 면에서 우수합니다.

　　첫째, 전통 음식은 건강에 이롭습니다. 우리가 날마다 먹는 밥은 담백하여 쉽게 싫증이 나지 않으며 어떤 반찬과도 잘 어우러져 균형 잡힌 영양분을 섭취하기 좋습니다. 된장, 간장, 고추장 등의 발효 식품에는 무기질, 비타민이 풍부하게 들어 있어 몸을 건강하게 해 줍니다. 특히, 청국장은 항암 효과는 물론 해독 작용까지 뛰어나다고 합니다. 된장도 건강에 이로운 식품으로 알려져 있습니다.

　　둘째, 전통 음식을 가까이하면 계절과 지역에 따라 다양한 맛을 즐길 수 있습니다. 우리 조상은 생활 주변에서 나는 여러 가지 재료를 이용하여 계절에 맞는 다양한 음식을 만들어 왔습니다. 주변의 바다와 산천에 나는 풍부하고 다양한 해산물과 갖은 나물이나 채소 등의 재료는 각각 고유한 맛을 가지고 있습니다. 이러한 재료를 이용하여 만들어진 여러 가지 음식은 지역의 특색을 살린 독특한 맛을 냅니다. 비빔밥의 경우, 콩나물을 비롯한 여러 가지 나물에 육회를 얹은 전주비빔밥, 숙주나물과 같은 갖은 나물을 얹은 밥에 선짓국을 곁들이는 진주비빔밥, 해초로 맛을 낸 통영 비빔밥 등 그 지역의 특산물에 따라 다양하게 만들어졌습니다. 김치 또한 시원하고 톡 쏘는 맛이 강한 것과 맵고 진한 감칠맛이 나는 것 등 지역에 따라 다양한 맛으로 만들어진 것을 볼 수 있습니다.

　　셋째, 우리의 전통 음식에서 우리 조상의 슬기와 문화를 경험할 수 있습니다. 우리 조상은 겨울을 나기 위하여 김장을 하고, 저장 온도와 저장 기간을 조절하여 겨울철에도 신선하게 채소를 먹을 수 있도록 하였습니다. 삼국 시대부터 발달한 염장 기술로 고기류와 어패류를 오랫동안 보관하여 맛있게 먹을 수 있도록 하였습니다. 또, 농경 생활 속에서 설이나 추석 등의 명절과 함께 세시 음식을 만들어 먹으며 정답게 어울려 지냈습니다.

　　우리나라의 전통 음식은 참살이 식품으로 세계 여러 나라 사람에게 주목을 받고 있습니다. 우리 조상의 넉넉한 마음과 삶에서 배어 나온 지혜가 담긴 전통 음식은 그 맛과 영양의 삼박자가 모두 갖추어져 있습니다. 우리는 우리 전통 음식의 과학성과 우수성을 알고 전통 음식에 관심을 가지고 사랑하여야겠습니다.

4 이 글에서 제시한 문제 상황은 무엇인가요?

① 전통 음식의 종류가 다양하지 않다.
② 어린이들이 외국 음식에 대해 잘 모른다.
③ 어린이들이 전통 음식을 거의 먹지 않는다.
④ 어린이들이 외국 음식의 좋은 점을 잘 모른다.
⑤ 어린이들이 전통 음식보다는 외국에서 유래한 음식을 더 좋아한다.

5 이 글의 내용과 <u>다른</u> 것은 무엇인가요?

① 청국장은 항암 효과, 해독 작용이 뛰어나다.
② 통영에서는 갖은 나물을 얹은 밥에 선짓국을 곁들여 먹는다.
③ 된장, 간장, 고추장 등에는 무기질, 비타민이 풍부하게 들어 있다.
④ 햄버거나 피자 등을 지나치게 많이 먹으면 건강이 나빠지기도 한다.
⑤ 밥은 어떤 반찬과도 잘 어우러져 균형 잡힌 영양분을 섭취하기에 좋다.

6 이 글에 담긴 글쓴이의 주장은 무엇인가요?

① 우리 조상의 지혜를 본받자.
② 전통 음식을 더 발전시키자.
③ 건강을 위해 편식하지 말자.
④ 우리나라 전통 음식에 관심을 갖고 전통 음식을 사랑하자.
⑤ 세계 여러 나라 사람에게 우리의 전통 음식을 널리 알리자.

7 글쓴이의 주장을 뒷받침하는 근거와 그 내용을 생각하며 빈칸에 알맞은 말을 차례대로 써 보세요.

근거	뒷받침 내용
전통 음식은 건강에 이롭다.	• 밥은 반찬과 어우러져 균형 잡힌 영양분을 섭취하기에 좋다. • 발효 식품에는 무기질, 비타민이 풍부하게 들어 있다.
전통 음식을 가까이하면 (　　　　) 과 (　　　　)에 따라 다양한 맛을 즐길 수 있다.	비빔밥이나 김치 등은 (　　　　)에 따라 다양한 (　　　　)으로 만들어졌다.
전통 음식에서 우리 조상의 (　　　　) 와 (　　　　)를 경험할 수 있다.	겨울을 나기 위하여 김장을 하였고 (　　　　)로 고기와 어패류를 오랫동안 보관하였으며 세시 음식을 만들어 먹으며 정답게 어울려 지냈다.

8 글쓴이의 주장을 생각하며 보기 의 낱말들을 모두 넣어 한 문장으로 된 제목을 써 보세요.

보기
맛   멋   사랑   영양   우리나라   전통 음식

제목(문장)	

우리말로 다듬기

🍎 외국에서 들어온 다음 낱말들과 바꾸어 쓸 수 있는 우리말을 찾아 선으로 바르게 이어 보세요.

참살이	소망 목록	댓글	안전문
몸과 마음의 건강을 통해 행복을 추구하며 살아가는 일.	죽기 전에 꼭 해야 할 일이나 꼭 하고 싶은 일들에 대한 목록.	인터넷에 오른 원문에 대하여 짤막하게 답하여 올리는 글.	승강장과 전동차가 다니는 선로 사이를 차단하는 문.

왜 그럴까?

'웰빙(well-being)'은 '참살이', '버킷리스트'는 '소망 목록'으로, '리플'은 '댓글'로, '스크린 도어'는 '안전문'으로 바꾸어 쓸 수 있습니다. 이처럼 우리말로 바꾸어 쓰면 낱말을 더 쉽게 이해할 수 있고, 아름다운 우리말을 지킬 수도 있습니다. 여러분도 일상생활에서 자주 사용하는 외래어를 우리말로 바꿔 써 보는 게 어떨까요?

10 제목 정하기 ❺

파이팅!

49일

| 글을 읽고 중심 내용 파악하기 | 글의 중심 내용을 담아 제목 정하기 | 글의 제목을 정하는 다양한 방법 알기 | 공부한 날 | 월 | 일 |

 다음 일기를 읽고, 물음에 답해 봅시다.

| 20○○년 7월 25일 수요일 | 날씨: 맑음 |

오늘은 모처럼 수업이 일찍 끝나는 수요일이다. 나는 아침부터 들뜬 마음으로 노래를 흥얼거리며 학교에 갈 준비를 하였다. 어머니께서는 무슨 좋은 일이라도 있느냐며 궁금해하셨다.

"오늘 학교 마치고 5학년 남자애들끼리 축구 시합을 하기로 했어요. 다른 날에는 수업이 많아서 아이들이 학교 마치면 집에 가니까 같이 놀기 힘들잖아요."

"그럼 네 짝꿍도 같이하겠네? 그 아이도 운동하는 것 좋아하잖아?"

"아마 제 짝꿍은 같이 못 할 거예요. 이번 시험에서 성적이 떨어졌다고 그 아이 어머니께서 새로운 학원에 등록하셨대요."

"어쩐지, 요즈음 그 아이 어깨가 축 처져 있더라니……. 그러면 네 짝꿍은 도대체 학원을 몇 군데나 다니는 거니? 힘들겠다."

어머니의 말씀을 듣고 보니 문득 내 짝꿍이 불쌍하다는 생각이 들었다. 내 짝꿍은 운동도 잘하고 악기를 연주하는 것도 좋아하는데, 어떤 날은 밤 10시가 되어야 집에 간다고 한다. 밤늦게까지 학원에 다니다 보니 잠도 부족해 보이고 스트레스도 많이 받는 것 같다.

초등학교 때부터 이렇게 늦은 시간까지 학원에 다니며 공부해야 하는 것일까? 우리 할아버지께서는 공부는 스스로 하는 습관을 가지는 것이 중요하다고 말씀하셨는데…….

1 글쓴이는 주로 무엇에 대한 생각과 느낌을 썼나요?

① 짝꿍이 다니는 학원의 종류
② 할아버지의 말씀과 나의 반성
③ 함께 놀지 못하는 짝꿍의 처지
④ 수요일이 다른 날보다 특별한 이유
⑤ 친구들과 축구 시합할 계획

2 글쓴이의 생각과 느낌을 생각하며 여러 가지 방법으로 일기의 제목을 붙여 보려고 합니다. 빈칸에 알맞은 말을 쓰세요.

| 강조하고 싶은 것을 중심으로 | 등장인물이나 사건을 중심으로 | 생각이나 느낌을 중심으로 |

늦은 시간까지 [ ][ ]에
다녀야 하는 것일까?

운동장 대신 [ ][ ]에
가야 하는 내 [ ][ ]

[ ][ ]에도
못 오는 [ ][ ] 짝꿍

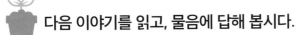

옛날 옛적, 어느 마을에 욕심쟁이 부자 영감이 살았어요. 어찌나 욕심이 많은지 한 번도 남을 도운 적이 없었어요.

그 욕심쟁이 부자 영감의 집 앞에는 커다란 느티나무가 한 그루 있었어요. 여름이면 부자 영감은 그 그늘 아래에 자리를 깔고 낮잠을 즐기고는 하였어요. 욕심 많은 부자 영감은 다른 사람들이 그 그늘에서 쉬지 못하게 하였어요.

그런데 그 마을에는 마음가짐이 바르고 똑똑한 총각이 살고 있었어요.

어느 날, 총각은 밭에서 일하다 너무 더워 부자 영감의 집 앞 느티나무 그늘로 갔어요.

"무슨 날씨가 이렇게 덥지? 저 느티나무 그늘에 가서 좀 쉬어야겠어."

총각이 잠들어 있는 부자 영감 곁에 앉아 한참 쉬고 있는데 부자 영감이 깨어 일어났어요.

"너 이놈, 왜 남의 그늘에서 쉬고 있느냐? 썩 나가지 못해?"

화를 내는 부자 영감의 말에 총각은 깜짝 놀라 눈이 휘둥그레졌어요.

"어찌 이 나무 그늘이 영감님의 것입니까?"

"이 느티나무는 우리 고조할아버지께서 심으셨으니 우리 집 것이 아니고 뭐란 말이야? 썩 나가지 못해?"

총각이 듣고 보니 그럴듯하였지만 아무래도 부자 영감의 마음보가 너무하다는 생각이 들었어요.

'고조할아버지가 심은 나무이니 자기네 것이라는 건 그렇다 치더라도 이렇게 더운 날 나무 그늘에서 내쫓다니 너무 심하단 말이야.'

총각은 궁리를 하다가 부자 영감에게 말을 걸었어요.

"영감님, 그런 줄도 모르고 제가 그만 실례를 했군요. 나무 그늘이 필요해서 그러니 저에게 팔지 않으시겠어요?" / 총각의 말에 부자 영감은 귀가 솔깃해졌어요.

"돈을 주고 이 나무 그늘을 사겠다고?" / "네."

"좋아. 그렇다면 나무 그늘을 팔겠네." / "얼마면 되겠어요?"

"음, 그늘이 크고 넓으니 다섯 냥만 내게."

총각에게 다섯 냥은 큰돈이었지만, 총각은 그날로 나무 그늘을 사 버렸어요.

"자, 어서 세어 보세요. 다섯 냥입니다."

"하나요, 둘이요, 셋이요, 넷이요, 다섯이라! 됐네. 지금부터 이 그늘은 자네 것이네."

"그럼, 영감님, 이 나무 그늘에서 나가 주시지요."

총각의 말에 부자 영감은 속으로 비웃었어요.

'바보 녀석, 나무 그늘이 어디 이것뿐인가.'

부자 영감은 다른 나무 그늘로 자리를 옮겨 가서는 다섯 냥을 만지작거리며 좋아하였어요.

다섯 냥으로 나무 그늘을 산 총각은 마을 사람들이 모두 마음 놓고 나무 그늘에서 쉬도록 해 주었어요.

㉠한낮이 지나가자 해가 서산으로 기울었어요. 해가 기울게 되니 그림자가 부자 영감의 집 마당 안으로 길게 기울어졌어요. 총각도 그 나무 그늘을 따라 부자 영감의 집 마당 안으로 자리를 옮겼어요.

그러자 부자 영감이 총각에게 화를 냈어요.

"이놈아, 왜 남의 집 마당 안까지 들어왔느냐? 썩 나가지 못해?"

"영감님, 저는 제 나무 그늘에 앉아 있어요. 영감님께서 분명히 다섯 냥을 받고 판 나무 그늘이 아닙니까?"

총각은 태연스럽게 말을 하였어요. 듣고 보니 맞는 말인지라 부자 영감은 할 말이 없었어요.

- 민영 엮음, 「나무 그늘을 산 총각」 중에서

3 이 글에서 부자 영감이 느티나무 그늘을 자신의 것이라고 주장하는 이유를 쓰세요.

4 이 글에 등장하는 인물과 그 인물이 한 행동을 선으로 바르게 이어 보세요.

(1) 부자 영감 •

• 다섯 냥을 받고 느티나무 그늘을 판다.

• 다섯 냥을 주고 느티나무 그늘을 산다.

• 마을 사람들이 모두 나무 그늘에서 쉴 수 있도록 한다.

(2) 총각 •

• 자신의 집 마당에 다른 사람이 들어오는 것을 못마땅해한다.

5 총각이 부자 영감에게 나무 그늘을 산 까닭으로 알맞은 것은 무엇인가요?

① 부자 영감의 나무 그늘이 제일 시원해서
② 다섯 냥이면 나무 그늘 가격으로 싸다고 생각해서
③ 나무 그늘을 산 뒤에 다시 마을 사람들에게 되팔려고
④ 부자 영감의 나무 그늘을 사면 자신도 부자가 될 것 같아서
⑤ 나무 그늘이 자기 것이라고 우기는 부자 영감의 마음보가 미워서 골탕 먹이려고

6 이 이야기에서 사건이 일어난 순서대로 번호를 쓰세요.

| 해가 기울어 나무 그늘이 부자 영감의 집 마당 안으로 기울어지자 총각도 안으로 들어가 그늘이 있는 곳에서 쉰다. ☐ | 욕심쟁이 부자 영감이 자신의 집 앞의 커다란 느티나무 그늘이 자기 집 것이라며 다른 사람들은 쉬지 못하게 한다. ☐ | 총각이 욕심쟁이 부자 영감이 제시한 금액을 주고 느티나무 그늘을 산다. ☐ |

7 ㉠으로 인해 총각이 어떻게 행동했는지 정리하여 써 보세요.

8 이 이야기에 나온 인물과 사건을 생각하며 제목을 붙여 봅시다.

인물을 중심으로	
사건을 중심으로	

9 보기 를 참고하여 이 글의 제목을 재미있게 바꿔 써 보세요.

보기

'학원에 가야 하는 내 짝꿍' → '짝꿍아, 축구공이 안부 전해 달래.'

원제목	바꾼 제목
나무 그늘을 산 총각	

재미있는 낱말 놀이터 '입'과 관련된 관용 표현

🍎 우리 몸의 '입'과 관련된 관용 표현을 찾고, 그 뜻을 선으로 바르게 이어 보세요.

(1) 남의 집 궂은일을 거들어 주고 한 푼 두 푼 주는 대로 받아서 <u>입에 풀칠이나</u> 하고 살았지.

(2) 도깨비를 만났다니, <u>입이 떡 벌어질</u> 일이로구나.

(3) 어린 소년이 도깨비를 만났다는 소문 이 <u>사람들 입에 오르내렸다.</u>

•

•

•

•

•

•

매우 놀라거나 좋아하다.

어렵사리 겨우 살아가다.

소문이 퍼져 자꾸 남의 입에 오르내리다.

왜 그럴까?

우리 몸에서 '입'은 음식을 먹거나 말을 하는 기관입니다. 그래서인지 '입'과 관련된 관용 표현은 이러한 입의 역할과 관련되어 있습니다. '입에 풀칠하다'에서 '풀'이란 쌀가루나 밀가루에 물을 부어 끓여 만든 끈끈한 것으로, 밥을 먹지 못해 묽은 풀만 쑤어 먹어야 하는 가난한 상황을 드러냅니다. 이외에 입과 관련된 관용 표현에는 '여러 사람이 같은 의견을 말하다'라는 뜻의 '입을 모으다', '하던 말을 그치다'라는 뜻의 '입을 다물다' 등이 있습니다.

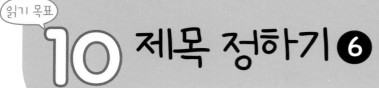

읽기 목표

10 제목 정하기 ❻

| 글을 읽고 중심 내용 파악하기 | 글의 중심 내용을 담아 제목 정하기 | 글의 제목을 정하는 다양한 방법 알기 | 공부한 날 | 월 | 일 |

 정리 앞에서 배운 '제목 정하기' 내용과 관련하여 아래와 같이 정리하려고 합니다. 보기 에서 빈칸에 알맞은 말을 찾아 쓰세요.

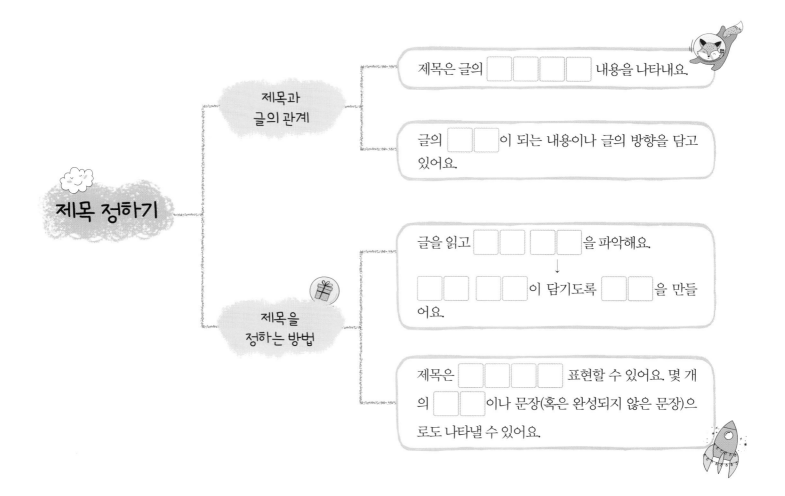

제목 정하기

제목과 글의 관계

제목은 글의 ☐☐☐☐ 내용을 나타내요.

글의 ☐☐ 이 되는 내용이나 글의 방향을 담고 있어요.

제목을 정하는 방법

글을 읽고 ☐☐☐☐ 을 파악해요.
↓
☐☐☐☐ 이 담기도록 ☐☐ 을 만들어요.

제목은 ☐☐☐☐ 표현할 수 있어요. 몇 개의 ☐☐ 이나 문장(혹은 완성되지 않은 문장)으로도 나타낼 수 있어요.

| 보기 | 낱말 | 제목 | 중심 | 대표적인 | 자유롭게 | 중심 내용 |

다음 글을 읽고, 물음에 답해 봅시다.

　　프랑스의 슈퍼마켓에서 쉽게 볼 수 있는 요구르트 용량은 125g이고, 미국 슈퍼마켓에서 볼 수 있는 가장 흔한 요구르트 용량은 227g이다. 프랑스 사람들은 용량이 적기 때문에 미국인들이 요구르트 하나 먹을 때 두 개를 먹을까?

　　음식의 섭취량을 결정하는 가장 단순하면서도 위력적인 요소는 바로 용기의 크기다. 음식이 담긴 그릇, 즉 한 번 먹을 때 나오는 기본 단위가 클수록 사람들은 음식을 더 많이 먹게 된다. 밥그릇이 크면 밥그릇이 작을 때보다 밥을 더 많이 먹게 된다는 얘기다. 물론 다음과 같은 의문을 제기할 수도 있다. "배고픈 정도를 잘 알고 있다면 큰 그릇으로 먹을 때보다 작은 그릇으로 먹을 때 몇 그릇을 더 먹게 될 것이고, 결국 먹는 양은 같아지는 게 아닐까?", "아무리 그릇이 크다고 해도 배고픈 정도를 알면 밥을 남길 테니 결국 먹는 양이 같지 않을까?" 그러나 답은 '그렇지 않다'이다.

　　미국 콜롬비아 대학교의 저명한 심리학자인 폴 로진 교수가 동료들과 수행한 연구는 기본 단위의 크기가 섭취량에 결정적인 요소가 된다는 것을 보여 준다. 로진 교수팀은 한 회사의 빌딩과 한 아파트에서 다음과 같은 실험을 수행했다. 한 회사 로비에 아침 시간에 간단하게 먹을 수 있는 투시 롤이라는 캔디를 두고 사원들이 자유롭게 집어가게 했다. 어느 날은 3g의 작은 캔디 80개를 놔두었고 다른 날은 12g의 큰 캔디 20개를 비치했다. 그러고는 오후에 남아 있는 캔디 개수를 조사했다.

　　만일 사람들이 식욕대로 먹었다면 3g의 캔디를 비치했던 날, 12g의 캔디가 비치된 날보다 4배를 더 먹어야 하지 않았을까? 그러나 결과는 그렇지 않았다. 결과적으로 사람들은 12g의 캔디가 비치된 날 더 많은 양을 먹은 것으로 나타났다.

　　미국의 고급 아파트에서 진행된 실험도 같은 방법으로 수행되었다. 아파트 현관에 M&M(엠앤엠) 초콜릿이 가득 든 용기를 비치하고 거주자들이 오가며 떠먹을 수 있도록 초콜릿 용기 옆에 스푼을 놓아두었다. 첫날은 조그만 티스푼을 두었고 다음 날은 그보다 정확하게 4배 더 큰 스푼을 놓아두었다. 오후에 남아 있는 초콜릿 양을 조사했을 때 어떤 결과가 나왔을까? 예상한 대로 큰 스푼을 비치했을 때 훨씬 많은 초콜릿을 먹었다.

　　식욕이 식사량을 결정하기보다 그릇의 크기가 식사량을 결정한 것이다. 왜 이런 일이 발생할까? 그것은 그릇의 크기가 프레임으로 작동하기 때문이다. 사람들은 기본적으로 제시되는 양이 '사회적으로 바람직한 평균적인 양'이라고 해석하는 경향이 있다. 그래서 그릇이 큰 경우에는 남기는 것에 죄책감을 느끼고, 그릇이 작은 경우 더 먹게 되면 '너무 많이 먹는 것 아닌가'하는 불안감을 경험한다. 물론 아무도 이런 생각을 강요하지는 않는다. 다만 눈앞에 제시된 그릇의 크기가 프레임으로 작동하면서 그 양이 '표준'이라고 여기도록 유도하는 것이다.

- 최인철, 『프레임 - 나를 바꾸는 심리학의 지혜』 중에서

1 이 글을 통해 알 수 있는 내용으로 알맞은 것은 무엇인가요?

① 각 나라마다 요구르트의 용량은 같다.
② 그릇의 크기와 식사량은 관계가 없다.
③ 큰 스푼으로 먹으면 더 많은 양을 먹는다.
④ 음식을 작은 그릇에 담으면 더 큰 식욕을 불러일으킨다.
⑤ 미국인이 요구르트를 하나 먹을 때 프랑스인은 두 개를 먹는다.

2 다음은 글쓴이의 주장을 뒷받침하는 실험 내용을 표로 정리한 것입니다. 빈칸에 알맞은 내용을 써 넣으세요.

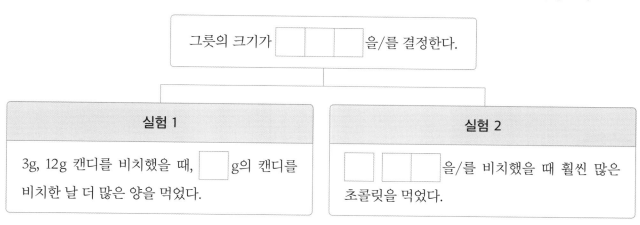

그릇의 크기가 [　] [　] 을/를 결정한다.

실험 1	실험 2
3g, 12g 캔디를 비치했을 때, [　]g의 캔디를 비치한 날 더 많은 양을 먹었다.	[　] [　] 을/를 비치했을 때 훨씬 많은 초콜릿을 먹었다.

3 이 글에 따르면 식사량을 적게 조절해야 하는 사람에게 필요한 그릇과 스푼은 어느 것인가요?

① ② ③ ④ ⑤

4 이 글의 중심 내용으로 알맞은 것은 무엇인가요?

① 식사량은 식욕과 전혀 관련이 없다.
② 배고픈 사람이 더 많이 먹는 것이 아니다.
③ 큰 그릇은 음식을 더 맛있게 보이도록 한다.
④ 식욕보다 그릇의 크기가 식사량을 결정한다.
⑤ 사람들은 먹을 때 죄책감과 불안감을 동시에 느낀다.

5 4에서 답한 중심 내용이 잘 드러나게 ㉠에 들어갈 이 글의 제목을 써 보세요.

6 보기 와 같이 읽는 이를 고려하여 이 글의 제목을 바꾸어 써 보세요.

> 보기
>
> 읽는 이: 영양사 선생님
>
> 제목: 학생들의 비만 해결책

읽는 이: 살을 빼고 싶은 사람

제목:

재미있는 낱말 놀이터

맨 앞에 오면 달라지는 말

🍎 올바른 발음을 생각하며 괄호 안의 알맞은 낱말에 ○표 하세요.

딸: 아빠, 요즘 우리 코코가 입맛이 없는지 (식사양 / 식사량)이 많이 줄어 걱정이에요.

아빠: 그러게 말이다. 한 달 전에 산 사료의 (양 / 량)도 많이 줄지 않았구나. 어디가 아픈가?

아들: 엄마, 초등학교 졸업 (연도 / 년도)가 언제예요?

엄마: 언제였더라? 그나저나 세월이 참 빠르구나. (내연 / 내년)이면 우리 아들이 6학년이라니.

왜 그럴까?

분량이나 수량을 나타내는 말인 '량'이나 해를 세는 단위인 '년'은 낱말의 첫머리가 'ㄹ'이나 'ㄴ'으로 시작하므로 이 경우, '량'은 '양'으로 '년'은 '연'으로 써야 합니다. 그러나 '식사량'이나 '내년'과 같이 'ㄹ'이나 'ㄴ'으로 시작하는 글자가 첫머리에 오지 않을 경우에는 '식사량', '내년'과 같이 그대로 씁니다. 이처럼 일부 소리가 단어의 첫머리에 발음되는 것을 꺼려 나타나지 않거나 다른 소리로 발음되는 일을 두음 법칙이라고 합니다.

| 부모님용 |

바른답과 지도 방법

하루 한 장 학습지의 안에 수록된 QR 코드를 찍어 보세요.
바른답은 물론, 수록된 글에 대한 설명과 문제의 해설을 확인하실 수 있습니다.

 9권 5학년 1학기

읽기 목표	주요 학습 내용	학습 일차
1. 주장과 근거의 타당성 평가하기	글쓴이의 주장과 이를 뒷받침하는 근거를 찾고, 주장의 타당성과 근거의 적절성을 평가할 수 있어요.	1~4일차
2. 낱말의 뜻 짐작하며 읽기	낱말의 짜임이나 앞뒤 문맥 등을 고려하여 낱말의 뜻을 짐작하며 읽을 수 있어요.	5~8일차
3. 인물과 배경을 바탕으로 이어질 내용 추론하기	이야기에서 인물의 성격과 처한 상황, 시간적·공간적 배경을 바탕으로 뒤에 이어질 내용을 추론할 수 있어요.	9~12일차
4. 여러 가지 설명 방법 알기	분류, 분석, 비교, 대조의 설명 방법의 특징을 알고, 글에 사용된 설명 방법을 파악할 수 있어요.	13~18일차
5. 문장의 호응 관계를 고려하며 읽기	문장 성분을 고려하여 호응 관계를 파악하고, 어색한 문장을 바르게 바꿀 수 있어요.	19~22일차
6. 작품 속 인물의 갈등 파악하기	작품 속 인물의 관계를 바탕으로 갈등의 원인과 해결 과정을 파악할 수 있어요.	23~28일차
7. 질문 만들며 글 읽기	여러 가지 질문을 만들며 글을 읽는 방법을 연습하고, 떠올린 질문의 적절성을 판단할 수 있어요.	29~34일차
8. 글쓴이의 관점 파악하기	대상에 대한 생각이나 태도에 따라 관점이 다를 수 있음을 알고, 글에 나타난 글쓴이의 관점을 파악할 수 있어요.	35~40일차
9. 한글 맞춤법, 띄어쓰기에 유의하며 글 읽기	혼동되는 낱말의 뜻과 한글 맞춤법·띄어쓰기의 주요 규정을 알고 글을 읽으며 잘못된 부분을 바르게 고칠 수 있어요.	41~44일차
10. 제목 정하기	글을 읽고 중심 내용이 잘 드러나도록 다양한 방법으로 제목을 정할 수 있어요.	45~50일차

주장과 근거의 타당성 평가하기

❶- 1일차

1. ⑤   **2.** ·주장: ㉯ / ·근거: ㉮

3. 적절하지 않다.
[예시 답안] ·주장과 관련이 없다. / ·주장을 뒷받침하는 내용이 아니다.

4. ③   **5.** ②

6. [답] ·목적지가 뚜렷하면 현실이 비록 힘들고 고되어도 힘이 난다. / ·목적지가 있으면 삶이 훨씬 더 신나고 재미있다.

7. 적절하다.
[예시 답안] 근거가 주장과 관련되어 있고 주장을 뒷받침하고 있다.

❸ 근거의 적절성을 판단하기 위한 기준으로는 근거가 주장과 관련이 있는지, 주장을 잘 뒷받침하고 있는지를 살펴보아야 합니다. 이 글의 주장은 식물에 물을 주자는 것입니다. 앞에서 햇볕을 잘 받고 있다고 하였으므로 이는 문제 상황이 아닙니다. 그런데 ㉠은 햇볕의 중요성을 이야기하고 있으므로 근거로 적절하지 않습니다.

❼ 이 글에서 글쓴이는 근거를 들어 가며 '인생의 목적지를 정하자.'라는 주장을 하고 있습니다. ㉠이 글쓴이의 주장과 관련이 있는지, 주장을 잘 뒷받침하고 있는지 평가하도록 이끌어 주세요.

낱말 놀이터

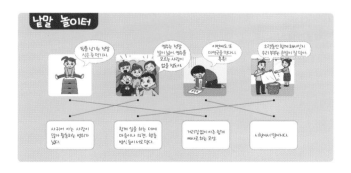

❷- 2일차

1. [답] 숲을 살리자.

2. ㉢   **3.** ④   **4.** ①

5. ·주장: 연극 동아리를 만들자
·근거: 옆 반도 연극 동아리가 있어서 질 수 없다.

6.

채윤: 연극 동아리 활동을 통해 얻게 되는 기쁨을 제시하지 않았어.	지후: 경진이는 연극 동아리를 만들자는 주장과 대립되는 근거를 제시했어.	호준: 옆 반에 질 수 없다는 근거로 제시한 것은 주장과 관련성이 적어서 적절하지 않아.
( )	( )	(○)

7. [답] ·그동안 하지 못했던 운동을 마음껏 할 수 있다. / ·운동을 하면 두뇌가 좋아진다.

8. ①, ⑤

9. 적절하지 않다.
[예시 답안] 전문가가 아닌 개인의 확인되지 않은 의견을 근거로 제시하는 것은 적절하지 않다.

10. ②

❸ 주장에 대한 근거의 적절성을 판단하는 기준은 '근거가 주장과 관련이 있는가'와 '주장을 뒷받침 하는가'입니다. 이 글에서 '숲에는 사람을 해치는 동물이 있어서 몹시 위험하다.'라는 근거는 숲을 살리자는 주장을 제대로 뒷받침하지 못하므로 근거로 적절하지 않습니다.

❾ 형의 말은 사실 여부가 확인되지 않았을 뿐 아니라 형을 권위자나 전문가로 보기도 어렵기 때문에 형의 말을 인용한 근거는 적절하지 않다고 볼 수 있습니다. 형의 말을 적절한 근거로 볼 수 없는 까닭을 구체적으로 생각해 보도록 이끌어 주세요.

낱말 놀이터

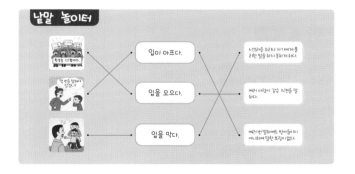

1. ②

2. [답] 일주일에 한 번 정도는 흰 우유 대신에 초코 우유나 딸기 우유를 먹을 수 있도록 학교에 건의 하겠습니다.

3. ③　　　　**4.** 독서 편식　　　　**5.** ①

6. ·주장: ㉮ / ·근거: ㉯, ㉰

7.

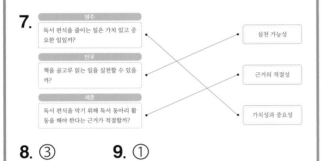

8. ③　　　　**9.** ①

❸ 선거 유세에 제시된 공약에서 주장과 근거의 적절성을 판단하려면 신뢰성, 타당성, 가치성, 중요성, 실천 가능성이 있는지 살피고, 지나치게 감정적인 자극을 하지는 않는지 평가해야 합니다. 문제 3번에서 시윤이는 공약이 학생들에게 중요하고 가치 있는 일인지 따지고 있으므로 '가치성과 중요성'을 기준으로 판단하고 있음을 알 수 있습니다.

❼ 가치성과 중요성은 '영주'처럼 그 일이 얼마나 가치 있고 중요한 일인지를 따져 보는 것입니다. 실천 가능성은 그 주장이 실생활로 이어질 수 있는지, 현실로 가능한지를 따져 보는 것입니다. 근거의 적절성은 근거가 주장과 관련되어 있는지, 주장을 잘 뒷받침하고 있는지 따져 보는 것입니다.

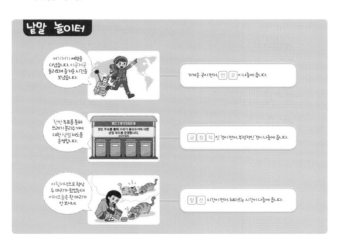

1. ⑤　　　　　　　　**2.** ⑤

3. [답] 신조어로 인해 한글이 갈 곳이 없어지고 있다.

4. 봄이　　　　　　　　**5.** ㉢

6. [예시 답안] 신조어라고 해서 모두 나쁜 말만 있는 것은 아니다. / 새로운 상황에서 새로운 말이 필요하기도 하다.

7. ②

❼ 소현이가 우리 몸의 7퍼센트가 물이라는 근거를 제시하자 우주는 자신이 책에서 본 사실과 다르다면서 의문을 제기합니다. 근거로 제시하는 내용은 사실이어야 하는데 소현이가 제시한 근거는 사실이 아니기 때문입니다. 실제로 물은 우리 몸의 약 70퍼센트를 차지합니다. 이와 같이 주장을 뒷받침하는 근거가 사실과 다를 경우 주장을 믿을 수 없다는 점을 지도해 주세요.

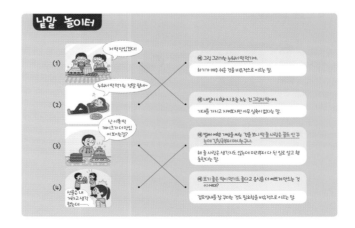

낱말의 뜻 짐작하며 읽기

①- 5일차

1. ④   **2.** ①

3.

눈	+	사람	⇒	눈사람
	+	싸움	⇒	눈싸움

4. ③

5. 쪼갤 수 없는 낱말, 볶음밥, 쪼갤 수 없는 낱말

6. ④

7.

나팔꽃	⇒	나팔	+	꽃	→	나팔 모양의 보라색, 붉은색, 흰색 꽃
쓰레기통	⇒	쓰레기	+	통	→	쓰 레 기 을/를 담거나 모아 두는 통

② 글을 꼼꼼하게 읽으면서 눈의 종류와 눈과 관련된 낱말의 뜻을 짐작하도록 지도해 주세요. 글에서 설명한 눈의 종류는 눈의 모양과 관련이 깊습니다.

③ 글의 앞뒤를 읽으며 낱말의 뜻을 짐작하거나, 쪼갤 수 있는 낱말의 경우 두 개의 낱말에서 공통되는 부분과 아닌 부분으로 낱말을 쪼개어 보면서 그 뜻을 짐작해 보도록 이끌어 주세요.

④ 이 글에서 '쪼갤 수 있는 낱말'은 쪼갠 부분을 보면 뜻을 짐작할 수 있다고 했습니다. 반면 쪼갤 수 없는 낱말의 뜻을 알고 싶다면 문맥을 보고 뜻을 짐작하거나 국어사전을 찾아보아야 합니다.

⑥ 먼저 낱말을 '쪼갤 수 있는 낱말'과 '쪼갤 수 없는 낱말'로 구별할 수 있도록 지도해 주세요. 그리고 '쪼갤 수 있는 낱말'을 이리저리 쪼개어 볼 수 있게 해 주세요. 예를 들어, 쪼갤 수 있는 낱말인 '볶음밥'을 '볶음'과 '밥'으로도 쪼개 보고, '볶'과 '음밥'으로도 쪼개어 보면서 어느 것이 맞는지 스스로 판단하도록 이끌어 주세요. 쪼갤 수 없는 낱말인 '사과'는 '사'와 '과'로 나눌 경우 아무 뜻이 없다는 것도 알 수 있도록 해 주세요.

②- 6일차

1. ②

2.

햇	+	사과	⇒	햇사과
	+	밤	⇒	햇밤

• '햇'의 뜻을 짐작할 수 있는 문장은 어느 것일까요? (㉡)

3. ①

4.

㉠ 소고기	⇒	소	+	고기
㉡ 생새우	⇒	생	+	새우
㉢ 애호박	⇒	애	+	호박
㉣ 풋고추	⇒	풋	+	고추

5.

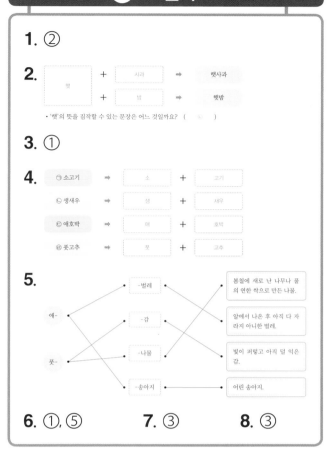

- 애- ─ -벌레 · -감 · -나물 · -송아지
- 풋-
- 봄철에 새로 난 나무나 풀의 연한 싹으로 만든 나물.
- 알에서 나온 후 아직 다 자라지 아니한 벌레.
- 빛이 퍼렇고 아직 덜 익은 감.
- 어린 송아지.

6. ①, ⑤   **7.** ③   **8.** ③

② ㉡에서 할머니께서는 나를 위해 '~ 해마다 새로 난 사과와 밤을 꼭 보내 주신다.'라고 하였으므로, '햇'은 '그해에 새로 난'이란 뜻임을 짐작할 수 있습니다.

⑤ '애-'는 '어린' 또는 '작은'의 뜻을 더하는 말이고, '풋-'은 '처음 나온', 또는 '덜 익은'의 뜻을 더하는 말입니다. '애호박, 애벌레, 애송아지'를 통해 '애-'의 뜻을 짐작해 볼 수 있도록 하고, '풋고추, 풋감, 풋나물'을 통해 '풋-'의 의미를 짐작해 볼 수 있도록 이끌어 주세요.

⑦ '이윤'은 물건을 팔아 번 돈에서 물건을 만들거나 장사를 하는 데 들어간 돈을 뺀 것입니다. '한 푼의 이윤도 남기지 않는다.'라는 문장에서 아이들 스스로 '이윤'의 낱말 뜻을 짐작할 수 있도록 이끌어 주세요.

낱말 놀이터

1. ×, ○, ×

2.

낱말	바꾸어 쓸 수 있는 낱말	낱말을 넣어 만든 문장
골똘히	대충, 아무렇게나	할아버지께서는 ( )에는 많이 먹어야 한다고 말씀하셨다.
어영부영	열심히, 집중하여	나는 누가 오는 줄도 모르고 ( ) 책을 읽었다.
한창때	젊을 때	부모님께 내가 ( ) 만든 카네이션을 달아 드렸다.
손수	직접	( )하다가 방학이 다 지나 버렸다.

3. ①   **4.** ⑤

5. ③

6.
「명사」
①「1」큰길에서 좁은 길로 들어가는 어귀. ¶길나들이01「1」. ·길머리.
   ¶세 갈래 **길목**/큰길로 가다가 오른쪽 **길목**으로 빠지면 바로 우리 집이다.
②「2」길의 중요한 통로가 되는 어귀. ¶길나들이01「2」.
   ¶**길목**을 막다/**길목**마다 지키다/그는 그녀가 다니는 **길목**에서 한참을 기다리고 있었다.
「3」어떤 시기에서 다른 시기로 넘어가는 때를 비유적으로 이르는 말.
   ¶혁명의 **길목**/금세기는 다원적 세계로 나가는 **길목**에 서 있다.

7.
```
        우리나라, 마을, 길목, 얼굴, 장난꾸러기
        ┌─────────────────┴─────────────────┐
   쪼갤 수 없는 낱말                   쪼갤 수 있는 낱말
   ┌──────┴──────┐               ┌──────┴──────┐
      마을, 얼굴                    우리나라, 길목, 장난꾸러기
```

8. 수호신, 이정표

❺ 낱말의 뜻을 짐작하는 방법에는 앞뒤의 문장이나 낱말을 살펴보는 방법, 비슷하거나 반대되는 뜻의 낱말을 넣어 보는 방법, 낱말이 사용된 예를 떠올려 보는 방법이 있습니다. 그리고 쪼갤 수 있는 낱말은 낱말을 쪼개어서 뜻을 짐작해 보는 것도 도움이 됩니다. 이렇게 뜻을 짐작한 뒤에는 짐작한 뜻이 맞는지 확인해야 한다고 이끌어 주세요.

❽ 낱말의 뜻을 짐작하는 방법 중 앞뒤의 문장을 살펴보는 방법을 활용한 문제입니다. 빈칸 뒤에 이어지는 문장의 내용을 통해 빈칸에 들어갈 알맞은 말을 짐작할 수 있도록 이끌어 주세요. 뜻을 짐작한 뒤에는 그 낱말을 넣었을 때 문장이 자연스러운지도 확인해야 합니다.

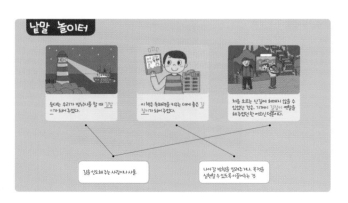

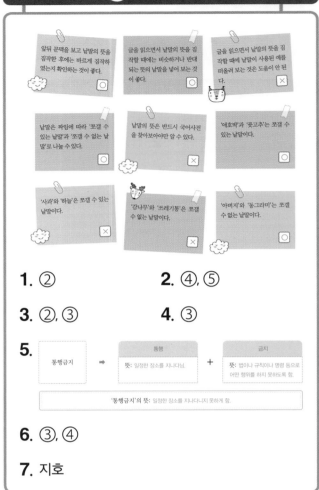

1. ②   **2.** ④, ⑤

3. ②, ③   **4.** ③

5.

통행금지	⇒	통행	+	금지
		뜻: 일정한 장소를 지나다님.		뜻: 법이나 규칙이나 명령 등으로 어떤 행위를 하지 못하도록 함.

'통행금지'의 뜻: 일정한 장소를 지나다니지 못하게 함.

6. ③, ④

7. 지호

❹ 숭례문의 내부 구조가 견실하여 조선 초기의 건축 기법을 잘 간직하고 있다고 한 것으로 보아, '튼튼하다', '견고하다'와 비슷한 뜻으로 쓰인 말임을 알 수 있습니다.

4

읽기 목표 3
인물과 배경을 바탕으로 이어질 내용 추론하기

① - 9일차

1. ⑤　　　　2. ③
3. ③　　　　4. ②
5. ⑤　　　　6. ③
7. ③

❸ 똘똘이는 영이에게 떡을 주고 편을 들어 주는 등 다정한 아이입니다. 영이가 소꿉장난을 혼자 하고 있으면서 똘똘이를 끼워 주지 않아 상심한 상태이지만 영이에게 짜증을 내기보다 자신이 잘해 주었던 기억을 상기시키고 있습니다. 똘똘이가 같이 놀고 싶어 하는 상황에서 끈기 있는 성격이라면 계속 영이에게 다정하게 대해서 영이의 마음을 돌리는 것이 이어질 내용으로 자연스럽습니다.

❻ 양식을 똑같이 나누느냐, 아픈 사람에게 더 주느냐 하는 갈등 상황에서 등장인물들의 의견이 일치하지 않아 갈등이 계속 이어질 것으로 짐작할 수 있습니다. 인물들의 말을 통해 성격을 짐작해 보고, 인물의 성격을 고려하였을 때 이어질 내용으로 알맞은 것을 고를 수 있도록 이끌어 주세요.

❼ '남자 1'은 어려운 사람을 먼저 생각하는 따뜻한 성격이지만, '남자 1'을 제외한 나머지 승객들은 어려운 이웃을 배려하는 마음이 부족합니다. 또, '선장'은 공정한 성격입니다. 구명보트에 한 명을 태울 수 있는 상황이 발생하면 인물들은 자신의 성격에 맞게 상황에 대처하며 사건을 이끌어 갈 것입니다.

② -10일차

1. ③　　　　2. ④
3. ④　　　　4. ②

5.

장소의 변화	겪었던 사건 혹은 겪을 수 있는 사건
양계장	사 료 를 먹을 수 있지만 갇혀 지내며 알 을/를 품을 수 없다.
마 당	족 제 비 로부터 안전하지만, 바 둑 이 과/와 굶주림을 겪었다.
야 산	안전하지 않지만, 자유가 있다.

6. ②　　　　7. ④
8. ⑤

9. [예시 답안] ・마당을 벗어나지 않고 만족하며 살아간다. / ・주인 부부가 주는 먹이를 먹으며 마당에서 사는 삶이 행복하다고 생각한다.

❸ 앞의 글에서 잎싹은 양계장에서 알을 얻기 위하여 기르는 암탉이라고 했으므로, 잎싹이 알을 낳지 못하자 주인 부부가 소용 가치가 없어졌다고 판단하고는 구덩이에 갖다 버린 것입니다.

❻ 나그네의 비명 소리가 난 뒤 '뭉툭한 꼬리 같은 것'이 지나갔다는 것에서 짐작할 수 있습니다. 야산은 들 가까이에 있는 나지막한 산으로, 족제비가 다니는 안전하지 않은 곳입니다. 사건이 벌어진 장소와 나그네에게 일어난 사건을 연결 지을 수 있습니다.

❼ 야산은 나그네가 죽은 곳이기 때문에 잎싹에게도 안전하지 않습니다. 잎싹이 야산에서 계속 지낸다면 자신을 보호하기 위해 항상 긴장하며 살 것입니다.

5

1. ③

2. 베옷, 고려, 면

3. ①

4. 목화씨 열 알

5. ③

6. ②

7. ③

8. ④

9. 홍원, 실, 방법, 홍원, 문익점, 고려

❶ 고려 사람인 문익점이 원나라에서 엄하게 금지한 목화씨를 고려로 가져오려고 결심한 이유는 고려에는 목화씨가 없어서 재배를 하지 못했기 때문입니다. 그로 인해 면의 값이 너무 비싸 한겨울에도 베옷을 입고 지내는 조국의 백성들이 떠올랐던 것입니다. 따라서 고려에 목화씨가 없었던 것이지 목화가 자라지 않은 것은 아닙니다.

❻ 앞의 글에서 문익점이 살던 당시 고려의 사람들은 목화를 재배하지 않으며, 중국에서 면을 수입해 쓰고 있다고 하였습니다. 또한 면의 값이 매우 비싸 일반 백성들은 구입하지 못해 한겨울에도 베옷을 입고 지낸다고 하였습니다. 이러한 시대적 상황을 고려하여 내용을 이해할 수 있도록 지도해 주세요.

❾ 문익점이 살았던 시대적 배경을 고려해 볼 때 목화에서 실을 뽑는 방법을 고려인이 알기는 어려웠던 것으로 보입니다. 이 글에는 중국인 승려였던 홍원을 극진히 대접하는 부분까지 나옵니다. 이러한 노력 끝에 홍원에게 실 뽑는 방법을 전수받아 고려 사람들에게 널리 알려 주거나, 홍원이 거절하여 문익점(또는 정천익)이 또 다른 노력을 하는 내용이 이어지는 것이 자연스럽습니다.

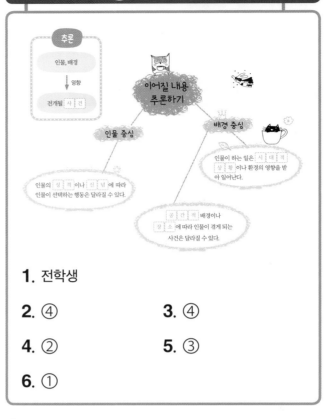

1. 전학생

2. ④

3. ④

4. ②

5. ③

6. ①

❺ 엄석대를 만난 다음 날이기 때문에, '나'는 아직 학급의 분위기를 완전히 파악하지 못했을 것이고, 심리의 변화 또한 크게 일어나지 않은 상황이라고 보아야 합니다. '나'는 자존심이 강한 성격이기 때문에 "반장이 부르면 다야?"라고 했던 것과 같이 엄석대에게 물을 떠다 주라는 말에 저항했을 것으로 짐작할 수 있습니다.

여러 가지 설명 방법 알기

❶ - 13일차

1. ③　　　　　　**2.** ⑤

3. ①, ⑤　　　　**4.** 태극기

5. ②　　　　　　**6.** 태극 문양, 사괘

7. (1) 건 — 하늘
(2) 곤 — 물
(3) 감 — 땅
(4) 이 — 불

8. (1) (○)　(2) ( )　(3) ( )

9. 분석

❸ ㉠은 풀만의 특성, ㉡은 나무만의 특성으로 정리해야 하는 부분입니다. 가운데 겹치는 부분은 풀과 나무의 공통점이 들어가야 하는 곳으로, 문제 2번과 관련지어 지도할 수 있습니다.

❻ 태극기의 모양을 '흰색 바탕', '태극 문양', '사괘'로 나누어 설명하는 글입니다. 문단별로 무엇을 설명하고 있는지 찾아보고 글의 구조를 파악할 수 있도록 이끌어 주세요.

❼ 왼쪽 위의 건(☰)은 하늘, 오른쪽 아래의 곤(☷)은 땅, 오른쪽 위의 감(☵)은 물, 왼쪽 아래의 이(☲)는 불을 상징한다고 하였습니다.

❽ 이 글은 분석의 방법으로 태극기에 담긴 뜻을 설명하고 있습니다. (1)은 분석, (2)는 분류, (3)은 비교와 대조의 설명 방법으로 쓴 글을 정리하기에 적절한 틀입니다.

❷ - 14일차

1. ④　　　　　　**2.** ③

3. ①　　　　　　**4.** ②

5. ②, ⑤　　　　**6.** ②

7. ③　　　　　　**8.** ⑤

9.

물
기준: 수질 (오염) 정도

1급수	2급수	3급수	4급수
• (사람)이 먹을 수 있고 모든 물고기가 살 수 있는 물. • 생물 지표: 버들치, 열목어, 가재, 금강모치 등	• 비교적 맑고 (냄새)가 없는 물. • 생물지표: 피라미, 갈겨니, 소금쟁이, 다슬기 등	• 황갈색을 띠며 (거품)이 이는 탁한 물. • 생물 지표: 붕어, 미꾸라지, 메기, 뱀장어 등	• (오염)이 심해 썩은 냄새가 나는 물. • 고도의 (정수) 처리를 해야만 농업용수나 공업용수로 이용 가능함. • 생물 지표: 실지렁이, 종벌레, 물풍뎅이 등

10. ③

❸ 이 글은 제주도의 옛날 대문을 '정주먹'과 '정낭'으로 나누어 설명한 글로, 분석의 방법이 사용되었습니다. 한 개이면 집주인이 가까운 곳에, 두 개이면 조금먼 곳에, 세 개이면 집주인이 아주 먼 곳에 가 있음을 의미하며 걸쳐진 정낭이 없으면 집안에 사람이 있다는 뜻이라고 하였습니다.

❼ '버들치, 열목어, 가재, 금강모치'가 살 수 있을 정도의 물이 1급수인 것은 맞지만, 1급수는 이 외에도 모든 물고기가 살 수 있는 깨끗한 물입니다.

❾ 이 글은 수질 오염 정도를 각종 생물 지표를 활용하여 1급수부터 4급수까지 나누고 있습니다.

❸ - 15일차

1. ⑤   **2.** ②, ⑤

3. 시신   **4.** 가야금, 거문고

5. ③, ④   **6.** 농현

7. ②   **8.** ①   **9.** ⑤

10. ・가야금 - 가실왕 / ・거문고 - 왕산악

11. 비교, 대조

---

② 이 글은 북방식 고인돌과 남방식 고인돌의 공통점과 차이점을 비교와 대조의 방법을 사용하여 설명한 글입니다. '고인돌은 크게 북방식 고인돌과 남방식 고인돌로 나눌 수 있다.'라는 첫 문장만 보고 '분류'의 방법으로 설명한 글이라고 생각하지 않도록 이끌어 주세요.

⑥ '농현(弄_희롱할 농, 絃 _현 현)'은 현을 솜씨 있게 다룬다는 뜻으로, 거문고와 가야금에 공통적으로 쓰이는 기법이지만 연주 방법은 서로 다릅니다. 마지막 문단에서 두 악기의 공통점과 차이점을 설명한 부분을 구별할 수 있도록 이끌어 주세요.

⑦ ③과 ④는 지문의 ～～～～ 부분에, ⑤는 마지막 문단을 보면 알 수 있습니다. ② '술대'로 연주하는 것은 거문고의 특징입니다. 해당하는 내용을 지문에서 하나하나 찾아 확인해 가며 문제를 풀도록 이끌어 주세요.

⑧ ④가야금은 12개의 줄이 안족 위에 놓여 있습니다. ②, ③, ⑤는 거문고의 특징입니다.

⑨ ①, ②, ③, ④는 가야금의 특징입니다. ⑤ 거문고는 '술대'라고 하는 대나무 막대기로 연주합니다.

낱말 놀이터

---

❹ - 16일차

1. ①   **2.** ③   **3.** 분류

4. **가** : 남극과 북극   **나** : 컴퓨터   **다** : 운동

5. ④

6.

7. ⑤

8.

(1) 가	—	분석	—	전체를 여러 부분으로 나누어서 설명하는 방법
(2) 나		분류		두 가지 이상의 대상에서 공통점과 차이점을 찾아 설명하는 방법
(3) 다		비교, 대조		일정한 기준에 따라 비슷한 것끼리 갈래지어 설명하는 방법

9. **나**

---

② 동물과 식물 모두 생명을 가지고 스스로 생활을 유지해 간다고 하였습니다. 생명을 가지고 있는가는 생물과 무생물을 나누는 기준에 해당합니다.

⑨ 태린이는 나무의 구조에 대한 글을 쓰려고 하고 있으며 나무를 '뿌리, 줄기, 잎'의 구조로 나누어 각 부분의 역할을 쓰겠다고 하였으므로, '분석'의 방법을 선택하였습니다. **가**~**다** 중에서 태린이와 같이 '분석'의 방법으로 쓴 글은 **나**입니다.

낱말 놀이터

1. 감기, 독감

2.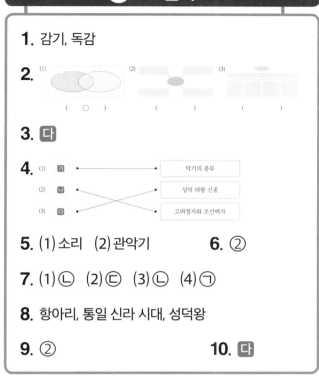
(1)   (2)   (3)
(○)   (   )   (   )

3. 다

4.
(1) 가 ●――――――● 악기의 종류
(2) 나 ●   ╳   ● 성덕 대왕 신종
(3) 다 ●――――――● 고려청자와 조선백자

5. (1) 소리 (2) 관악기   **6.** ②

7. (1) ㉡ (2) ㉢ (3) ㉡ (4) ㉠

8. 항아리, 통일 신라 시대, 성덕왕

9. ②   **10.** 다

② 이 글은 비교와 대조의 방법으로 감기와 독감의 공통점과 차이점을 설명하고 있습니다. (1)은 비교와 대조, (2)는 분석, (3)은 분류의 방법으로 쓴 글을 정리하기에 적절한 틀입니다.

⑤ 이 글은 소리를 내는 방법을 기준으로 현악기, 관악기, 타악기로 악기의 종류를 분류하여 설명한 글입니다.

⑥ '판이하다'는 '아주 다르다'는 뜻입니다. 뜻을 모르더라도 문맥을 살펴보면 '… 점이 같으나 …가 판이하다.'라고 하였으므로 '다르다'는 말임을 미루어 짐작할 수 있습니다.

⑩ 곤충을 세 부분으로 나누어 설명한 것은 '분석'의 방법으로, 성덕 대왕 신종을 설명한 다와 같은 설명 방법입니다.

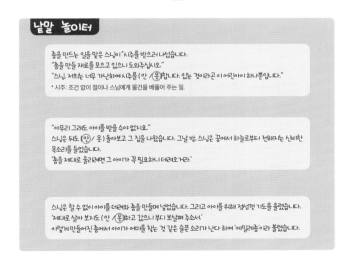

1. ㉠: 동물 ㉡: 백열전구

2. ③   **3.** 먹이   **4.** 필라멘트

5.
| 유리구: 빛을 잘 통과시키는 재료여서, 안쪽을 뿌옇게 만들어 눈부심을 줄여 줌. | | 꼭지쇠, 꼭지: 전선에 연결하여 전류를 흐르게 함. |

백열전구

필라멘트: 전류를 흘리면 빛과 열을 냄.   지지대: 필라멘트를 받치고 있음.

6.
(1) 가 ● 분석 ● ╳ ● 수원 화성의 구조
(2) 나 ● 분류 ● ╳ ● 재료에 따른 김치의 종류

② 부엉이도 초식 동물을 먹는 맹금(성질이 사납고 육식을 하는 종)으로 육식 동물인 2차 소비자에 해당한다고 하였습니다.

⑥ 가는 먹이에 따라 초식 동물과 육식 동물을 나누어 설명한 '분류', 나는 백열전구의 구조에 따라 설명한 '분석'의 방법으로 쓴 글입니다. '수원 화성의 구조'는 분석, '김치의 재료에 따른 종류'는 분류, '리듬 악기와 가락 악기의 공통점과 차이점'은 비교와 대조의 방법으로 설명해야 합니다.

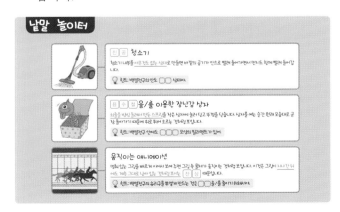

문장의 호응 관계를 고려하며 읽기

① - 19일차

1.

> '미래면옥' 냉면의 양과 맛은/언제나 푸짐합니다.

2.

> 김순옥 할머니는 1951년에 평양에서 행복시로 피난 왔습니다. ········· ㉠
> 할머니는 대한 시장에 평양식 냉면 전문점을 개점하였습니다. ········· ㉡
> 냉면의 양과 맛은 언제나 푸짐합니다. ········· ㉢

3. ㉢　　　**4.** ①　　　**5.** ②

6. 2개　　　**7.** 돌았다, 걸었다

8. 주어, 주어

9. [예시 답안] 나는 동생보다 키가 크고 몸무게가 더 무겁다.

② 푸짐한 것이 '양'이 될 수는 있지만, '맛'이 될 수는 없습니다. 이와 같이 주어가 두 개 연결되었을 때 서술어는 두 개의 주어에 모두 해당되어야 합니다.

⑤ 주어는 문장에서 '누가', '무엇이'에 해당하는 부분입니다. 따라서 동물이나 사물, 사람 등 모두 그 자리에 올 수 있습니다. 주어가 없으면 행동을 하는 이가 누구인지에 대한 정보를 얻을 수 없습니다. '어떠하다' 또는 '어찌한다'를 꾸며 주는 말은 부사로, 초등학교에서는 문장 성분으로서의 부사를 학습하지 않습니다.

⑥ 목적어를 제일 쉽게 구별하는 방법은 조사를 이용하는 것입니다. 조사 '을'이나 '를'이 있으면 목적어라고 할 수 있습니다.

② - 20일차

1. 주어　　　**2.** ④

3. [예시 답안] 고등어 속의 비타민 D는 골격이 발달하는 데 매우 효과적입니다. 따라서 고등어는 성장기의 아이들에게 좋은 음식입니다.

4. ③　　　**5.** ④　　　**6.** ③

7. 한글은, 사용한다, 호응

8. ③　　　**9.** ②

10. [예시 답안] • 자신의 말을 그대로 옮겨 적지 못하는 불편함이 생긴다. / • 자신의 생각을 드러내는 문자가 없기 때문에 말이 많이 사라질 수 있다.

② ㉡은 주어와 서술어가 호응이 되지 않으므로 '요즘에는 성인병이 어른뿐만이 아니라 어린이들에게도 나타난다고 합니다.'와 같이 고쳐 써야 합니다.

③ ㉢은 주어와 서술어가 호응이 되지 않습니다. ㉢은 '고등어 속의 비타민 D는 골격이 발달하는데 매우 효과적입니다.'와 '성장기의 아이들에게 좋은 음식입니다.'라는 두 문장을 연결한 것으로 두 번째 문장에 주어가 생략되어 있으므로 주어는 앞 문장의 '비타민 D는'입니다. 따라서 생략된 주어를 넣어 문장을 만들면 '비타민 D는 성장기의 아이들에게 좋은 음식입니다.'가 되는데, 이 문장은 주어와 서술어가 서로 호응이 되지 않습니다.

⑦ '찌아찌아족이 찌아찌아어를 적는 한글은 자음자와 모음자를 우리가 현재 쓰는 것과 거의 같은 방식으로 사용한다.'와 같이 주어를 사람으로 바꾸어야 어색하지 않은 문장입니다.

⑧ ㉡을 크게 나누면 다음과 같습니다.
인구 6만여 명의 찌아찌아족은 고유의 말이 있다. / 그러나 찌아찌아족은 고유한 문자가 없어 인도네시아어를 적는 로마자를 사용하여 찌아찌아어를 적어 왔지만 불편함이 많았다.
③위에 밑줄 친 것처럼 목적어는 3개입니다. ④두 번째 문장을 주어와 서술어로 한정하면 '찌아찌아족은 … 불편함이 많았다.'가 됩니다. 서술어를 '불편함을 느꼈다.' 혹은 '불편하다고 생각했다.'로 바꾸면 문장이 더 자연스럽습니다.

⑩ 문자는 말을 그대로 옮겨 시각적으로 드러내는 수단입

니다. 문자가 없다면 말도 사라질 수 있습니다. 과거 우리 조상들이 쓴 말이 기록으로 남겨져 우리에게 전해지기도 하고, 옛 문헌을 통해 새로운 말이 발견되기도 하는 것은 모두 '문자'가 있기 때문에 가능한 일들입니다. 말은 쓰는 사람이 없어지면 그 말도 사라지게 됩니다. 우리의 아름다운 옛말이 거의 사라지게 된 것도 이제 더 이상 그 말을 쓰는 사람들이 없기 때문입니다.

1. ④

2. 다윈은

3. ①   **4.** ②

5.
해수: ㉠에 주어가 없기 때문에 어색한 문장이야.	율지: ㉠에 목적어가 두 개 있기 때문이야.	은하: ㉠의 주어인 '국제 시민 단체는'과 호응하는 서술어가 없기 때문이야.
( )	( )	(○)

6. ③

7. 주어, 서술어, 호응

8. ⑤   **9.** ②

10. [예시 답안] 아프리카 어린이들이 학교에 가지 않고 노동을 한다는 것이 안타까웠다. 우리가 공정 무역 초콜릿을 산다면 이 아이들에게 좋은 환경을 마련해 줄 수 있을 것이다.

② ㉠의 '생물은'의 문장 성분은 주어이고, '변화한다.'는 서술어입니다. <보기>의 문장에서 주어는 '다윈은'이고, 서술어는 '가게 되었다.'입니다.

⑥ 글을 읽고 공정한 무역으로 생산한 초콜릿을 '착한 초콜릿'이라고 부르는 까닭과 관련지어 생각할 수 있도록 이끌어 주세요.

⑦ 앞 문장에는 주어가 없기 때문에 우선 주어를 찾아야 합니다. '공정 무역 초콜릿을 사면'에서 공정 무역을 초콜릿을 사는 사람은 '우리'이므로 주어로 '우리가'를 넣을 수 있습니다. 그러면 '우리가 초콜릿을 사면, 아프리카의 카카오 재배 농민들이 정당한 노동의 대가를 주어야 한다.'라는 문장이 되는데 이때 주어인 '카카오 재배 농민들'이 정당한 노동의 대가를 주는 것이 아니므로 '우리가 초콜릿을 사면, 카카오 재배 농민들이 정당한 노동의 대가를 받을 수 있어야 한다.'와 같이 써야 합니다.

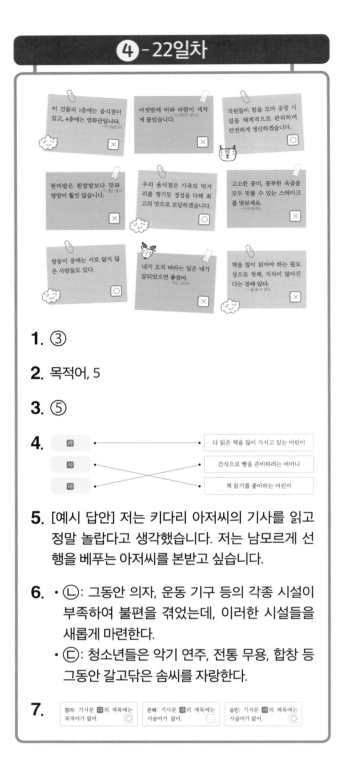

1. ③

2. 목적어, 5

3. ⑤

4.
라 •——• 다 읽은 책을 많이 가지고 있는 어린이
사 •——• 간식으로 빵을 준비하려는 어머니
아 •——• 책 읽기를 좋아하는 어린이

5. [예시 답안] 저는 키다리 아저씨의 기사를 읽고 정말 놀랍다고 생각했습니다. 저는 남모르게 선행을 베푸는 아저씨를 본받고 싶습니다.

6. • ⓛ: 그동안 의자, 운동 기구 등의 각종 시설이 부족하여 불편을 겪었는데, 이러한 시설들을 새롭게 마련한다.
• ⓒ: 청소년들은 악기 연주, 전통 무용, 합창 등 그동안 갈고닦은 솜씨를 자랑한다.

7.
정아: 기사문 **다**의 제목에는 목적어가 없어. ⃝
은혜: 기사문 **다**의 제목에는 서술어가 없어.
솜민: 기사문 **사**의 제목에는 서술어가 없어. ⃝

---

⑥ 주어나 목적어가 빠지지 않았는지, 주어와 서술어의 호응 관계는 올바른지 살펴 바르게 고칩니다.

⑦ 기사문 **다**의 제목에는 목적어가, 기사문 **사**의 제목에는 서술어가 없습니다. 목적어는 목적격 조사 '을/를'이 붙어 있는 낱말을 중심으로, 주어는 '이/가'가 붙어 있는 낱말을 중심으로, 서술어는 문장의 끝에서 '~다.'와 같은 서술형 어미가 붙어 있는지를 따져 보면 쉽게 찾을 수 있습니다.

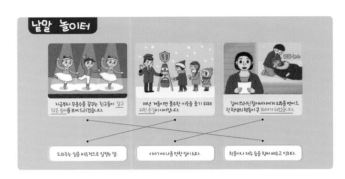

---

③ 기사문 **다**를 작성한 사람은 어린이 놀이터가 위험하니 조심해야 한다는 것과 빨리 어린이 놀이터 시설의 안전 점검을 해야 한다는 것을 알리고 싶어 합니다. 따라서 마을의 휴식 공간인 공원을 자주 이용하는 사람들이 꼭 읽어야 하는 기사는 아닙니다.

⑤ 기사문 **바**의 주인공은 오랫동안 선행을 해 온 인물입니다. 따라서 그러한 행동이 훌륭해 보인다든지, 앞으로 본받고 싶다든지 하는 내용과 비슷하게 쓸 수 있도록 이끌어 주세요.

작품 속 인물의 갈등 파악하기

①-23일차

1.

봄	여름	가을	겨울
( )	( )	( )	(○)

2. ④

3. 눈싸움, 청소

4. ①

5. ⑤

6. ④

7.

부정적임. ——→ 부정적이지 않음.

한별이 → 새엄마   할머니   아빠

❷ 시 속에서 눈싸움을 하고 싶은 학생들과 청소를 시키고 싶은 선생님이 원하는 것이 서로 다르기 때문에 갈등이 생긴다는 것을 지도해 주세요.

❺ ㉠~㉢은 한별이의 엄마에 대한 그리움과 새엄마에 대한 거부감을 보여 줍니다. ㉣은 새엄마의 외모에 대하여 묘사하고 있으며 새엄마에 대한 부정적인 감정이 드러나지 않습니다.

❼ ㉠~㉣이나 문을 '꽝' 하고 닫아 버리는 행동에서 알 수 있듯이 한별이는 새엄마에 대하여 부정적인 감정을 가지고 있습니다. 그에 비하여 할머니와 아버지는 한별이가 새엄마를 받아주길 바라고 있기 때문에 새엄마에게 부정적인 감정이 없습니다.

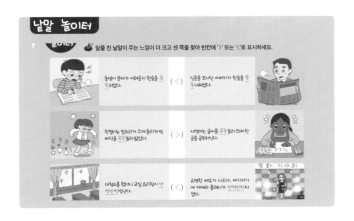

낱말 놀이터

②-24일차

1.

흥부 —— 곡식을 빌려주기 싫은 마음
놀부의 아내 —— 곡식을 빌리고 싶은 마음
(교차 연결)

2. (1) 1 (2) 3 (3) 2 (4) 4

3. ③

4.

농부 —— 심술궂다.
도깨비 —— 지혜롭다.
(교차 연결)

5. ③   **6.** ⑤

7.

호영: 이번에는 농부가 도깨비에게 못된 짓을 할 것 같아.	선유: 도깨비는 아무것도 하지 않고 동굴로 돌아갈 거야.	혜준: 도깨비는 농부가 밤송이 때문에 고생하는 것을 보았으니 밤송이로 농부를 괴롭힐 거야.
( )	( )	(○)

8. (1) 5 (2) 1 (3) 2 (4) 4 (5) 3

❷ 곡식을 빌리고 싶어 하는 흥부와 그런 흥부에게 곡식을 빌려주기 싫은 놀부의 아내가 갈등을 겪고 있습니다. 그리고 이 갈등으로 인하여 놀부의 아내가 흥부의 뺨을 때리는 사건이 일어납니다.

❸ ①도깨비는 '옆 동굴에 사는 심술쟁이 도깨비'입니다. ④'그해 가을, 풍년이 든 걸 보고서는 자기가 속은 줄 알았어.'라는 문장에서 도깨비가 자신이 속은 것을 깨달았음을 알 수 있습니다.

❺ 농부와 도깨비가 처음 갈등을 겪게 된 이유는 '이 도깨비 어르신의 단잠을 방해하는 녀석은 반드시 혼내 주고 말 테야.'라는 도깨비의 말에서 짐작할 수 있습니다.

❼ 농부를 골탕 먹이기 위하여 기회를 엿보던 도깨비가 밤송이 때문에 쩔쩔매는 농부를 보았다는 내용 뒤에는 도깨비가 밤송이를 이용해서 농부를 골탕 먹이는 내용이 이어지는 것이 알맞습니다.

낱말 놀이터

13

③ - 25일차

1. 이름

2.

낙원떡집 아주머니 ————— '장수상가'로 하자.

만수네 할아버지 ————— '낙원상가'로 하자.

103호 아주머니 ————— '선부상가'로 하자.

3. ③　　　　**4.** ③　　　　**5.** ①

6.

아버지께 진돗개가 올 거라는 말을 들음. ————— 실망스럽고 속상한 마음

친구들에게 진돗개가 오면 보여 주기로 약속함. ————— 설레고 기대되는 마음

중풍에 걸린 진돗개를 만남. ————— 자랑스럽고 기쁜 마음

7. ⑤

8.

승아: 제목이 「나를 싫어한 진돗개」인 것으로 보아 주인공 '나'와 진돗개 사이에 갈등이 생길 것을 짐작할 수 있어.	원재: 중풍에 걸린 진돗개를 보고 실망한 '나'와 중풍에 걸린 걸 알고도 키우려는 인물 사이에 갈등이 벌어질 것 같아.	다솜: 동생은 어떤 동물이든지 사랑하는 성격이야. 그래서 진돗개를 싫어하는 주인공 '나'와 동생이 갈등을 겪을 거야.
(○)	(○)	( )

9. 라

---

❸ ㉠과 ㉢의 '고리타분하다'는 '하는 짓이나 성미, 분위기 등이 새롭지 못하고 답답하다'라는 뜻입니다. 나머지는 '냄새가 신선하지 못하고, 썩은 풀이나 썩은 달걀 등에서 나는 냄새와 같이 역겹다'라는 뜻으로 쓰였습니다.

❹ 나의 '학교에 갔지만 선생님의 말씀이 귀에 들어오지 않았다.'를 통해 '나'가 학교에서도 계속해서 진돗개를 생각하고 있었음을 알 수 있습니다.

❾ 라에서는 '나'가 그렇게 기다렸던 진돗개가 중풍에 걸렸다는 사실을 알게 되면서 사건이 극적으로 바뀌었습니다.

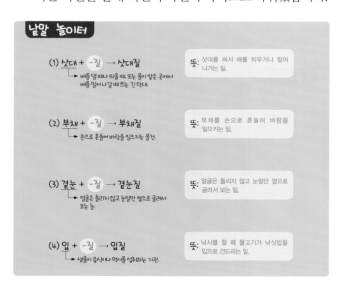

낱말 놀이터

(1) 삿대 + -질 → 삿대질
↳ 배를 댈 때나 띄울 때 또는 물이 얕은 곳에서 배를 밀어 나갈 때 쓰는 긴 막대.
뜻: 삿대를 써서 배를 띄우거나 밀어 나가는 일.

(2) 부채 + -질 → 부채질
↳ 손으로 흔들어 바람을 일으키는 물건.
뜻: 부채를 손으로 흔들어 바람을 일으키는 일.

(3) 곁눈 + -질 → 곁눈질
↳ 얼굴은 돌리지 않고 눈알만 옆으로 굴려서 보는 눈.
뜻: 얼굴은 돌리지 않고 눈알만 옆으로 굴려 보는 일.

(4) 입 + -질 → 입질
↳ 생물이 음식이나 먹이를 섭취하는 기관.
뜻: 낚시를 할 때 물고기가 낚싯밥을 입으로 건드리는 일.

---

④ - 26일차

1. ⑤

2. 원님, 아전

3. ②, ⑤　　　　**4.** ③

5. ③

6.

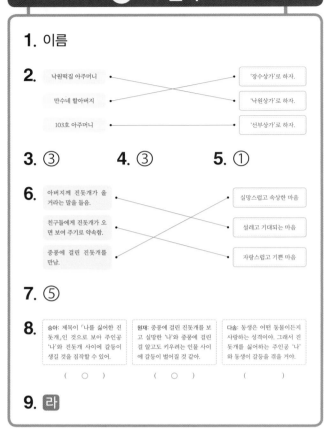

(1) 엄마 — 반대 — 후원을 하자. — 찬성 — 윤지('나')

(2) 윤지('나') — 반대 — 학원 앞까지 같이 가자. — 찬성 — 지우

7. ③

---

❷ 원님이 어리다는 이유로 얕잡아 보는 아전들과 원님이 갈등하고 있으며, 이 갈등은 원님이 아전들에게 돌갓을 쓰게 함으로써 해결됩니다.

❹ 앞의 대화에서 엄마께서는 "안 돼. 지금 우리 형편에 누굴 후원할 처지가 아니야."라고 말하신 것을 보면, 집의 경제 사정이 넉넉하지 못하여 후원할 수 없는 것을 안타깝게 여기고 있음을 알 수 있습니다.

❼ '나'는 후원을 하고 싶지만 엄마는 경제적 사정이 넉넉지 않다며 후원을 반대합니다. 둘 사이의 갈등을 해결하기 위해서는 다른 방법으로 하는 후원을 생각해 보아야 합니다. 후원은 꼭 돈으로 해야만 하는 것은 아닙니다.

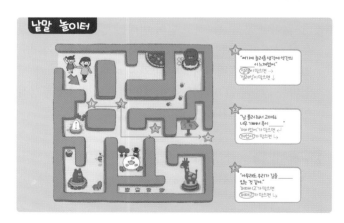

낱말 놀이터

1. ⑤

2. 도자기, 해결

3. 참새(파리), 파리(참새), 까치

4. (1) 참 (2) 참 (3) 파 (4) 파

5.

시연: 까치는 참새와 파리의 잘못을 자신의 판단에만 의지하여 말하고 있어서 판결을 받아들이기 어려워.	정우: 까치는 파리의 잘못은 작고 참새의 잘못은 크다고 말하였지만 그 이유가 타당하다고 보기는 어려워.	진우: 까치는 객관적인 근거를 들어 매우 공정하고 논리적인 판결을 했어.
(○)	(○)	( )

6. ②, ③

7. (1) 토끼
　　(2) 파리와 참새, 나그네와 호랑이

② 인물 사이에 갈등이 생기면서 사건이 일어나고, 갈등이 해결되면서 이야기도 끝이 납니다.

④ 참새와 파리의 대화를 보고 각각 서로가 어떤 잘못을 저질렀다고 하였는지 정리할 수 있도록 이끌어 주세요.

⑦ '토끼'는 '까치'와 마찬가지로 갈등하는 인물들에게 재판장처럼 옳고 그름을 가려 주어 인물들 사이의 갈등을 해결하는 역할을 합니다.

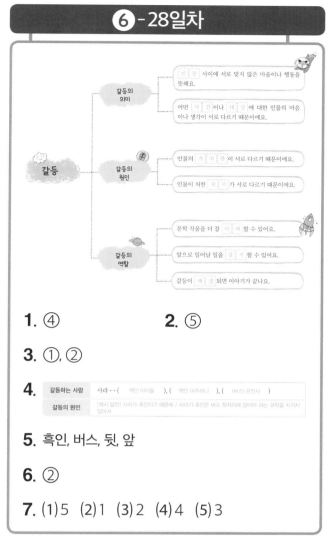

1. ④　　　　　　**2.** ⑤

3. ①, ②

4.

갈등하는 사람	사라 ↔ (백인 아이들), (백인 아주머니), (버스 운전사)
갈등의 원인	[예시 답안] 사라가 흑인이기 때문에 / 사라가 흑인은 버스 뒷자리에 앉아야 하는 규칙을 지키지 않아서

5. 흑인, 버스, 뒷, 앞

6. ②

7. (1) 5 (2) 1 (3) 2 (4) 4 (5) 3

② ㉠~㉣은 흑인이라는 이유로 차별을 받는 사라의 처지를 알 수 있는 문장입니다. 그러나 ㉤은 버스가 소리를 내며 멈추어 섰다는 단순한 사실을 나타내는 문장입니다.

⑥ 사라는 흑인이 차별을 받는 것이 부당하다고 생각하고 있습니다. 그러나 당시 법에는 흑인은 버스 뒷자리에 앉아야 한다고 되어 있었습니다. 사라와 같이 흑인을 차별하는 것이 옳지 않다는 생각을 가진 답을 고르도록 지도해 주세요.

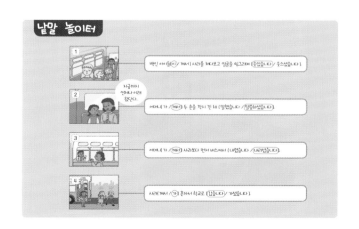

질문 만들며 글 읽기

❶-29일차

1. 하은

2. ③

3. ②

4. ③

5. 관련, 찬민

6. [예시 답안] 백제 사람들은 무덤 안에 왜 등잔을
놓았을까?

② 글쓴이에게 질문할 때에는 글쓴이 개인에 대한 질문보다
는 글을 쓴 의도나 목적 등 글과 관련된 것을 물어야 합
니다. 이 글의 경우 70퍼센트, 3퍼센트 등 구체적인 수치
를 들어 가며 글을 쓴 까닭이나 말하고 싶은 점 등과 관
련지어 질문할 수 있습니다.

④ 글의 내용을 잘 이해하려면 글의 내용을 추론하거나 낱
말의 뜻을 정확하게 알아야 합니다. 따라서 모르는 낱말
의 뜻이나 글에 드러나지 않은 내용과 관련된 질문을 떠
올리는 것이 알맞습니다.

⑥ 글에 제시된 내용을 바탕으로 '무령왕릉'에 대해 더 깊이
있게 이해하려면 내용에 드러난 단서를 분석적으로 이해
할 수 있어야 합니다. 무령왕릉에서 사용된 벽돌에 연꽃
무늬가 있다는 것, 등잔을 사용했다는 것 등은 백제 시대
사람들의 생각을 짐작할 수 있게 합니다.

❷-30일차

1. ①   **2.** 여름 축제(여름 잔치)

3. [예시 답안] 동의한다. / 글쓴이의 의견처럼 우리
말로 쓸 수 있는데 굳이 외국 말을 사용하면 내용
이 오히려 잘 전달되지 않을 때도 있기 때문이다.

4. ①

5.

처음		얼마 지나지 않아
(세금을 낼 수 있는 재산을 가진) 남성에게만 주어졌다.	➡	• (재산이 적거나 없는) 남성에게 도 주어졌다. • (여성)에게는 여 전히 주어지지 않았다.

6. ③

7.

나는 메리 울스턴크래프트의 ([예시 답안] 행동)이 ([예시 답안] 대단하다)고 생각한다. 왜냐하면, [예시 답안] 모든 사람이 "그렇다."라고 말을 하면 대체로 많은 사람들은 그러한 생각에 따르게 된다. 하지만 메리 울스턴크래프트는 그것을 '당연하지 않다.'고 말하고 자신의 생각을 끝까지 펼쳐 행동으로 옮겼다. 그래서 나는 메리 울스턴크래프트가 대단하다고 생각한다.

8. ④   **9.** ③

10.

	보기	<자신이 만든 질문>
글의 내용과 관련한 질문	세계에서 가장 먼저 여성의 참정 권을 인정한 나라는 어디일까?	[예시 답안] 법적으로 동등한 권리를 주어야 한다고 처음 생각한 사람은 누구일까?
내가 잘 이해했는가와 관련 한 질문	메리 울스턴크래프트가 여성의 참정권에 어떤 영향을 주었을까?	[예시 답안] 여성이 참정권을 얻기까지의 과정은 어떠한가?
글쓴이와 관련한 질문	글쓴이가 설명하고 싶은 내용은 무엇일까?	[예시 답안] 글쓴이가 이 글을 통해 말하고 싶어 하는 내용은 무엇인가?

❸ 문제에 제시된 질문은 '평가적 질문'으로, 글의 내용에
대해 어떠한 평가를 내리고 있는가를 파악하기 위한 것
입니다. 대체로 모든 글에서 평가적 질문을 할 수 있는데,
문학 작품에서는 등장인물의 행동이나 가치가 타당한가
에 대한 질문으로, 논설문에서는 글쓴이의 주장이나 근
거가 타당한가에 대한 질문을 할 수 있습니다.

❽ ㉠ 앞에는 뉴질랜드가 여성의 참정권을 가장 먼저 인정
한 나라라는 내용이 나옵니다. 그리고 뒤에는 영국의 참
정권을 이야기하고 있습니다. 따라서 ㉠에는 뉴질랜드
다음으로 여성의 참정권을 인정한 나라가 나올 것이고,
이 중의 한 나라가 영국이라는 점을 짐작할 수 있습니다.

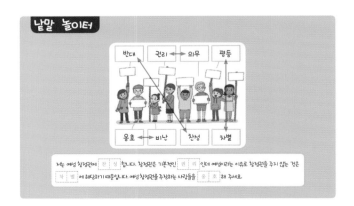

1. ①　　　　　　　　**2.** ⑤

3. [예시 답안] 솥 안에 돈을 넣어 둔 자는 찾아가시오.

4. ④　　　　　　　　**5.** ④

6. ④　　　　　　　　**7.** ⓛ

8. ④　　　　　　　　**9.** ⑤

10. ④

11. [예시 답안] 기적적으로 살아난 아버지가 어머니에게 고마워할 것이다.

❶ 이야기의 내용을 잘 이해하기 위해 가장 먼저 떠올려야 하는 질문은 등장인물과 작품의 배경에 관한 것이어야 합니다. 등장인물이 누구인지, 그리고 일이 일어난 장소가 어디인지, 때가 언제인지 등을 알면 이야기의 흐름을 이해하는 데 크게 도움이 됩니다.

❸ 집이 가난하여 도둑이 돈을 놓고 갈 정도였지만 남편은 그 돈을 다른 누군가가 잃어버린 것이라고 생각하였습니다. 이것으로 보아 남편은 평소 재물이나 돈에 관심이 없고 청렴하게 살아가는 인물이라는 점을 알 수 있습니다.

❹ 어머니가 산에서 캐어 온 약초가 어떤 것이었는가는 이 글의 전체 내용을 이해하는 것과 관련이 없는 질문입니다. '하늘이 감동을 하였나 봅니다.'가 무엇을 뜻하는지를 생각해 본다면 이 글의 내용을 더 잘 이해할 수 있습니다.

❿ ④는 논설문이나 설명문을 읽을 때 떠올릴 수 있는 질문입니다. 이야기는 글쓴이가 상상한 내용을 쓴 글로 글을 읽은 뒤에는 인물, 사건, 배경과 관련된 질문을 떠올리는 것이 좋습니다.

낱말 놀이터

1. ③　　　　　　　　**2.** 돼지, 부처

3. [예시 답안] ・질문: 돼지와 부처는 각각 누구를 가리키는 말일까?
　　・답: 돼지는 이성계를 가리키고, 부처는 무학 대사를 가리킨다.

4. ④　　　　　　　　**5.** 제주도, 특산물

6. ⑤　　　　　　　　**7.** ③

8.

승우: 돈을 많이 벌고 오랫동안 장사를 하는 것에 목적이 있었던 사람이야.	은주: 머리가 좋아 장사를 아주 잘했지만 다른 장사꾼은 배려하지 않는 욕심이 많은 사람이야.	민규: 장사란 돈이나 물건을 주고받는 것뿐만이 아니라 사람들과 신용을 주고받는 것이라고 생각한 사람이야. ◯

9.

김만덕이 한 일	그것에 대한 자신의 생각
[예시 답안] 자신의 전 재산을 털어 제주도민들에게 나누어 줄 곡식을 산 일	[예시 답안] 자신이 평생 번 돈을 모두 다른 사람에게 주는 것은 쉽지 않은 일인데 다른 사람을 위해 그렇게 하는 것을 보고 대단하다는 생각이 들었다.

10. ④

❸ 글을 읽으면서 떠올릴 수 있는 질문에는 추론적 질문, 확인적 질문, 평가적 질문이 모두 포함됩니다. '이성계와 무학 대사는 각각 어떤 사이인가요?'라는 확인적 질문이나, '무학 대사의 말에 대해 자신은 어떻게 생각하나요?'와 같은 평가적 질문도 할 수 있습니다.

❽ 김만덕은 가격을 낮추어 자신에게 남는 이익은 줄이되, 물건을 많이 팔아 이익을 남기는 것을 원칙으로 삼았습니다. 또한 신용과 정직을 지키려고 한 것에서 김만덕이 돈보다는 사람 사이의 관계를 더 중요하게 생각했던 인물임을 알 수 있습니다.

❿ 이 글은 김만덕의 삶을 사실에 근거하여 쓴 것으로, 읽는 이에게 김만덕과 같은 삶을 본받도록 하는 것에 초점을 둔 전기문입니다. 따라서 김만덕이 가졌던 삶의 자세나 가치관 또는 한 일 중에서 본받을 만한 일을 생각해 보고 평가적 질문을 떠올릴 수 있도록 이끌어 주세요. ①, ③은 확인적 질문이고, ⑤는 추론적 질문입니다.

낱말 놀이터

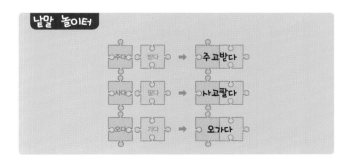

1. ②

2. [예시 답안] 광고를 보는 사람들의 주의를 끌기 위해서

3. (1): [예시 답안] 뚝배기 안에 든 돈은 무엇을 뜻할까요?
(2): [예시 답안] 우리가 남긴 음식물 쓰레기

4.

5. ⑤   **6.** ⑤

7.

수찬: 선명한 사진을 이용하여 이미지를 생생하게 전달하고 있어.	형신: 물과 기름이 잘 섞이지 않는 성질을 이용한 미술 기법으로 표현하고 있어.	윤호: 흑과 백의 선명한 구조를 이용하여 사람들의 마음을 장면으로 표현하고 있어.
( )	(○)	( )

8.

광고의 내용을 묻는 질문	[예시 답안] 사람들이 서로 어울리는 모습을 무엇에 빗대어 표현하였나요?
광고의 의도를 묻는 질문	[예시 답안] 마블링 기법으로 광고를 표현한 이유는 무엇일까요?

9. ③

❶ 만약 돈이라면 절대 남기지 않을 것이라는 점을 강조하여 음식물 쓰레기를 남기지 말자는 생각을 전하고 있는 공익 광고입니다.

❼ 이 광고는 마블링 기법을 사용하여 광고를 제작한 의도를 드러내고 있습니다. 물과 기름이라는 섞이지 않는 두 요소를 어울리게 표현하여 하나의 그림을 표현한 것처럼 우리 사회도 서로 다른 부분이 있지만 함께 어울리면 더 큰 대한민국을 만들 수 있다는 생각을 전하는 광고입니다.

❽ 광고의 내용을 묻는 질문은 광고에 드러난 글이나 그림의 내용과 관련된 것으로, '이 광고에서 더 큰 대한민국을 만드는 방법은 무엇이라고 했나요?'와 같은 질문이 이에 해당합니다. 광고의 의도를 묻는 질문은 광고에서 전하고 싶은 생각과 관련된 것으로, '이 광고에서 글쓴이가 같은 것과 다른 것을 비교하여 나타낸 까닭은 무엇일까요?'와 같은 질문이 이에 해당합니다.

낱말 놀이터

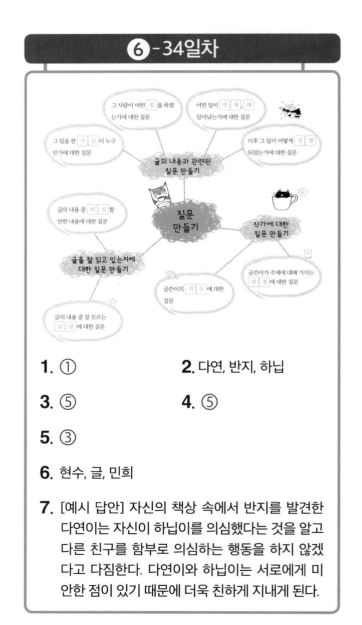

1. ①   **2.** 다연, 반지, 하닙

3. ⑤   **4.** ⑤

5. ③

6. 현수, 글, 민희

7. [예시 답안] 자신의 책상 속에서 반지를 발견한 다연이는 자신이 하닙이를 의심했다는 것을 알고 다른 친구를 함부로 의심하는 행동을 하지 않겠다고 다짐한다. 다연이와 하닙이는 서로에게 미안한 점이 있기 때문에 더욱 친하게 지내게 된다.

2 이 이야기는 다연이가 잃어버린 반지를 하닙이가 주우면서 생긴 일을 사건으로 다루고 있습니다. 다연이는 하닙이가 자신이 잃어버린 반지와 똑같은 반지를 끼고 있는 것을 보게 되었고, 이것 때문에 다연이가 하닙이를 의심하게 되면서 사건이 더 커지게 됩니다.

5 하닙이는 주운 반지를 주인에게 되돌려 주려고 하지도 않고 다연이의 질문에 거짓말을 하기도 하였지만 그것이 잘못된 행동이라는 점을 깨닫고 이를 바로잡기 위해 노력할 줄 아는 인물입니다. 이에 비해 다연이는 쉽게 친구를 의심하는 성격이라고 할 수 있습니다.

6 글의 내용과 관련은 없지만 '내가 이해가 잘 되지 않는 부분이 있는가?' 혹은 '내가 이 부분을 잘못 이해하였는가?'와 같이 읽는 이의 이해와 관련된 질문도 있습니다. 하지만 이와 같은 질문도 글의 내용을 이해하는 데 도움이 되기 때문에 타당하지 않는 질문이라고 하기 어렵습니다. 그런데 민희의 질문은 글의 내용을 이해하는 데 아무런 도움이 되지 않으므로 타당한 질문이라고 할 수 없습니다.

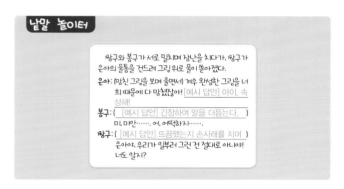

읽기 목표 8
글쓴이의 관점 파악하기

① - 35일차

1. ②	**2.** ③	**3.** ③
4. 관점	**5.** ③	**6.** ④
7. ⑤	**8.** 영서	

2 전자책은 '부피도 작아서 손쉽게 들고 다니기도 한다.'라는 내용이 글에 나와 있습니다.

3 글쓴이는 다가올 미래에는 전자책은 점점 발전할 것이고, 전자책의 장점이 많기 때문에 종이책이 점점 사라지게 될 것이라고 생각하고 있습니다.

② - 36일차

1. ④	**2.** ④	**3.** ③
4. ②	**5.** ⑤	**6.** ⑤
7. ⑤	**8.** 가: ㉮ / 나: ㉯	
9. 관점		

10.

❷ 헬렌 켈러가 여성들의 참정권을 위해 노력한 내용과 여성 근로자들의 어려운 노동 현실을 고발한 내용 등이 담겨 있는 것으로 보아, 이 글은 헬렌 켈러의 '사회 운동가'로서의 모습에 관해 쓴 글임을 알 수 있습니다.

❹ ㉠의 앞부분에 수명을 다한 인공위성들이 작동 중인 인공위성들과 충돌하여 고장을 내기도 하고 우주 탐사선이나 우주 여객선의 비행을 방해한다고 하면서 인류의 우주 개발에 부정적인 영향을 미친다는 내용이 나와 있습니다. 그러므로 ㉠에는 일을 해 나가는 데에 걸리거나 막히는 장애물을 비유적으로 이르는 말인 '걸림돌'이 들어가는 것이 알맞습니다.

❻ 가는 수명을 다한 인공위성이 우주 개발이나 우주여행을 방해하여 위험하다는 관점에서 쓴 글이고, 나는 인공위성이 수명을 다했다 하더라도 관광 자원 등으로 활용할 수 있다는 생각을 가지고 쓴 글입니다. 그러므로 가는 수명을 다한 인공위성이 우주 쓰레기라는 관점에서 쓴 글이고, 나는 수명을 다한 인공위성이 역사적 가치가 있는 새로운 관광 자원이 될 수 있다는 관점에서 쓴 글입니다.

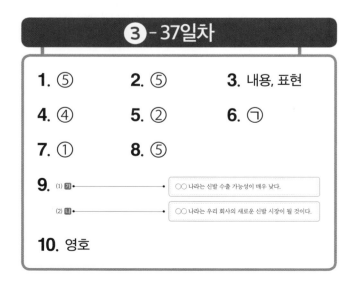

❸-37일차

1. ⑤   2. ⑤   3. 내용, 표현

4. ④   5. ②   6. ㉠

7. ①   8. ⑤

9. (1) 가 ● ─── ● ○○ 나라는 신발 수출 가능성이 매우 낮다.
   (2) 나 ● ─── ● ○○ 나라는 우리 회사의 새로운 신발 시장이 될 것이다.

10. 영호

❻ 가에서는 신발 수출의 가능성이 적다는 것을 이야기하면서 ○○ 나라 사람들이 맨발로 생활하는 생활 습관을 바꾸는 것은 역부족이라고 생각하고 있습니다. 이는 '~변하지 않을 것이다.', '~신발 수출의 목표는 수정되어야 한다.', '~판매 가능성이 거의 없다.' 등에서 알 수 있습니다. ㉡~㉤의 표현은 모두 신발 수출에 대한 부정적인 관점을 표현한 것이지만 ㉠은 생활 모습을 관찰했다는 사실을 적은 것이므로 글쓴이의 생각을 나타내는 표현이라고 할 수 없습니다.

❿ 제목을 왜 그렇게 붙였는지 생각하는 것이 중요한 까닭은 글의 제목에는 글쓴이의 관점이나 의도가 잘 반영되었기 때문입니다. 가에서는 신발 수출 가능성을 부정적으로 보고 있으므로, '신발 수출 가능성에 대한 의문'이라는 제목이 적절합니다. 나에서는 신발 수출의 가능성을 매우 긍정적으로 보고 있으므로 수출이 가능하다는 뜻을 내포하는 제목이어야 합니다. 그러므로 '영호'가 말한 '우리 회사의 새로운 신발 시장'이라는 제목이 가장 어울립니다.

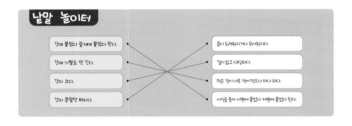

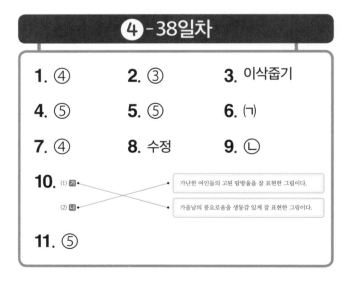

❹-38일차

1. ④   2. ③   3. 이삭줍기

4. ⑤   5. ⑤   6. ㉠

7. ④   8. 수정   9. ㉡

10. (1) 가 ● ─── ● 가난한 여인들의 고된 땀방울을 잘 표현한 그림이다.
    (2) 나 ● ─── ● 가을날의 풍요로움을 생동감 있게 잘 표현한 그림이다.

11. ⑤

❼ 제목은 글쓴이의 관점이나 의도를 잘 드러내야 합니다. 가에서는 풍요로운 가을날, 밝고 힘차게 세 여인이 수확의 기쁨을 누리며 이삭을 줍는 모습을 생동감 있게 표현하였다고 한 것으로 보아 '풍요로운 가을날의 풍경'이 제목으로 가장 적절합니다.

8 나에서는 가난한 세 여인의 표정이 굳어 있고, 모습이 몹시 지치고 고되 보인다고 하였으므로 수정이가 말한 내용은 바르지 않습니다.

10 가, 나의 마지막 문장에 글쓴이의 관점이 드러나 있습니다. 가에서는 풍요로운 가을날 수확의 기쁨을 누리며 이삭을 줍는 모습을 표현한 그림이라는 내용으로 보아 '가을날의 풍요로움을 생동감 있게 잘 표현한 그림이다.'라는 관점을 나타낸 글입니다. 나는 가난한 세 여인이 이삭을 줍고 고된 노동을 한다는 내용이 주를 이루므로 '가난한 여인들의 고된 땀방울을 잘 표현한 그림이다.'라는 관점을 나타내고 있습니다.

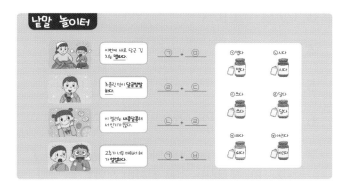

❺-39일차

1. 은지

2. (1): [예시 답안] 정직하게 최선을 다하는 것
(2): [예시 답안] 정직하게 최선을 다하면 원하던 결과를 얻지 못해도 보람을 느낄 수 있기 때문이다.

3. ②

4. [예시 답안] 인도는 향신료와 금, 보석, 비단 등을 쉽게 구할 수 있는 곳이었기 때문이다.

5. ② **6.** ㉠ **7.** ②

8. ③ **9.** ②, ④ **10.** ①

11. (1): [예시 답안] 글쓴이의 관점은 옳지 않다.
(2): [예시 답안] 콜럼버스의 신대륙 발견으로 세계 문명이 발전할 수 있었기 때문이다.

7 글쓴이의 관점으로 보았을 때 콜럼버스의 항해를 '신대륙 발견'과는 반대되는 뜻으로 표현한 것을 고릅니다.

9 글쓴이는 콜럼버스가 아메리카 대륙에 간 사실에 대하여 '신대륙 발견'이라는 기존의 관점을 거부하고, 콜럼버스가 이미 원주민들이 살고 있었던 구대륙을 침범한 것이라는 다른 관점을 갖고 있습니다. 이러한 글쓴이의 관점이 ㉡~㉣에 잘 드러나 있습니다.

10 이 글은 콜럼버스의 '신대륙 발견'에 대한 기존 관점에 이의를 제기하고 있습니다. 콜럼버스의 항해에 대한 다른 면을 제시한다는 점에서 제목으로 가장 어울리는 것은 '콜럼버스 항해의 진실'이라고 볼 수 있습니다.

11 글을 읽고 글쓴이의 관점에 대한 자신의 생각을 쓰기 위해서는 자신의 관점을 뒷받침할 수 있는 까닭이나 근거를 제시해야 합니다. 글쓴이의 관점에 동의하는지 혹은 동의하지 않는지를 밝히고 왜 그렇게 생각하였는지를 밝힐 수 있어야 합니다.

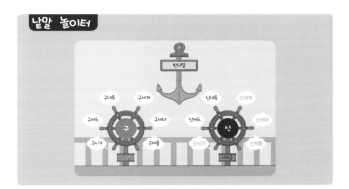

6-40일차

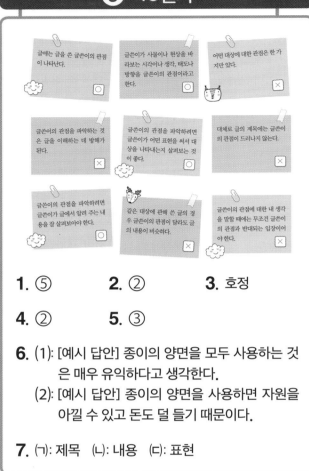

1. ⑤　　　**2.** ②　　　**3.** 호정

4. ②　　　**5.** ③

6. (1): [예시 답안] 종이의 양면을 모두 사용하는 것은 매우 유익하다고 생각한다.
(2): [예시 답안] 종이의 양면을 사용하면 자원을 아낄 수 있고 돈도 덜 들기 때문이다.

7. (ㄱ): 제목　(ㄴ): 내용　(ㄷ): 표현

③ 글쓴이는 빛 공해로 인한 문제를 제기하면서 스위치를 내려 불을 끄자고 말하고 있습니다. 그러므로 빛 때문에 동식물이 피해를 입는다는 내용을 말한 호정이가 **가** 광고를 만든 이의 관점과 비슷하다고 볼 수 있습니다.

⑤ **나** 는 종이를 한 면만 사용하는 것은 종이를 만들기 위해 베어진 나무를 절반만 사용하는 것이라고 말하면서 종이의 양면을 모두 사용하자고 주장하고 있습니다. 그러므로 빈칸에 들어갈 내용으로는 이와 관련된 '종이의 양면을 모두 사용하는 습관을 가집시다.'가 가장 적절합니다.

낱말 놀이터

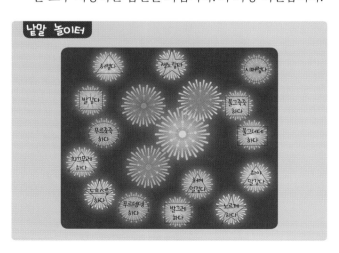

한글 맞춤법, 띄어쓰기에 유의하며 글 읽기

1-41일차

1. ④

2.

| ⓒ 안습니다. | → | 않습니다. |
| ⓒ 앟 먹고 | → | 안 먹고 |

3. ㉮: 안　　㉯: 앟

4. 소중한 내 식판

5. ③, ④

6. (1): 닫혔어　　(2): 닫혔다니까

7. [예시 답안] ・전혀 다른 의미로 전달될 수 있다. / ・자신이 생각하는 것을 정확히 전달할 수 없다. / ・낱말을 잘못 발음하거나 표기하면 상대에게 오해를 살 수 있다.

⑥ '닫히다'는 '열린 문짝, 뚜껑, 서랍 따위가 도로 제자리로 가서 막히다.'라는 의미를 가진 낱말입니다. '닫히다'는 [다치다] 로 발음되기는 하나 쓸 때는 '닫히다'로 써야 합니다. 그러므로 미정이는 문이 닫힌 상태를 의미하는 '닫혔어', '닫혔다니까'로 써야 합니다. '다쳤어', '다쳤다니까'는 '부딪치거나 맞아서 신체에 상처가 생기다. 또는 상처를 입다.'라는 뜻입니다.

낱말 놀이터

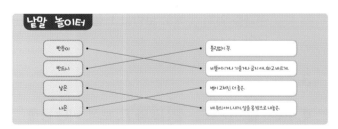

1. ②　　　**2.** ②　　　　　**3.** 상우

4. ⑤　　　**5.** ③

6. ㉠: 들르자　㉡: 마치고　㉢: 멨습니다.

7.

넘어	•	•	남의 말이나 뜻을 따라와.
너머	•	•	어떤 대상의 뒤를 급히 따라와.
좇아와	•	•	높은 부분의 위를 지나가는 동작.
쫓아와	•	•	높이나 경계로 가로막은 사물의 저쪽. 또는 그 공간.

・㉣에 들어갈 말: (　넘어　)　・㉤에 들어갈 말: (　쫓아와　)

8. ①

9. ㉥: 무치고　㉦: 부치고

❷ '늘이다'는 '힘을 가해서 본디의 길이보다 더 길어지게 하다.'는 뜻의 낱말이고, '늘리다'는 '늘게 하다, 본디보다 크게 하거나 많게 하다.'는 뜻의 낱말입니다. '다리다'는 '옷이나 천 따위의 구김이나 주름을 다리미로 펴다.'라는 뜻의 낱말이고, '달이다'는 '액체나 약제 따위를 끓이다.'라는 뜻의 낱말입니다.

❸ '빗'과 '빛'의 구별에 관한 문제입니다. '빗'과 '빛'의 발음은 [빋]으로 똑같지만 뒤에 '이, 을' 등의 모음이 올 때에는 '빗이[비시], 빗을[비슬], 빗으로[비스로]', '빛이[비치], 빛을[비츨], 빛으로[비츠로]'와 같이 발음이 달라집니다. ㉢ '빛이'는 [비치]로 읽어야 합니다.

❼ ㉣에는 '높은 부분의 위를 지나가다.'라는 뜻의 '넘어'가 들어가기에 알맞습니다. 성훈이가 세린이에게 자신의 뒤를 따라오라고 요구하고 있으므로 ㉤에는 '쫓아와'가 들어가기에 알맞습니다. 눈에 보이는 어떤 것을 뒤따를 때에는 '쫓다'를, 눈에 보이지 않는 목표나 생각, 뜻을 따를 때에는 '좇다'를 씁니다.

낱말 놀이터

1. ・서연: 제주도 / ・훈석: 강원도

2. ④

3. (1): ㉣
　　(2): 할 수밖에

4. ⑤　　　　　　　**5.** ③

6. 「신사임당초충도병」

7. ・㉠: 찾을 수
　　・㉡: 한 채
　　・㉢: 여덟 폭

8. ㉠: ②　㉡: ①　㉢: ①

9. (1): ㉅
　　(2): 기쁠 뿐이었습니다.

10. 단위

❸ '수'와 같이 꾸며 주는 말 없이 혼자 쓰일 수 없는 낱말은 그 앞에서 띄어 써야 합니다. 주로 뒤에 부정의 의미를 나타내는 말이 따르는 '밖에'는 앞말과 붙여 씁니다.

❽ '찾을 수'의 '수'는 '꾸며 주는 말 없이 혼자 쓰일 수 없는 낱말이므로 그 앞에서 띄어 써야 합니다. '채', '폭'은 단위를 나타내는 말이므로 규정에 따라 띄어 써야 합니다.

❾ ㉤의 '곳'처럼 단위를 나타내는 낱말은 띄어 써야 합니다. 다만 순서를 나타내는 경우나 숫자와 함께 쓰이는 경우에는 붙여 쓸 수 있습니다. ㉣의 '한시 십분', '오학년, 삼층, 7미터, 100원, 3동 705호' 등의 경우가 이에 해당합니다. 꾸며 주는 말 없이 혼자 쓰일 수 없는 낱말인 ㉅의 '뿐'은 의존 명사이므로 그 앞에서 띄어 써야 합니다.

낱말 놀이터

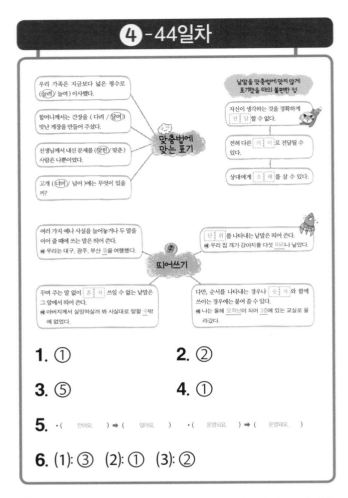

우리 가족은 지금보다 넓은 평수로 (늘려/ 늘어) 이사했다.

할머니께서는 간장을 (다려 / 달여) 맛난 게장을 만들어 주셨다.

선생님께서 내신 문제를 (맞힌/ 맞춘) 사람은 나뿐이었다.

고개 (너머/ 넘어)에는 무엇이 있을까?

맞춤법에 맞는 표기

날말을 맞춤법에 맞지 않게 표기했을 때의 불편한 점

자신이 생각하는 것을 정확하게 전 달 할 수 없다.

전혀 다른 의 미 로 전달될 수 있다.

상대에게 오 해 를 살 수 있다.

여러 가지 예나 사실을 늘어놓거나 두 말을 이어 줄 때에 쓰는 말은 띄어 쓴다.
예 우리는 대구, 광주, 부산 등을 여행했다.

단 위 를 나타내는 낱말은 띄어 쓴다.
예 우리 집 개가 강아지를 다섯 마리나 낳았다.

띄어쓰기

꾸며 주는 말 없이 혼 자 쓰일 수 없는 낱말은 그 앞에서 띄어 쓴다.
예 아버지께서 실망하실까 봐 사실대로 말할 수밖에 없었다.

다만, 순서를 나타내는 경우나 숫 자 와 함께 쓰이는 경우에는 붙여 쓸 수 있다.
예 나는 올해 오학년이 되어 3층에 있는 교실로 올라갔다.

1. ① **2.** ②

3. ⑤ **4.** ①

5. ·(안아요) ➡ (않아요) ·(운영되요.) ➡ (운영돼요.)

6. (1): ③ (2): ① (3): ②

③ ①유엔은 산하에 수십 개의 기구를 두었습니다. ②전쟁을 중단하기 위한 중재자 역할을 하였습니다. ③운영비는 국민 소득에 따라 잘사는 나라는 많이 내고, 가난한 나라는 적게 냅니다. ④영토 분쟁뿐 아니라 식량·에너지·환경 관련 전쟁에도 관여하여 평화와 안전을 유지합니다.

⑤ '안다'는 '두 팔을 벌려 가슴 쪽으로 끌어당기거나 그렇게 하여 품 안에 있게 하다.'라는 뜻의 낱말이므로, 여기에서는 '어떤 행동을 안 하다.'라는 뜻의 '않다'로 써야 합니다. '운영되요'의 '되-'가 홀로 쓰이는 경우는 없으므로, '운영되어요'의 준말인 '운영돼요'로 적는 것이 알맞습니다. '돼'는 '되다'의 '되-' 뒤에 '-어'가 붙은 것으로, '되어'가 '돼'로 줄면 준 대로 적을 수 있습니다.

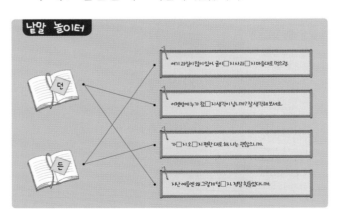

낱말 놀이터

여기 과실이 많이 있어 굴이□지사과□지 마음대로 먹으렴.

어현이에 누가 왔□지 생각이 납니까? 잘 생각해 보세요.

가□지요□지 편한 대로 해. 나는 괜찮으니까.

지난 여름엔 왜 그렇게였□지 정말 힘들었다니까.

읽기 목표 **10**

제목 정하기

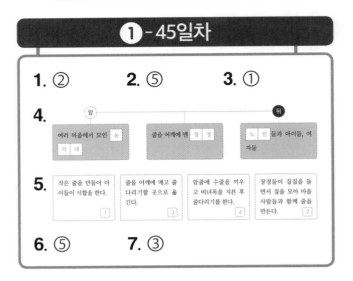

1. ② **2.** ⑤ **3.** ①

4. 앞 ─────────────── 뒤

여러 마을에서 모인 농 악 대

줄을 어깨에 맨 장 정

노 인 들과 아이들, 여자들

5.

| 작은 줄을 만들어 아이들이 시합을 한다. [1] | 줄을 어깨에 메고 줄다리기할 곳으로 옮긴다. [3] | 암줄에 수줄을 끼우고 비녀목을 지른 후 줄다리기를 한다. [4] | 장정들이 집집을 돌면서 짚을 모아 마을 사람들과 함께 줄을 만든다. [2] |

6. ⑤ **7.** ③

⑦ 이 글은 줄다리기를 준비하는 과정에 대해 자세히 설명하고 있습니다. 이러한 중심 내용을 생각하며 글의 제목을 지을 수 있어야 합니다. 단, 제목은 중심 내용에 표현된 낱말이나 개념을 그대로 사용하지 않고 자유롭게 표현할 수도 있습니다.

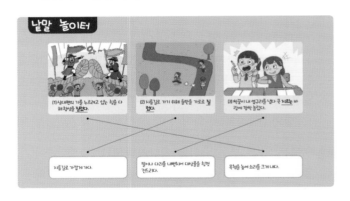

낱말 놀이터

(1) 상대편이 끌고 있는 힘을 다해 학생을 잘했다.

(2) 지름길로 가기 위해 들판을 가로질 렀다.

(3) 학꾸이나 엿글이를 넣고 쿡 지르는 바람에 깜짝 놀랐다.

지름길로 가깝게라.

힘이나 다리를 내밀거나 대상을 힘껏 건드리다.

목청을 높여 소리를 크게 내다.

---

1. 베를린, 금메달, 월계수 화분

2. ⑤   **3.** ①   **4.** ①

5. ④   **6.** ③

7. [예시 답안] ·김영옥 대령의 정신이 이어질 수 있도록 하려고 / ·학생들도 김영옥 대령처럼 훌륭한 사람으로 자랄 것이라고 믿었기 때문에

8. ④   **9.** ②

10. [예시 답안] 미국 중학교 이름에 담긴 김영옥 대령의 정신

❸ 「위대한 마라톤 영웅」이라는 제목은 일제 시대에 실력으로 금메달을 따고 조국을 잊지 않았던 손기정 선수의 업적을 잘 드러내고 있습니다.

❽ 이 글은 김영옥 대령의 이름을 붙인 중학교가 미국에 설립된 일을 중심으로 내용이 전개되고 있습니다. 김영옥 대령 개인의 삶에 대한 정보가 나와 있지만 학교의 이름에 김영옥 대령을 붙이게 된 이유를 알려 주기 위하여 소개된 것입니다. 학교에 김영옥 대령의 이름을 붙이게 된 이유와 그 과정에 대한 내용을 포괄할 수 있는 중심 내용은 "미국에 김영옥 대령의 이름을 붙인 학교가 설립되었다."라고 볼 수 있습니다.

낱말 놀이터

(1) 배가 많이 고팠구나? 식판을 정말 (깨끗이 / 깨끗히) 비웠네.

(2) 정연이는 조용히 아이들의 이야기를 (묵묵이 / 묵묵히) 듣고만 있었다.

(3) (솔직이 / 솔직히) 말해서 난 노래보다는 춤추는 게 좋아.

1. ⑤   **2.** ④

3. [예시 답안] ·「누굴 닮아서?」 / ·「아버지는 왜 인라인스케이트를 못 타실까?」

4. ③, ④

5.

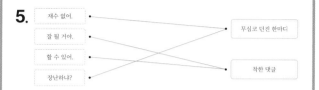

재수 없어.	
잘 될 거야.	→ 무심코 던진 한마디
할 수 있어.	
장난하나?	→ 착한 댓글

6. ④   **7.** ④

8. 무심코 던진 ([예시 답안] 거친 말)로 누군가는 가슴에 ([예시 답안] 상처를 입습니다). 이제 ([예시 답안] 예쁘게 말하는 습관)을/를 ([예시 답안] 나부터 실천하겠습니다).

9. [예시 답안] ·고운 말 한마디가 세상을 바꿉니다! / ·바르고 고운 말 누군가에게 힘을 주는 말

10.
선우: 무심코 던지는 말이 남에게 상처가 될 수 있어, 댓글을 쓸 때에는 거친 표현을 쓰지 말고 상대방을 고려하면서 써야겠어.

지민: 선플을 달아야 하지만 때로는 악플이 필요하기도 해. 둘 다 필요하다는 생각엔 변함없어. 그래도 선플을 다는 것이 좋은 일이기는 하겠지.

해영: 사람은 표현의 자유가 있어. 무조건 고운 말을 쓰라고 하는 것은 자유를 침해하는 일이야. 말이 좀 거칠어도 나와 친한 사람들은 다 이해해 줄 거야. ○

❸ 이 시에서는 인라인스케이트 타는 법을 가르쳐 드려도 잘 못타시는 아버지에 대한 아이의 답답함과 당황스러움이 주된 정서로 표현되어있으므로, 이 마음이 잘 드러나도록 제목을 지어야 적절한 제목이 됩니다.

❻ 이 광고는 남에게 무심코 한 말이 상처를 줄 수 있으므로 좋은 말을 사용하자는 내용을 담고 있습니다. ①은 늘 하는 말이 어떤 사실을 가져오는 결과가 됨을 비유적으로 이르는 말입니다. ②와 ⑤는 말을 많이 하면 실수가 잦아진다는 것을 뜻하고 ③은 말재주(말을 잘하는 능력)가 좋으면 많은 빚도 갚을 수 있다는 뜻으로 말의 효과를 강조하고 있습니다. ④가 광고의 내용에 제일 적절한 속담입니다.

낱말 놀이터

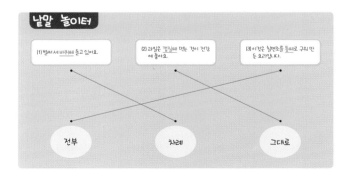

(1) 벌써 세 바퀴째 돌고 있어요.

(2) 과일은 껍질째 먹는 것이 건강에 좋아요.

(3) 이것은 날것을 통째로 구워 만든 요리입니다.

전부   차례   그대로

1. 줄거리, 그림

2. ③   **3.** ④   **4.** ⑤

5. ②   **6.** ④

7.

근거	뒷받침 내용
전통 식품은 건강에 이롭다.	• 밥은 반찬과 어우러져 균형 잡힌 영양분을 섭취하기에 좋다. • 발효 식품에는 무기질, 비타민이 풍부하게 들어 있다.
전통 음식을 가까이하면 (계절)과 (지역)에 따라 다양한 맛을 즐길 수 있다.	비빔밥이나 김치 등은 (지역)에 따라 다양한 (맛)으로 만들어졌다.
전통 음식에서 우리 조상의 (슬기)와 (문화)를 경험할 수 있다.	겨울을 나기 위하여 김장을 하였고 (염장 기술)로 고기와 어패류를 오랫동안 보관하였으며 세시 음식을 만들어 먹으며 정답게 어울려 지냈다.

8. [예시 답안] 맛, 멋, 영양이 담긴 우리나라의 전통 음식을 사랑하자.

③ 서평은 책에 대해 평가하기 위해 쓴 글이므로 평가가 글의 중심 내용이 됩니다. 서평에서는 동화책의 내용에 관련된 평가가 가장 중요하므로 '진정한 행운은 무엇인가'가 가장 알맞은 제목이라고 할 수 있습니다. 단, 서평이 다른 사람을 독자로 하여 설명적, 설득적 성격을 가지게 되므로 서평에는 독자를 지칭하거나('편견을 버리고 싶은 사람들에게'), 독자의 선택을 격려하는('사서 읽어도 후회하지 않는다') 식의 제목을 붙이는 경우도 더러 있습니다. 이와 같이 제목은 그것을 정한 사람의 의도에 따라 자유롭게 표현될 수 있습니다.

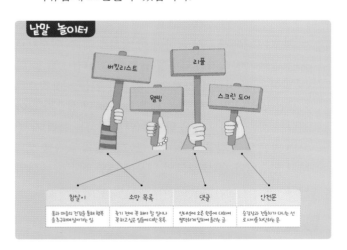

1. ③

2.

3. [답] 고조할아버지게서 느티나무를 심으셨기 때문에

4.

(1) 부자 영감 — 다섯 냥을 주고 느티나무 그늘을 산다.
(2) 총각 — 다섯 냥을 받고 느티나무 그늘을 판다.
— 마을 사람들이 모두 나무 그늘에서 쉴 수 있도록 한다.
— 자신의 집 마당에 다른 사람이 들어오는 것을 못마땅해한다.

5. ⑤

6.

해가 기울어 나무 그늘이 부자 영감의 집 마당 안으로 기울어지자 총각도 안으로 들어가 그늘이 있는 곳에서 쉰다. [3]	욕심쟁이 부자 영감이 자신의 집 앞의 커다란 느티나무 그늘이 자기 집 것이라며 다른 사람들은 쉬지 못하게 한다. [1]	총각이 욕심쟁이 부자 영감이 제시한 금액을 주고 느티나무 그늘을 산다. [2]

7. [예시 답안] 총각은 해가 기울어 나무 그늘이 영감의 집 마당 안으로 길게 기울어지자, 이를 핑계로 부자 영감의 집 마당을 마음대로 드나들었다.

8.

인물을 중심으로	[예시 답안] 욕심쟁이 영감과 지혜로운 총각
사건을 중심으로	[예시 답안] 다섯 냥에 나무 그늘을 사서 부자 영감을 골탕 먹인 일

9. [예시 답안] •나무 그늘 다섯 냥 / •욕심 부리다가 집을 몽땅 내준 영감

② 글의 목적과 중심 내용에 따라 제목은 다양하게 정할 수 있습니다. 예를 들어 일기와 같이 자신의 느낌이나 생각을 주로 표현하는 글은 자신의 생각이나 느낌, 강조하고 싶은 것, 그날 있었던 주요 사건 등을 중심으로 제목을 정할 수 있습니다.

⑧ 이 이야기는 욕심쟁이 부자 영감이 자신의 욕심만 채우려고 꾀를 내었다가, 오히려 똑똑한 총각의 꾀에 당하게 된다는 내용입니다. 부자 영감과 총각의 성격을 드러내어 인물을 중심으로 제목을 짓거나, 나무 그늘을 사고 파는 사건으로 인해 일어난 일을 중심으로 제목을 지을 수 있도록 이끌어 주세요.

⑨ 이 이야기의 원래 제목은 '나무 그늘을 산 총각'입니다. 이를 바탕으로 하여 비유(은유)법, 도치법, 미완성 문장 등의 다양한 방법을 이용하여 좀 더 재미있게 바꿔 볼 수 있도록 지도해 주세요.

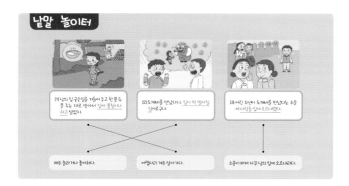

❸ 이 글은 저명한 심리학자의 실험을 통해 그릇의 크기가 식사량에 결정적인 영향을 미친다는 생각을 주장하고 있습니다. 두 번의 실험을 통해 큰 그릇, 큰 스푼으로 먹을 때 더 많이 먹었다고 하였으므로 더 적게 먹으려면 작은 그릇과 작은 스푼으로 먹어야 식사량을 줄일 수 있다는 것을 짐작할 수 있습니다.

❻ 이 글은 식사량에 관심이 많은 사람이 읽으면 좋은 글입니다. 예상 독자가 살을 빼고 싶은 사람이라고 생각했을 때 글의 제목을 바꾸어 표현해 볼 수 있도록 지도해 주세요.

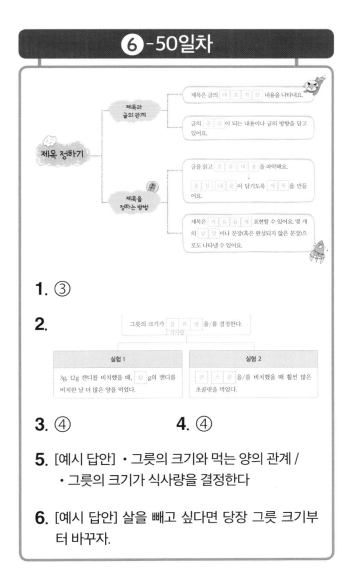

❻-50일차

1. ③

2.

그릇의 크기가 [섭][취][량]을/를 결정한다.

실험 1	실험 2
3g, 12g 캔디를 비치했을 때, [12]g의 캔디를 비치한 날 더 많은 양을 먹었다.	[큰][스][푼]을/를 비치했을 때 훨씬 많은 초콜릿을 먹었다.

3. ④   **4.** ④

5. [예시 답안] ·그릇의 크기와 먹는 양의 관계 /
·그릇의 크기가 식사량을 결정한다

6. [예시 답안] 살을 빼고 싶다면 당장 그릇 크기부터 바꾸자.

하루 한 장 독해 ❾권 제재 출처

일차	제재명	지은이	출처
1일-3쪽	내 인생의 목적지	전옥표	『청소년을 위한 이기는 습관』, 쌤앤파커스, 2008.
2일-1쪽	숲을 살리자	김맹수	『어린이를 위한 환경 보고서』, 해와 나무, 2008.
4일-2쪽	이런 언어를 물려주시겠습니까?		한국방송광고진흥공사, 2017.
7일-1쪽	아이들에게	박지원 글, 박희병 옮김	『고추장 작은 단지를 보내니』, 돌베개, 2010.
8일-2쪽	숭례문	서찬석	『숭례문』, 미래아이, 2012.
9일-2쪽	나 너하구 안 놀아	현덕	『너하고 안 놀아』, 창비, 2010.
10일-1쪽	마당을 나온 암탉	황선미	『마당을 나온 암탉』, 사계절, 2002.
11일-1쪽	문익점 목화씨	나은경	『나는 포기하지 않아』, 다림, 1999.
12일-2쪽	우리들의 일그러진 영웅	이문열	『우리들의 일그러진 영웅』, 문학 사상사, 1998.
15일-1쪽	고인돌	문화재청	『어린이 문화재 박물관』, 사계절출판사, 2006.
16일-2쪽	남극과 북극	신현종	『그림 세계 지리 백과』, 진선아이, 2011.
20일-2쪽	인도네시아에 '한글 쓰는 섬' 생긴다	소년한국일보	『소년한국일보』, 2009. 8. 6.
21일-2쪽	공정 무역 초콜릿	EBS 지식 채널팀	『주니어 지식 채널 e.1: 세상을 보는 다른 눈』, 지식채널, 2009.
23일-2쪽	다르다	문현식	『어린이와 문학-제31권』, 2008.
23일-3쪽	바다 건너 불어온 향기	한아	『하늘 목장』, 금성 출판사, 2008.
24일-2쪽	도깨비를 골탕 먹인 농부	이상희	『귀신 도깨비 내 친구』, 웅진주니어, 2003.
25일-2쪽	나를 싫어한 진돗개	김남중	『자존심』, 창비, 2006.
26일-2쪽	동생 만들기 대작전	김다미	『날 좀 내버려 둬』, 푸른책들, 2009.
27일-3쪽	토끼의 재판	방정환	『어린이-제1권-10호』, 1923.
28일-2쪽	사라, 버스를 타다	윌리엄 밀러 글, 박찬석 옮김	『사라, 버스를 타다』, 사계절, 2004.
30일-2쪽	여성들이 찾은 참정권	이혜진	『청소년을 위한 양성평등 이야기』, 파라주니어, 2010.
31일-2쪽	사랑의 손가락	이청준	『이청준 동화집-사랑의 손가락』, 문학수첩, 2006.
32일-2쪽	김만덕 이야기	신현배	『5000년 한국 여성 위인전 1』, 홍진피앤엠, 2007.
33일-1쪽	돈이라면 남기시겠습니까?		한국방송광고진흥공사, 1997.
33일-2쪽	더 큰 대한민국	문화체육관광부, 사회통합위원회	TV 캠페인 동영상 자료, 2010.
34일-2쪽	반지의 주인	오판진	『교육 연극 아동극집』, 정인출판사, 2009.
35일-2쪽	종이를 읽자, 미래를 읽자-왜 신문인가	장성현	『매일신문』, 2004. 7. 8.
36일-2쪽	"우주쓰레기 치우자"…英 '청소위성' 개발	박성조	『서울신문』, 2010. 3. 30.
36일-2쪽	수명을 다한 인공위성	안형준	『푸른 하늘-우주 쓰레기 다시 보기』, 한국항공우주연구원, 2010. 3. 25.
37일-1쪽	청(소)년들 스마트폰 중독과 우울증 앓는 경우 많아	이보람	『경향신문』, 2014. 4. 3.
38일-1쪽	부자가 행복하다?	손민지	『어린이동아-진정한 행복이란 무엇인가』, 2010. 5. 25.
38일-2쪽	세 여인의 고된 땀방울	이주현	『느낌 있는 그림 이야기』, 보림출판사, 2010.
39일-2쪽	콜럼버스 항해의 진실	정범진, 허용우	『두 얼굴의 나라 미국 이야기』, 아이세움, 2010.
40일-2쪽	도시의 별 헤는 밤을 되찾아 주세요.		한국방송광고진흥공사, 2013.
40일-2쪽	한 장이 아닙니다. 두 장입니다.		한국방송광고진흥공사, 2008.
44일-2쪽	주시경	이은정	『주시경』, 비룡소, 2012.
44일-2쪽	유엔(UN)-지구는 우리가 관리할게	박동석	『세계를 움직이는 국제기구』, 꿈꾸는꼬리연, 2015.
45일-3쪽	영산 줄다리기	문화재청	『어린이 문화재 박물관 2』, 사계절, 2008.
46일-1쪽	손기정 선수	주경희	『위대한 마라톤 영웅-손기정』, 주니어랜덤(RHK), 2007.
47일-1쪽	누굴 닮아서	최종득	『쫀드기 샘 찐드기 샘』, 문학동네, 2009.
47일-2쪽	고운 말 한마디가 세상을 바꿉니다!		한국방송광고진흥공사, 2014.
49일-2쪽	나무 그늘을 산 총각	민영 엮음	『한국 전래 동화 30-나무 그늘을 산 총각』, 웅진출판사, 1989.
50일-2쪽	음식 섭취량을 결정하는 요소	최인철	『프레임-나를 바꾸는 심리학의 지혜』, 21세기북스, 2007.

수학 학습

깊고 단단한 교육, 미래엔이 그리는
수학의 큰 그림

▶ 연산 완성

하루쏙
한장셈

1~6학년 학기별[총12책]

하루에 한 장씩 쏙 뽑아 셈한다!

- 하루 한 장(4쪽), 50장 구성으로 10주 완성 연산 프로그램
- 수·연산, 도형·측정 영역까지 학교 수업에 맞는 구성
- 숨은 그림 찾기, 마무리 연산 퍼즐 등으로 수학적 창의력까지 완성

▶ 통합 기본서

수학중심

1~6학년 학기별[총12책]

수학 실력의 중심을 꽉 잡는다!

- 학교 수업에 맞춰 개념과 유형을 한 번에!
- 하루 4쪽 학습으로 개념, 기본, 실전까지
- 실생활 문제를 단계별로 해결하며 개념 이해
- 서술형, 통합교과, 스토리텔링 문제로 수학적 사고력 강화

▶ 유형 기본서

유형
맞짱

1~6학년 학기별[총12책]

수학과 당당하게 맞짱 뜬다!

- 학교 수업에 맞춘 예습과 복습을 편리하게!
- 하루 4쪽 학습으로 개념별, 난이도별, 유형별 문제 공략
- 개념 익힘 → 유형 공략 → 문제 해결의 3단계 학습 구성
- 서술형, 통합교과, 스토리텔링 문제로 수학적 사고력 완성

▶ 사고력 기본서

문제
해결의
길잡이

원리 1~6학년 학기별[총12책]
심화 1~6학년 학년별[총6책]

원리
- 4단계 문제 해결 전략 학습
- 8가지 문제 해결 전략으로 처음 보는 문제도 척척 해결하기
- 수학의 영역별 구성으로 수학적 창의력 향상
- 어려운 문장제와 서술형 문제까지 자신감 상승

심화
- 문제 해결의 핵심 전략 완성
- 최고 수준의 문장제 및 서술형 문제도 척척 해결하기
- 교내외 각종 수학 경시대회를 완벽하게 대비
- 응용부터 심화 유형까지, 수준 높은 문제해결력 완성